[美] 乔纳森·布里尔 著
(Jonathan Brill)

诸葛雯 译

疯狗浪
如何应对
突如其来的剧变

ROGUE WAVES

Future-Proof Your
Business to
Survive and Profit from
Radical Change

中信出版集团 | 北京

图书在版编目（CIP）数据

疯狗浪：如何应对突如其来的剧变 /（美）乔纳森·布里尔著；诸葛雯译 . —北京：中信出版社，2022.4（2022.5重印）

书名原文：Rogue Waves: Future-Proof Your Business to Survive and Profit from Radical Change

ISBN 978-7-5217-4029-5

Ⅰ.①疯⋯ Ⅱ.①乔⋯ ②诸⋯ Ⅲ.①企业管理－风险管理－研究 Ⅳ.① F272

中国版本图书馆 CIP 数据核字（2022）第 035720 号

ROGUE WAVES: Future-Proof Your Business to Survive and Profit from Radical Change
by Jonathan Brill
Copyright©2021 by Special Projects Agency, Inc.
Simplified Chinese translation copyright©2022
by CITIC Press Corporation
Published by arrangement with author c/o Levine Greenberg Rostan Literary Agency
Through Bardon-Chinese Media Agency
All rights reserved.
本书仅限中国大陆地区发行销售

疯狗浪：如何应对突如其来的剧变
著者：　［美］乔纳森·布里尔
出版发行：中信出版集团股份有限公司
（北京市朝阳区惠新东街甲 4 号富盛大厦 2 座　邮编　100029）
承印者：中国电影出版社印刷厂

开本：787mm×1092mm 1/16　印张：21.5　　字数：251 千字
版次：2022 年 4 月第 1 版　　　　印次：2022 年 5 月第 2 次印刷
京权图字：01-2021-4073　　　　　书号：ISBN 978-7-5217-4029-5
　　　　　　　　　　　　　　　　定价：69.00 元

版权所有·侵权必究
如有印刷、装订问题，本公司负责调换。
服务热线：400-600-8099
投稿邮箱：author@citicpub.com

《疯狗浪》
以及乔纳森·布里尔所收获的赞誉

乔纳森·布里尔的职业生涯是在预测未来与适应当下之间的紧张关系中度过的。他的书提供了一个能够帮助我们推动变革,而非被变革冲昏头脑的可行框架。

——亚当·格兰特
《纽约时报》畅销书榜首《重新思考》(*Think Again*)作者
TED《职场生活》(*WorkLife*)播客栏目主持人

那些看似疯狂的想法最初只是你商业地平线上一个个遥远的黑点,然而它们却能发展成足以令企业沉没的巨浪。乔纳森·布里尔的《疯狗浪》是一本不可或缺的指南,它可以帮助你在风暴来临之前做出反应。布里尔通过大量实用的例子,向你传授了如何在快速变化的市场中进行战略性而非被动航行的宝贵经验。

——萨菲·巴赫尔
《华尔街日报》畅销书《相变》(*Loonshots*)作者

《疯狗浪》是一本极为难得的重要商业书籍。这本书引人入胜。

布里尔为我们展示的关于抗风险增长的精彩案例跨越了各个领域和行业，甚至跨越几个世纪。如果你需要有人引领你度过充满不确定的时期，就一定不能错过这本书。当然，如果你更愿意把未来交到命运的手中，就另当别论了。

——艾利森·桑德尔

波士顿咨询公司感知和挖掘未来中心主任

乔纳森·布里尔的《疯狗浪》对决策科学与领导心理学做出了深远的贡献。

——菲利普·津巴多

斯坦福大学心理学名誉教授、"斯坦福监狱实验"首席研究员

《纽约时报》畅销书《路西法效应》（*The Lucifer Effect*）作者

在抗风险增长领域，布里尔是如同迈克尔·波特一般的权威。借助他在《疯狗浪》中所分享的循序渐进的方法，他帮助我的企业以及我们遍布 46 个国家的客户屡次乘风破浪。对我们而言，这是至关重要的一本书。

——大卫·弗里格斯塔德

弗若斯特沙利文咨询公司董事长

在世界与重大的经济、社会政治及技术变革角力之际，疯狗浪正以令人不安的频率向我们袭来。乔纳森·布里尔将带领我们完成组织必须实现的意识提升、行为改变和文化变革，以便利用这些变革所蕴含的机会。利用乔纳森·布里尔的实用工具让我们在未来占据优势。如果想要在下一波浪潮来临时乘风破浪，就不要错

过这本书。

——莫洛·纪廉

剑桥大学贾奇商学院院长，

《华尔街日报》畅销书《趋势2030》作者

乔纳森的常识方法与情景规划工具包不仅帮助我们走在了变革的前面，在变革中茁壮成长并从中受益，还为我们注入了一种团队文化，使我们能够在波动中生存下来并减轻其所造成的影响。《疯狗浪》是21世纪人们对《竞争战略》做出的回答，是战略或政策团队的必备读物！

——尼古拉斯·布茨

惠普全球战略与贸易主管

哈佛大学肯尼迪学院基金董事会成员

《疯狗浪》是来自业内优秀人士的实用建议，及时且急需。它是抗风险增长战略的新标准，强烈推荐给想要超越易变性、不确定性、复杂性和模糊性（VUCA）状态的商业领袖。

——安斯加·鲍姆斯

Zoom欧洲、中东和非洲地区政府关系主管

如果你正面临颠覆的危机，《疯狗浪》就是你的秘密武器。

——多利·克拉克

杜克大学富卡商学院教师

《深潜：10步重塑你的个人品牌》（Reinventing You）作者

乔纳森·布里尔不是占星家,但是对于世界顶级的商业与政府领袖来说,他是预测未来的最佳人选。你将在《疯狗浪》中学到让未来对你有利的强大工具。

——布朗温·西耶克

牛津大学出版社和国际个人金融有限企业董事

献给丽贝卡、莎拉、洛拉、
玛戈、凯西和玛莎

——

我生命中的女性

目录

CONTENTS

导言　你会遇到疯狗浪吗？

为何商学院教授的战略会屡遭滑铁卢？　VI
抵御下一场风暴的能力　X
抗风险是新的增长战略　XIII
以践行者为指导　XVII
本书的结构　XIX

第一部分　意识

1 在日益动荡的世界中转型求生

首席执行官们感觉自己仿佛在海上漂泊　05
疯狗浪的数学原理　06
人类社会中的相长干涉　09
增长的四大风险　11
未来既非不可抗拒，也非混乱不堪　14

2 引发下一波疯狗浪的十种潜流

宏观趋势的局部影响　22
经济潜流　26
技术潜流　39
社会潜流　51
如果未来的趋势如此明显，为何企业会不断遭受疯狗浪的侵袭？　55
小结　评估威胁与机会　56

第二部分　行为转变

3 现实测试

调查：无形之中见有形　　68
REAL框架　　71
小结　进行现实测试　　104

4 观察系统

关于未来　　109
了解你的系统　　113
适应不确定性　　118
未知全貌，但知其模式　　123
寻找高阶效应　　126
因果循环图　　128
你也可以建立系统模型　　136
小结　找到未来的范围　　137

5 创造未来

可能性之树　　144
设想极端情况　　146
如何在实战中取胜　　164
描绘可能的未来蓝图　　170
小结　评估变化的影响　　171

6 从威胁中分离出机会

利用模型改变世界	175
确定触发点	176
助推系统	182
优先考虑机遇和威胁	187
改变确定性和影响	197
小结　让未来对你有利	205

7 实验

尝试更多创新未必总能让你更赚钱	210
选择正确的实验	212
设计投资组合	218
平衡投资组合	223
设计投资组合以获得抗风险能力与性能	227
始终留有待办事项	228
选对创新层面	230
定义实验	232
有效评估结果	234
小结　实验使企业能够经得起未来的考验	238

第三部分　文化变革

8 在波涛汹涌的海洋中领航

播下实验思维的种子	247
如何让文化能够经得起未来的考验	248
消除不必要的风险	256
在橄榄球场上打篮球	268
启人心智	273
小结　营造实验文化	277

结语　推动组织的抗风险与增长

第一阶段：意识	281
第二阶段：行为改变	282
第三阶段：文化变革	283
第四阶段：抗风险能力增长	284
后记	285
如何看清现状	288
通过提高抗风险能力赢得胜利	289
致谢	291
注释	295

导言

你会遇到疯狗浪吗？

即便是世界上最大的船只，也常常会被疯狗浪[①]击沉。较小的海浪相互撞击时，这些高达数百英尺[②]的水墙也可能会突然冒出来，让水手措手不及，难逃厄运。但是对以研究和模拟海洋行为为生的专家来说，它们越来越具有可预测性。一旦船长知道它们可能形成的地点和条件，就能事先做好准备。

商界也是如此。世界正在变得越来越不稳定。大流行病与金融危机、人工智能与自动化、社会动荡与贸易战等现象正在相互碰撞，激荡出巨大且令人意想不到的变革浪潮。如果能够理解这些变化将如何影响自身，企业就能从混乱中获利。

然而，大多数企业所依赖的流程却是在另一个不同的、不那么动荡的时期建立的。他们认为，如果能够降低风险、提高效率并不

[①] 指一种长波浪，由各种不同方向的小波浪汇集而成，在遇到礁石或是岸壁即突然强力撞袭而卷起的猛浪。——编者注
[②] 1英尺=0.3048米。——编者注

断更新产品,就能年复一年地实现可靠的复合增长。但是,这些假设往往经不起考验。为了能在今天生存与发展,企业需要直面风险并对其加以利用,以便在下一波浪潮来袭时受益。

虽然在沉船时搭救船员的举动令人钦佩,但事实上你是船长,这是你的职责。你的挑战在于乘风破浪,让自己强大起来。

经历多年的混乱,投资者、董事会和领导者都在重新评估自己所在的组织。他们要求组织具备抗风险性、适应性和增长性,而且也想知道你是不是推进必要变革的合适人选。一些组织在模糊与不确定下交易,它们已经掌握了一些最佳实践和行为……但是商学院并不教授这些。

为何商学院教授的战略会屡遭滑铁卢?

目前主要存在两种战略思维流派。竞争战略学派认为,你可以通过维持可保护的优势跑赢所在行业。蓝海学派则认为,关键是要找到新的市场,从而使竞争变得无关紧要。两者都有必要,但都还不够。一旦棋盘倾覆、棋子落地,两者都变得不再重要——疯狗浪袭来时,棋盘、棋子和规则都会落水。

备受尊敬的哈佛商学院教授迈克尔·波特(Michael Porter)在《竞争战略》(Competitive Strategy)中列出了每一位管理者都会提出的基本问题:

1. 是什么推动了我所在的行业或是我想进入的行业中的竞争?
2. 竞争对手可能会采取什么行动,最佳应对方式是什么?
3. 我的行业将如何发展?
4. 我的公司如何才能在长期竞争中处于最佳地位?[2]

这些想法非常实用。毕竟，波特可能是当今引用这些想法次数最多的商业学者。他与人共同创立的咨询公司德勤摩立特（Monitor Deloitte）中有很多哈佛大学的教师，他们招收的都是最优秀的学生。这就引出了一个令人尴尬的问题：为何这家由世界上非常聪明的竞争战略家所组成的受人尊敬的咨询公司会倒闭？

摩立特向首席执行官高唱战略福音的时候，经济疯狗浪淹没了他们。大量客户在听说他们与独裁者之间存在不正当交易之后慌忙外流。加之2008年金融风暴的冲击，他们不可避免地遭遇了破产。最近，受新冠疫情影响，市场疲软，他们的许多顶级合作伙伴似乎不得不结束与其的合作。

一些人认为，摩立特集团未能在麦肯锡等更大的竞争对手整合充满挑战的市场之时创造出新的价值，即蓝海战略。但是，也许还有其他因素在起作用。水手们都会告诉你，只有在晴朗的日子里才能见到蓝海。乌云密布时，海面会变成黑色。《蓝海战略》一书提及的几个核心案例——可尔姿（Curves）、德高集团（JCDecaux）和西麦斯（CEMEX）——在2008年金融危机与新冠肺炎疫情的冲击下表现得十分糟糕。而书中所举的主要例子——太阳马戏团（Cirque du Soleil），也在其他娱乐公司蓬勃发展的时候宣告破产。

卡尔·伊坎（Carl Icahn）是波特产业逻辑的坚定支持者，[3] 是恶意收购行业的领军人物，也是历史上成功的投资者之一——显然，他对商业有所了解。2005年，伊坎着手收购百视达娱乐公司（Blockbuster Entertainment），该公司经营着9000家视频租赁店以及一家与网飞竞争的刚刚起步但迅速发展的视频流媒体服务平台。据说，网飞的高管曾于21世纪初造访百视达位于达拉斯的总部，提出以5000万美元的价格出售网飞。这场关乎公司能否存在的争论传到了伊坎耳中。他需要面对宽带互联网带来的迫在眉睫的数字化颠覆,然而,他的行动却表明,他认为这种威胁就像梅尔维尔笔下的大白鲸一样难以捉摸。

伊坎随后任命了公司的首席执行官。这位经验丰富的高管此前曾管理7-11便利店,但对娱乐业却知之甚少。接下来,百视达不仅远离了互联网,而且还加倍投资了曾获得成功的实体店。不久,百视达宣告破产,据说伊坎损失了2亿美元。[4]

具有讽刺意味的是,就在百视达走向破产的同时,网飞正在扩大其视频流媒体服务的规模,从而在2010年至2020年间获得了超速增长。[5]网飞的股票一举成为十年来表现最为抢眼的一只。[6]伊坎忽略了一点,网飞这个产业新进者并非波特所说的"替代产品"。宽带互联网远不止于此。它是一场巨变:一个更快、更好、更便宜的替代产业。百视达与网飞之争的根源是其各自团队定义并准备迎接即将到来的新浪潮的方式。

2019年我在惠普任职的时候,伊坎就已开始买入惠普的股票。他与自己的追随者、施乐公司首席执行官约翰·维森丁(John Visentin)合作,试图收购惠普——施乐公司更大的竞争对手。正如伊坎在写给投资者的信中所言,"合并这两家伟大的美国企业背后的产业逻辑"[7]无可挑剔。但是他忽略了一点,惠普已经投资了一系列旨在抵御未来冲击的抗风险战略,而施乐则为了使其股价最大化而剥离了利润较低的业务并抛售了长期投资。新冠肺炎袭来之时,施乐的主营业务——办公复印机——消失了。另一方面,惠普已经做好了发展的准备,它推出了帮助人们在家办公的设备以及在后疫情时代推动医疗诊断的技术。

没有人知道未来会发生什么,也没有人知道惠普会在一个不断发展的高管团队的带领下如何执行战略，但是它已经考虑到了同时出现大流行病、激进的股东和市场下滑的可能性，并对这种情况有很强的适应能力。因此，2020 年惠普公司的每股收益与 2019 年同期持平，而施乐公司则下降了 60% 以上。[8] 施乐公司没有想过，如果有一天世界不再需要办公打印机它将会发生什么。

这并非对波特（或是撰写《蓝海战略》的金伟灿与勒妮·莫博涅）的贬低。我当然从他们的框架中受益，本书也是站在他们宽阔的肩膀上才得以写成的。我所指出的是学术界与现实世界之间的差异，以及过度关注教条所带来的危险。因陷入竞争环境而惶恐不安的商业领袖往往对系统性变革带来的更大机遇和威胁视而不见。

并非只有摩立特、太阳马戏团、伊坎和施乐认为大流行病不会构成威胁。美国十家大型上市公司中，有八家都没有在其提交给美国证券交易委员会的文件中将大流行病列为风险来源。只有苹果公司和西维斯健康公司真正意识到了这一威胁。

嘉年华邮轮公司经常需要处理邮轮上暴发的大流行病。然而，即便是它们，也未能发现疾病在停靠港传播会造成的影响。毕竟，全球疾病暴发的情况并不罕见。它们被写入了关于企业风险的书籍，也登上过杂志封面。过去 20 年间，SARS 和中东呼吸综合征等呼吸道疾病几乎两次使全球经济陷入停滞。在大多数《财富》世界 500 强首席执行官的童年时期，美国就存在小儿麻痹症，[9] 21 世纪的欧洲也是如此。[10] 艾滋病毒仍然在全球肆虐。比尔·盖茨和流行病学家拉里·布里连特（Larry Brilliant）等人就曾试图在我参加过的《财富》世界 100 强领导会议上为世人敲响警钟。

制定战略并非易事，即使是大人物也会犯错。但是，不制定任何战略的做法也不可取。领导者经常忽略的是，巨变既有可能破水而出，也有可能从天而降——它们可能来自所处系统的不同层面。一旦变化突生，不仅是竞争，世界、客户以及他们的期望也都会发生改变。

这让我想起了我家屋后森林里的黑尾鹿。与小鹿斑比一样，它们在树影斑驳的林中漫步，在凉爽的绿荫下吃得膘肥体壮。它们从未察觉，从历史来看，每八年就会发生一场森林大火，烧毁它们的食物来源——这段时间间隔正好比它们的寿命要长。与许多现代企业一样，这些黑尾鹿在进食时并未考虑自己生活体验之外的那些频繁的巨变。它们不了解，而且也不可能了解这些变化，但是商业领袖可以，也理应知道。

抵御下一场风暴的能力

现代商业培训基于五大支柱。环境稳定时，这些支柱可以帮助企业提高绩效：

1. 科学管理：将商业活动合理化；
2. 博弈论：量化最佳可实现战略；
3. 股东价值：围绕利润协调所有商业活动；
4. 企业架构：模块化并评估所有业务流程；
5. 敏捷实践：不断向一个广义的目标推进。

虽然所有支柱在理论上都很合理，但是它们所依赖的前提已不再成立——如果它们曾经成立：

1. 现实与你的假设相符；

2. 未来与近况相似；
3. 短期价值必将创造长期价值；
4. 船长可以灵活地驾驶复杂得难以理解的船只；
5. 等系统性变化发生之后再去适应它才是最佳实践。

这些现代商业实践能够帮助企业在风平浪静之时提高业绩，也会在企业遭遇巨变时将其置于巨大的风险之中。这是因为它们鼓励向内聚焦，而非向外聚焦。它们在原本应该急转弯的时候建议企业稍稍修正自己的航向。于是，这批为应对上一场风暴而建立的公司却缺乏抵御下一场风暴的能力。

即便投资者尚未敦促你关注这些问题（这一天终将到来），疯狗浪依然会更猛烈、更快速、更频繁地来袭。你需要更好的工具来预测下一季度或下一年可能来袭的风暴。

以下是几个业已形成的危险浪潮的例子。

全球化与美国霸权终结：长期趋势正在促使人们逐渐远离始于20世纪80年代以西方为中心的全球协调化。未来十年，美国将逐渐降为排在中国和印度之后的世界第三大经济体。亚洲中产阶级的快速发展将继续加速创新和资源竞争。即使你尚未进军亚洲或美国，你的供应链和客户也会与这些地区有业务往来，因此你必然会受其影响。

技术造成的差异化：在19世纪与20世纪的大部分时间里，增长的主要动力是内燃机和晶体管之类的通用型基础创新。如今，技术创新规模更小，也更为频繁——现有组件的重新组合，或是能够推动结构性转变但往往只具备短期优势的渐进式改进。

政治动荡：随着新的大国崛起，同时成熟经济体的公民在快速变化与增长放缓的情势下对政府提出了更多要求，世界各地都在重新界定社会契约。

冲击美国国会大厦的举动与"黑人的命也是命"的示威就是发生在美国的案例，这些事件已经超越了民权与经济不平等的范畴。它们可以颠覆国际贸易，轻而易举地改变国家安全重点，损害国家在全球范围内的威望。

国家利益变化无常，瞬间即可改变贸易往来。过去几十年间，这些变动并不重要。然而，随着美国在2019年和2020年威胁拒绝向中国提供关键技术，对中国电信业造成冲击，这种矛盾就开始变得尖锐起来。

然后，随着新冠疫情的暴发，美国突然发现，可以保护其国民的设备严重短缺。最初只是缺乏防护口罩之类的简单物资，于是政客与公共卫生官员装出一副这些物资可有可无的模样，尽管他们十分清楚新冠肺炎是通过空气传播的。[11] 随后，由于关键资源也开始短缺，公共卫生官员便建议民众将T恤改造成口罩。[12]

随着围绕技术、劳动力、教育、能源与自然资源的竞争不断加速，我们将在未来十年遭遇更多系统性危机。

在这个不那么美好的新世界里，战略不仅仅是旨在创造持续竞争优势或建立新市场的宏伟姿态，而且是指导你如何既能应对那些不可避免的干扰（它们会动摇整个系统），又能对其所创造的机会加以利用的流程。仅仅依靠提高敏捷性是无法实现这一目标的。你需要让自己的感官变得更加敏锐，以便识别那些能够引发巨大变化的微小变化。只有这样，才能避开这些干扰，将它们转变成巨大的机会；或者，即便它们迎头袭来，也能确保你具备足够的抗风险能力与适应性，甚至能够驾驭这些浪潮。

抗风险是新的增长战略

具备抗风险能力的组织存在许多六西格玛管理[①]爱好者无法接受的冗余——它们本该具备更高的效率。然而，抗风险才是新的增长战略。依照波特式思维建立起来的公司的存续期正在缩短。在企业架构方面表现最为积极的企业，如通用电气、摩托罗拉和施乐，正在走向衰落。一批顶尖的敏捷初创公司已经沉入海底，因为新冠疫情袭来时，它们无法长期屏息，直至有机会重新浮出水面。

企业如今的要务不仅包括业绩，还包括生存与恢复元气。一些组织耗费几十年时间试图建造永不沉没的船只或速度更快的快艇。但这些在风平浪静之时能够奏效的策略根本无法应对大自然向你释放的怒火。

如果你正身处波涛汹涌的海面，皮艇才是最好的选择——只要你知道如何控制它。高性能皮艇的顶端是封闭的，而且距离水面很近。与其说你是坐在皮艇之中，不如说你是将它穿在了身上。皮艇极不稳定，所有试图以错误的方式坐进皮艇的人都深有体会。

那么，为何皮艇能在急流与北极海面表现得如此出色呢？主要是因为它们极其灵活，能够避开波浪，而且就算船体倾覆，也可以迅速翻转。想要将皮艇安全地划入惊涛骇浪之中，你就需要掌握翻转船体的技巧。这个动作不易掌握，开始时皮艇底部朝上——你坐在驾驶舱内，身体在水下呈垂直倒立之姿。移动划桨并以正确的方式摆动臀部，身体和船体就能迅速翻转过来，使你的上半身重新露

[①] 20世纪80年代末发展起来的一种新型管理方式，通过设计和监控过程，将可能的失误减少到最低限度，从而使企业可以做到质量与效率更高、成本更低、过程的周期更短、利润更大、全方位地使顾客满意。——译者注

出水面。皮艇的形状和低重心使其既容易倾覆，也容易翻转。而避免倾覆几乎是其他类型的船只在建造时需要实现的首要目标，这就使得船身一旦出现倾覆便难以翻转。这也是四级急流的水面上鲜少见到游船的原因。

因此，如果袭来的巨浪足以掀翻海面上的所有船只，你是愿意身处"泰坦尼克号"之上还是皮艇之中？在波涛汹涌的海面上生存与发展的诀窍并非不惧风险，而是要增强敏捷性与抗风险能力。只要你能以更快的速度翻转皮艇——只要你能恢复元气并应对新的情况，而你的竞争对手却不能——那么你就赢了。

在黑夜中航行

几千年来，因纽特人能够在没有地图指引的情况下，准确地穿越北极苔原，划着皮艇穿越公海，即便在黑暗的冬季也是如此。在与欧洲人接触之前，因纽特人的语言中并无"导航"这一概念。他们之所以能够在快速变化的恶劣环境中发展壮大，并不是因为他们拥有我们所没有的某种第六感，而是因为他们研究了周遭环境的细微差别，并将这些知识传给了下一代。

他们发现海天相接处有一抹淡淡的蓝色，也留意到牵引船尾的水流会出现细微的变化。他们知道盛行风的变化将如何影响即将到来的海浪，也能从皮艇滑过时海草的波动形状了解到潜流的情况。[12] 而且，他们还知道如何比生活在陆地上的其他人更快地翻转皮艇。

看似无关紧要的变化可以告诉我们关于发生了什么、将会发生什么，以及如何才能够加以充分利用等大量信息。

因纽特人具备非常强的抗风险能力，因为他们知道如何在波浪不断升高时破解泡沫所代表的意义——几乎无法察觉的不同白色。

最伟大的思想家、领导者和企业都受益于同样的原则。他们知道，未来不可能是近况的翻版。他们会从人类的广泛经验中汲取经验，而不仅仅局限于商业或行业中最近的案例。他们利用这些知识来规避风险，增强自己的抗风险能力，做出更好的决策。最重要的是，他们不断练习如何识别即将到来的巨浪，在海浪袭来之前就如何做出调整展开艰难的对话，并在遭遇袭击之后保持住抗风险能力。简而言之，他们能够自如应对随机性，因为他们知道如何控制它，甚至是从中获利。

他们之所以能够做到这一点，主要出于两个相互关联的原因。一是在一种规模上不可预测的东西换成另一种规模往往相当可靠。二是虽然会出现随机变化，但它们往往会自我组织出一个可靠的结果。

例如，如果你随机地将沙子或滚珠轴承撒在桌子上并以不同的频率振动它们，这种跳跃性的运动会逐渐将它们分为几种特定的模式。摇动一箱大小不一的土豆，大土豆会在上面，小土豆则会下沉。就单个土豆而言，这种运动不可预测，但是就整个系统而言却是可知的。

随机性的分布

让我们看看随机性是如何在赌场上发挥作用的。在推杯换盏、吞云吐雾和不断洗牌之间，这些互动每晚都会发生，每一种都是数学家所说的随机动力系统的例子。

- 鸡尾酒单：选择马提尼或曼哈顿所需的信息都是公开的。换句话说，普通人认为酒单具有非随机性。
- 赌场战争[①]：胜算早在游戏开始之前便已决定。每个人分到预

[①] 一种玩法相对简单的扑克博彩游戏，在美国的赌场较为常见。——译者注

先洗好的牌中的一张，牌面点数最大的玩家获胜。

• 单人纸牌游戏：成功或失败的概率早已确定，但是玩家的技巧可以改变结果。最初的发牌是随机的，发完之后不会重新洗牌。洗牌的过程决定了成功的概率，但决定输赢的却是玩家的技术与出牌的顺序。尽管获胜的概率高达80%，但即便是技术高超的玩家，其获胜的概率也不足50%。

• 轮盘赌：玩家有大约1/32的概率猜对轮盘上的数字。获胜的概率每次都会重置，因此增加参与次数并不能提高获胜的概率。

• 赌徒三张牌：这是一种骗术，庄家可以在一副牌的基础上进行加减牌。赌术高超的老千甚至可以神不知鬼不觉地在牌桌上插入一张新牌。例如，你原本应该抽到一张黑桃A，但是突然之间，它就变成了另一张牌。你根本不知道这一切是如何发生的。

每个例子中的概率分布是不同的，有时根据回合而变，有时按照事件的发展顺序变化。因此，评估概率的方式也会发生变化。在赌场里的时候，人们能够意识到这些差异，但是一旦离开了拉斯韦加斯，就会发生一些奇怪的事情。很多时候，也许甚至是大多数时候，他们在选择策略之前根本不会考虑自己正在玩什么游戏，而是单纯地沿用之前奏效的策略，尽管他们十分清楚，在轮盘赌桌上摆出扑克脸根本无法增加胜算。

能够战胜随机性的企业不太像是牌桌，而更像是赌场。它之所以能够获胜，是因为它将控制权放在了未知的地方。通常，你甚至不会注意到这些控制手段，因为它们发生在不同的时间和不同的地点，而不是不知所踪。它们会发生细微的变化，比如哪些老虎机是开着的、赌桌上的买入量，以及谁能得到酒店客房或是晚餐的免费券。

任何可靠的项目、企业、经济体制都是具有不同规则、不同赢率和不同赔率的游戏组合。在精心设计的赌场里，筹码会在一天之内不断转移。无论谁赢了哪一场，庄家永远都是赢家。你只有一手牌，而赌场却有一千手牌。当你专注于如何掷骰子以便投出两个一点时，赌场老板正在确保没有人过于频繁地转移资金。结果与振动台一样，赌场永远控制着场内的信息流。

本书将帮助你从个人玩家的思维——以及战略和战术——转变为总是赢家的赌场思维。

以践行者为指导

对企业和其他大型组织来说，应对不确定性是未来十年的关键任务。成功做到这一点需要的不仅仅是知晓变革即将到来，你还需要创建流程和培养习惯，使你的运营、产品以及营销战略能够应对未来的挑战。这就要求组织中的每一位经理都了解有关下列内容的新方法：

- 治理；
- 发现需求；
- 创造价值；
- 绩效评估；
- 承担风险。

这种转型并非易事，但也不是无法实现。我之所以知道，是因为我参与了转型的实现过程。我试图通过本书与你们分享我在与那些转型成功和失败的公司合作时所学到的一些经验。某些模式一再出现，而且很多都有历史先例。

与迈克尔·波特不同，我不是顶级商学院的教师，也没有拿到博士学位。我是一个实践者，善于观察系统碰撞时所发生的事情。我从艰苦的考验中学会了如何在这些时刻将弱点变为优势。

我也进行过对比研究。我在缅因州一个贫穷的渔村度过了童年的大部分时光。我从东洛杉矶的混混那里学会了跳霹雳舞，在柬埔寨波贝的街道上被一群挥舞砍刀的暴徒追赶过，还与参议员以及未来的总统共度过一段时光。我曾在自助餐厅工作，与米其林星级厨师一起开发菜单。高中时，我三次代数考试不及格，但我也曾与一些全球顶尖的数学家及精英工程师合作。我高中就已辍学，但我曾在哈佛、斯坦福及麻省理工学院担任客座讲师，并为研究生授课。

我曾是失败的初创企业与成功的创新公司的首席执行官。这些公司极大地改善了世界，为客户创造了 270 亿美元，为主要城市节约了电力，并协助教育了数千万人。我在增强现实等有意义的领域做出了贡献，还发明了可以制作冰冻咖啡泥的机器。

作为惠普的高级全球未来学家，我为这家《财富》世界 50 强公司的许多长期消费者、经济和技术研究工作提供了指导，并为企业领导者一生中最大的决策提供了建议。书中的概念已被证明是实用且可推广的。我知道你能做到这一点，因为我们已经在惠普做到了，而且当收购企图、新冠疫情以及市场崩溃一齐袭来，形成一波疯狗浪时，这些概念发挥了作用。

今天，作为初创企业与《财富》世界 500 强公司的执行顾问，以及全球大型市场情报公司之一，弗若斯特沙利文（Frost & Sullivan）的董事会成员，我帮助领导者实现这些变革。我还就全球食品系统面临的复杂挑战向美国政府的高层领导者献计献策。

我们使用同样的技术在 Territory Studio 创造了新世界。这家公司为电影（如史蒂文·斯皮尔伯格的《头号玩家》、雷德利·斯科特的《普罗米修斯》和《火星救援》）以及其他现代经典作品（如《银翼杀手 2049》和《机器之家》）设计了未来技术，而我是这家公司的常驻未来学家。

并不是说我与众不同，恰恰相反。在内普顿的"扣篮坦克"游戏①中，我击中目标所用的回合数比大多数领导者都要多。我成功地驾驭过疯狗浪，也曾被浪潮淹没。我曾帮助团队翻转皮艇，赢得比赛。

所有丰富、深刻与多样的经历都为本书提供了信息。很多人都教过我。由于涉猎颇广，我的老师比大多数人都要多。没有任何简单的解决方案可以做出未来需要的艰难决定，但我们可以借鉴那些已经穿越深海的人的知识与见解。本书是我一次不成熟的尝试，我尽力将数千位愿与我分享他们的时间以及知识的聪明人的智慧综合在一起。

本书的结构

《疯狗浪》并不是一张地图，而是一本指导你应如何在彻底变革中生存并获利的手册。它提供了广泛的工具和技巧，来推动抗风险能力与增长。你不必使用所有的工具和技巧，也不必按照特定的顺序使用它们。但是在某些时候，你可能会发现它们都能派上用场。本书分为三部分，涵盖了下一波浪潮来袭时能够帮助你生存并获利的必要技巧和工具。

我把它们称作抗风险增长三要素：意识、行为改变和文化变革。（见表 0.1）

---

① 美国集市上的一种投篮游戏。玩家付费后会得到多个垒球，然后站在一条固定的线后试图投球击中靶心。——译者注

表 0.1 抗风险增长的基本要素

技巧		
意识 了解彻底变革可能发生的时间和地点	**前景扫描** 确定将推动彻底变革的社会、经济和技术趋势	**响应窗口** 评估需要回应的最早和最晚窗口
	影响评估 了解组织面临的机遇和威胁	**指标** 建立预警系统
行为改变 **ROGUE法** 混乱发生时,最大限度地提高抗风险能力并成长	**R** 现实测试	描绘现状
	O 观察系统	测试导致改变的原因
	G 创造可能的未来	确定可能的未来的范围
	U 分离威胁与机遇	设法最大限度地提高可选性和效率
	E 通过投资组合进行实验	通过平衡风险按时交付成果
文化变革 提高团队实验的质量和速度	**硬性和软性激励** 构建推动最佳行为的环境	**情景感知** 最大限度地了解情况,这样才能适应
	适应型领导 使用正确的策略,通过明智的冒险来最小化风险	**敏捷沟通** 召开更快、更可行、更有创意的会议

工具		
增长的四大风险 考虑价值变化的主要原因,这样你就可以保护自己,把它们变成机会	**疯狗浪类型** 定位自己面对的疯狗浪类型,而不是具体的变化	**十种潜流** 确定可能导致下一波疯狗浪的重叠变化,对它们计时,让自己受益

ROGUE法			
REAL框架 以结构化的方式收集信息和发展理论	**信心标记** 确保团队中的每个人都在使用类似的术语讨论可能性	**国际象棋锦标赛** 通过对比挑战假设和结论	**R**

续表

系统模型 映射系统中的依赖关系以揭示底层结构	**因果循环图** 映射概率系统	**影响力放大器** 改变系统结果的结构变化	**O**
可能性之树 扩大可能结果的范围	**谁击沉了我的战舰？** 模拟未来场景，以便发现盲点、漏洞和机会	**5D** 系统地评估潜在威胁，无论是自己的系统还是竞争对手的系统	**G**
VEGAS 找到一个系统的触发点，在那里小努力可以产生大影响	改变系统可靠性的策略	**威胁与机遇表** 随着时间的推移跟踪不同风险的进展，将政治排除在决策之外	**U**
资产组合平衡 平衡风险、回报和时机	**设计实验** 设计实验以获得最大回报	**12法则** 用12条经验法则来减少误解数据含义的可能性	**E**
标准操作程序 组织中每个人用来提高创新能力的一套程序	**LEAD消息** 一套与团队有效沟通的准则	**创新文化时间表** 采用阶段，用于跟踪组织向实验文化的发展	

第一部分"意识"将探讨什么是疯狗浪，为何它们会使公司沉没，以及将引发下一波疯狗浪的十大全球潜流。你将学会如何更早地发现它们并找到自己的脆弱之处。如果无法把握恰当的时机，你也将了解如何安排行动，以最大限度地提高自己的冲浪能力与抗风险能力。

第二部分"行为改变"将介绍系统直觉的技巧——驱动抗风险增长战略的思维过程。你将掌握理解和管理风险的新工具，这样就可以下更大、更有把握的赌注。你还将学到如何培训组织内部的各级别员工计划、应对和利用意外情况。这些工具将帮助你为可能出现的未来，而非组织希望出现的未来做好准备。

第三部分"文化变革"将阐述如何向组织灌输管理风险所需的习惯和纪律，作为一个团队如何更有效地工作，并从新的发展中获取价值。

大多数关于战略的优秀著作都侧重于确定有待解决的挑战，然而大多数优秀的管理者都是行动派。本书的大部分内容都集中在精确定位可以通过小调整创造彻底变革之处，但分析的目标始终应该是提升影响力。因此，我想强调分析部分所涉及的两种重要的行动类型：影响力放大器（impact amplifier）和助推策略（nudge）。

影响力放大器指的是三种基本策略——时机、顺序和对冲——它们可以改变命运，使其对你有利。（图 0.1）它们是定义系统的基本规则，在不同领域中有着不同的名字，但是旨在从不确定性中获益的过程都是相同的。你已经在之前的赌场示例中看到，它们能够以多种方式发挥作用。

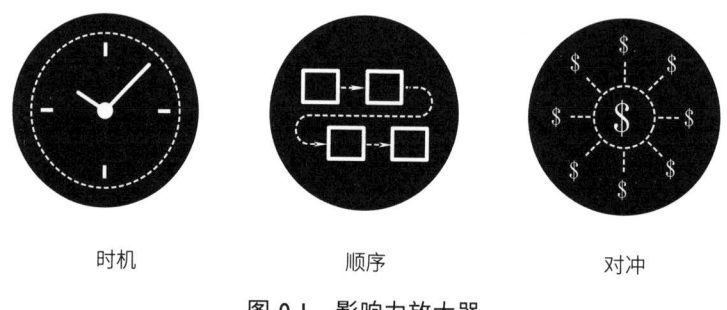

时机　　　　　　　顺序　　　　　　　对冲

图 0.1　影响力放大器

我们将在第 6 章探讨包括五种助推策略在内的第二类行动。如果能够将这些简单的机制巧妙地结合在一起，就可以从根本上改变结果。（图 0.2）

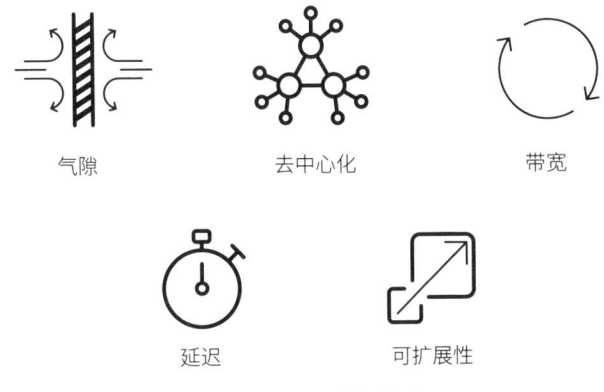

图 0.2　五种助推策略

在彻底变革中得以生存并获利的关键是在波峰出现之前做好准备，而不是在浪潮涌起之后试图将它甩在身后。如果你想做出一些小调整，以便能在疯狗浪来袭时获得借力，首先应该具备相关的知识和远见，知道应该将力量集中在何处。现在，让我们扬帆起航，开始我们的冒险吧！

第一部分

意识

你知道下一波疯狗浪将如何改变你的企业吗？

Part One
CONSCIOUSNESS

疯狗浪，这场颠覆商业的彻底变革正在更猛烈、更迅速、更频繁地袭来。你的最佳选择，也是唯一可行的选择，就是乘风破浪，即便失败，也能抗压复原。

十股快速移动的经济、技术和社会潜流相互碰撞，将引发这十年间的众多疯狗浪。尽管它们的影响规模是可知的，但它们的能量直到现在才浮出水面。如果你想在这些疯狗浪袭来时将命运握在自己手中，你需要：

- 学会如何发现和跟踪它们；
- 就它们对业务的影响展开坦诚的对话；
- 为自己定位，最大限度地发挥抗风险能力和优势。

这种日益增强的意识应该贯穿于企业的短期和长期规划以及各个层面的整体战略。仅仅了解这些浪潮并象征性地为它们的影响做好准备是不够的。你需要制订一个行动计划和一张明确的实施时间表。

1

在日益动荡的世界中转型求生

**你是有能力从彻底的变革中获益，
还是仅仅能生存下来？**

我在缅因州的一个小渔村五岛长大。在当时的我看来，五岛只是一个平凡的小村庄。童年的一切充满海洋的味道。不断有船只进出港口，发动机的轰鸣声此起彼伏。我每周都会去几次码头，看着满载鳕鱼、黑线鳕、鲹鱼或大比目鱼（海产依季节而变）的渔船蜂拥而至。

渔民的脚步不疾不徐，因为他们认为海里的鱼永远也捕不完。然而，渔获量在20世纪80年代开始急剧下降，此时已经太晚了。船只出海的次数明显减少，返港时捕获的海鱼也只装了半艘船。最后，渔民不再出海。人们失去了工作，陆陆续续搬离了那里。

最终，五岛开始转型。首先，它把自己重新包装成度假胜地。人们开设了古色古香的民宿，支起了售卖海鲜杂烩的摊位。随后，海鲜产业以一种截然不同的形式开始复苏。这次的主角不再是鳕鱼，而变成了龙虾，人们不再各自为战，而是结成了合作企业。这种情况大约持续了20年，直到变化再次降临：由于水域变暖，龙虾逐渐向北移动。

  从表面上看，这是一则关于过度捕捞及其影响的简单故事。但是，如果你深入挖掘，就会发现事情不止于此。

  缅因州渔业崩溃是一场灾难性事件，但它是由多方面原因造成的。一是许多外国"超级拖网渔船"驶入附近的公海。它们不仅规模庞大、组织有序，而且拥有更好的技术，更具积极性。二是美国商务部固执地拒绝对年度渔获量做出重要限制。三是捕鱼船队之间的相互竞争——你没有捕捞到的东西都会被你的邻居捞走。因此，只有尽可能地捕捞一切海产品，才符合每个人的利益。当然，这几十年来，鱼群的数量也因气候变化与污染不断减少。

  上述任何一个方面都将成为一个问题，但却没有哪个方面能够给鱼群带来灭顶之灾。如果这些变化是独立发生的——例如，渔民在超级拖网渔船到来前就已结成具有自我调节能力的合作社——那么，鱼群还有可能依靠繁殖补充种群的数量。然而，这些变化却几乎在同一时间发生。它们各自的影响相互叠加，直至渔业资源完全枯竭。这似乎根本不可能发生，可是突然之间，一切就这样发生了。

  如果沿海岸线行驶大约三个小时，你就会经过马萨诸塞州的格洛斯特——另一个更为知名的渔港。格洛斯特之所以出名，一方面是因为它的规模更大，但主要还是因为电影《完美风暴》讲述的故事就发生在这里。同名小说与电影讲述了几艘渔船被狂暴的大海吞没的真实故事。

  电影《完美风暴》的海报展现了一幅可怕的场景：一艘注定要被巨浪吞没的拖网渔船爬上了一个巨大的海浪。浪头至少有100英尺高，简直令人难以置信，它看起来更像是一种地质构造而不是一堵水墙。这些疯狗浪并不是好莱坞虚构夸张的产物，而是深海的常见现象。

首席执行官们感觉自己仿佛在海上漂泊

疯狗浪不是规则波浪，就像渔业资源的崩溃不是常规事件一样。两者的共同点就在于，它们都是由几种看似比较正常的现象复合而成的。从表面上看，这个见解似乎并不深刻，然而，有规律、可预测的事件有可能以无法预测的方式相互强化的这一想法却是现代商业中非常重要，同时也是不被理解的概念之一。

我与很多行业内大大小小的公司的首席执行官交谈过。我们的谈话几乎无一例外地都会转向两个主题：一是商业和人类社会正在发生的巨大变化；二是面对这些不确定性，企业如何才能发展壮大。

高管们不止一次地告诉我，他们感觉自己正身处惊涛骇浪之中，而且海浪越来越猛烈。一些企业知道如何乘风破浪，另一些却只能沉入水中。但是每个人，每一个人，都遭受着巨浪的冲击。即便如此，我还是对许多高管——包括初创公司、老牌公司和《财富》世界100强企业的高管——尚未意识到这些浪潮的凶猛程度而感到惊讶。

你只需要看看占据各大头条的新兴技术、社会趋势、人口变化、经济和公共卫生事件以及政治和军事冲突。人工智能就是这样一种趋势。从搜索算法到图像识别，我们所使用的数字工具一半都与人工智能相关。中美之间紧张的贸易关系则是另一种趋势。消费电子产品成本的下降和网络犯罪的日益增长也是如此。

单独来看，这些浪潮都具有破坏性。但是当它们汇聚到一起，就会产生震惊公司和政府的巨变。

- 扶持英国东印度公司的举动导致了波士顿倾茶事件，进而引发了美国独立战争。
- 石油过剩导致苏联解体。

- 新冠肺炎使那些需要直接接触的企业遭遇了灭顶之灾。

每一场巨变似乎都是"凭空而来",但其实它们都是由几股可跟踪的潜流相互作用而形成的。

幸运的是,我们对疯狗浪的了解比过去多得多。但是,要想利用这些知识,企业需要抛弃一些妨碍为未来做好准备的根深蒂固的习惯。

疯狗浪的数学原理

20世纪90年代以前,人们一直认为突然出现的巨浪与美人鱼、幽灵船或希腊神话中的北海巨妖一样,都是水手间口口相传的民间传说。但是保险业高管却怀疑,有些事情不太说得通。人们认为100英尺高的海浪万年一遇,然而每年都有数百艘船只在公海上沉没,而且很多事故原因不明。

1995年,一个名为德劳普纳(Draupner E)的北海石油钻井平台清晰地记录下一个在毫无预警的情况下突然出现的85英尺高的海浪。[1] 研究人员接到了相关海上保险公司打来的大量电话。不久,一项对卫星图像的研究发现,在短短一个月的时间里,世界各地就出现了30次疯狗浪。[2] 如今,海洋研究人员估计,风暴期间,北海大约每10小时就会出现一次疯狗浪。[3]

到2004年,研究人员和保险公司已经认识到,公海上许多"原因不明"的沉船事件都是由疯狗浪造成的。但是直到2019年,我们才终于有了一个可以预测疯狗浪的统一理论——不是针对单一事件,而是从概率场的角度出发。疯狗浪仍然十分神秘,但我们对疯狗浪出现的必要条件有了更加清晰的认识。

从物理上来说,波并不难理解。[4] 物理学中有一个概念叫作相长干涉（constructive interference），即两个波的峰值相互重叠，短暂地产生一个比这两个波大一倍的复合波。（图 I.1）

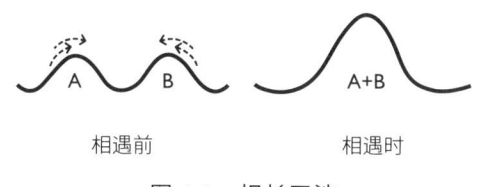

相遇前　　　相遇时

图 I.1　相长干涉

任何一种波都是如此，无论我们谈论的是水、地震、声音，还是像 X 射线或可见光这样的电磁辐射。[5] 例如，相长干涉是造成某些声学空间存在"活跃"（live）点与"沉寂"（dead）点的原因。沉寂点是一个波的波峰与另一个波的波谷相交的地方，这种现象称为"相消干涉"（destructive interference）。如果你用过降噪耳机，就已经从这种现象有针对性地利用中受益了。

只要水波从航道堤岸等固体表面反射，就可以在水中的任何地方看到相长干涉。想象一下，有一只浮标漂浮在水域中间。一艘大型驳船经过时，会留下 8~10 个波浪组成的长长的尾流。第一个波浪击中浮标时，它会上下浮动，幅度在一英尺左右。随后，波浪从航道坚硬的堤岸反弹回来，再次击中浮标，由于驳船留下的更多波浪从浮标下经过，所以此时浮标仍在上下浮动。如果在第一个波浪反射回来前，来自尾流的波浪已经越过了浮标，那么上述情景就会反复出现：上下浮动一英尺左右，尽管此次运动是由相反方向的波浪造成的。

但是，如果反射波袭来时，初始波仍在袭来呢？如果反射波的波峰与初始波的波谷同时到达浮标，就会发生相消干涉——它们相互抵消，浮标几乎不动。但是，如果两个波峰同时到达，波高就会翻倍，将浮标推高两英尺，然后令其在波峰经过之后急剧坠落。

现在想象一下，北海正处于一场猛烈的冬季风暴之中，强风频繁地改变方向。不断变化的风吹起海水，把它吹向任何方向。在这种情况下，船只会遭受来自两个、三个，甚至四个不同方向的波浪的冲击。你会经常看到两个波浪相互交叉，将两个 6 英尺高的浪头堆成一个 12 英尺高的浪头——这当然很可怕，但是对现代远洋货轮和油轮来说，却还算不上真正的危险。

但是，如果三个互成 120 度夹角的波浪相互重叠，又会怎样？如果海底地形或海洋横流将一波波海浪引向一个狭窄的缝隙，加大了它们的振幅，又会怎样？这一切同时发生的情况十分罕见，但是海洋十分广阔，风暴也十分频繁。观察一片暴风骤雨的海域足够长的时间就会发现，一大波大浪终会相交，在几秒内生成一个高达 100 英尺的巨浪。

即使在实验室环境中，我们也无法预测超过一两分钟后的特定疯狗浪。正如一位研究人员所解释的那样，探测疯狗浪的最佳工具是窗户。[6]

但我们确实对能生成疯狗浪的海洋条件有了几乎完美的了解。新技术使我们能够更加精确地绘制关于疯狗浪的发生概率，而非疯狗浪本身的地图。我们不知道它们会在何时何地发生，但可以知道它们在何时何地有可能发生，以及发生的可能性有多大。

纳扎雷海岸、新冠肺炎疫情与 2008 年金融危机

巨浪冲浪者都知道，葡萄牙的纳扎雷拥有世界上最稳定的大浪。这是地球上少数几个大概每周都有 60~80 英尺的大浪涌至岸边的地方之一。虽然从学术上来说，海洋学家不会将这些浪称作"疯狗浪"，但它们的动态非常相似，而且由于距离海岸如此之近，因此关于它们的记录十分丰富。

如果沿着纳扎雷南北海岸行驶半英里[①]，你就会发现大陆架开始平稳地下降，因而能够均匀地扩散海浪的波能。但是在纳扎雷海滩的正前方有一条深达1000米的海沟。它引导着"海神的怒火"在寻找阻力最小的路径时穿过大陆架，进入没有保护的海湾。然后就是洋流。纳扎雷处于冷暖流交汇处，将更多的能量送入峡谷。

这些重叠的输入使纳扎雷成了大西洋的减压阀，尽管在海面之上根本看不到这些。

纳扎雷是海洋波浪力量的一个例子，新冠肺炎疫情中也可以看到同样的系统性问题。全球旅行增加推动了生物群的迁移，城市密度增加，以及人口老龄化，这些因素使得结果几乎可以预见。

商业方面的例子可以看看2008年金融危机的潜流。我们不可能知道大坝哪一天会决堤，但是潜流正在不断地加深峡谷的深度。当时人们并不清楚这一特定的浪潮会在2008年涌现，所知道的是风险压力正在增加，而我们正在使用未经证实的全新工具来暂缓它的发生。从历史上看，我们知道债务危机往往每7~12年发生一次。鉴于上一场危机发生在2000年，因此灾难可能很快就会到来。当它发生时，我们知道，市场力量和放松管制相结合的做法会降低传统风险管理策略的有效性。

人类社会中的相长干涉

对现代组织而言，疯狗浪这一类比很有价值。这是因为变化的步

[①] 1英里约为1.61公里。——编者注

伐不断加快，使得意外的趋势交织在一起的频率越来越高。

那些看似突然出现的大型事件具备了力量与不可预测性，它们如同疯狗浪一般击垮了企业。许多公司每天面对的商业景观就像是一片汹涌着6英尺高海浪的海洋，充满了可以通过一套明确的最佳实践来解决的可控挑战。然而，一旦克雷格列表（Craigslist）或谷歌等来自不同行业但手握新技术的后起之秀登场，并在几年内击垮了像出版黄页的YP这样拥有90年历史的公司，企业所面临的就是完全不同的挑战。

与疯狗浪一样，击垮企业的事件往往是以不可预见的方式汇聚在一起的几种可预测趋势的结果。例如，创新货币化的窗口正在缩小。这正在改变企业创造价值的方式。与此同时，一些政府正在限制全球竞争者获取技术和进入市场的渠道，以保护自己的产业。疯狗浪冲击着这些趋势的交汇处，像谷歌这样的公司搁置了重新打入中国市场的计划，而华为、小米和中兴则承受着美国政府的怒火。

远洋船舶与企业之间的另一个相似之处是，由于周围环境发生了系统性变化，两者面临的风险都在增加。气候变化正在加剧航运密集地区的风暴的严重程度，导致疯狗浪的出现变得更加频繁。气候变化是扰乱企业发展的众多趋势之一，此外还有更大的人口流动性，以及正在改变经济增长驱动力的技术。

想想看，就在10年前，CRISPR基因编辑技术还只是研究领域的一个新奇主题，中国在教育和熟练劳动力方面还很落后，而整个地球上的中产阶级也只有大约10亿。如今，我们能够对人类胚胎进行基因编辑。而按购买力平价来衡量，中国的经济规模已经超越了美国。[7]如果展望未来10年，全球中产阶级（当地年收入相当于35000美元或以上）将增至21亿。[8]这些变化挑战了第二次世界大战以来建立的对全球秩序的基本假设。

疯狗浪往往是一个视角问题。对渔民来说令人惊愕，但是对鱼来说却并非如此。幸运的是，概率分析可以帮助你确定企业面临的威胁与机遇——就像它有助于渔业管理一样。科技行业所谓的"大数据"的爆炸式增长使得我们的预测更加准确和可行。卫星网络时刻监测着海洋，夫妻店正在对客户进行数字情感分析，工厂中的大规模传感器网络正在提高其效率和灵活性……要利用这些技术，你无须成为统计学家，但确实需要知道概率的运作方式与使用方法。好消息是，这不是一个数学问题，而是一个常识性问题，即使像我这样极其不擅长数学的人也能掌握。

简而言之，概率预测可以帮助你绘制出林区全貌，即使你只能看到树木。一旦胸中有了全局，你就能像前面类比中的鱼一样，知道渔民所不知道的东西。你无须成为数据科学家或超级计算机程序员就能使用概率为自己服务。我就通过在餐巾纸上分析、策划本书描述的大部分事情为我的公司创造了大量财富。

以下是一些令人震惊的事例，但是如果领导者能够在餐巾纸上画出概率图，这些事件就不会如此令人震惊：

• 海啸淹没福岛第一核电站的反应堆时，全世界为之震惊，但专家们早就指出，日本沿海的某个反应堆极有可能发生此类事件。[9]

• 最近让企业措手不及的人工智能的"突破"，自20世纪60年代以来一直在逐步发展。[10]

增长的四大风险

我们在书中谈了很多关于风险的问题，因此有必要在此对现有的风险进行简单的分类。几乎所有的业务风险都可以归为以下四类之一：财务风险、运营风险、外部风险和战略风险。浏览表1.1，你也许可以看到你面临的风险类别。

表1.1 增长的四大风险

类型	财务风险	运营风险	外部风险	战略风险
具体内容	财务战略	效率	投入成本	需求预测
	资产损失	成本	政治变化	领导层变动
	商誉	信息技术安全	政府监管	治理优先事项
	摊销	会计	诉讼	定价问题
	资产流动性	生产力	地方经济	竞争
	债务和利息	供应链	国际经济	产品性能
		欺诈和盗窃	自然灾害	监管
		违约	大流行病	研发
		编制预算	武装冲突	客户满意度
		财务控制	合作伙伴损失	并购整合
		供应商可用性	信用评级	投资者指导
		工作场所安全	行业危机	
		系统故障		

通常，高层管理者的任务是关注财务风险、外部风险和战略风险——这是有充分理由的。在大型组织中，20年间，这些疯狗浪风险在92%的事件中造成了重大的持续价值损失（超过20%）。[11]（图1.2）中层和基层管理者则需要短视地关注通常威胁较小的运营风险。如果你确信站在桥上可以看到波浪逐渐涌起，那么这种方法就能奏效。在风暴中，海浪从四面八方涌来。你需要了解整个系统的状况，因此仅仅依靠一副望远镜远远不够。

如果变化发生的速度极快，你真正需要的是一个风险雷达——每个人都需要眺望大海，为你提供 360 度的视野。基层员工往往能够最先发现问题，但是他们不知道这些问题意味着什么。你需要教会他们关注什么，以及何时应该发出警报。许多领导者都会遗忘的一点是，他还需要建立一个确保这些警告能够得到重视的机制。

总体而言，建立确保警告能得到重视的机制对风险来说十分重要，但如果你谈论的是疯狗浪，它就显得更加重要了。我们倾向于将疯狗浪视为极端案例，但随着世界的发展速度加快，各国之间的联系更加紧密，它们对我们的影响也更加频繁。在过去的一个世纪里，这种规模的外部事件——战争、金融危机、特大自然灾害平均每 7 年会对大型公司造成一次影响。即便大型公司能够恢复元气，也要花费数年之久。美国组织的领导者在长达 45% 的时间都在应对彻底的外部变化。

虽然无法为每一次可能出现的疯狗浪做好准备，但你可以根据它们对你的客户、竞争对手和供应商的影响对其进行分类。（图 1.2）这意味着，你可以对所有类型的疯狗浪做好准备，即使你不知道将会形成怎样的浪潮。

财务风险	运营风险	外部风险	战略风险
17%	10%	37%	36%

图 1.2　各类风险的发生频率

疯狗浪具备四个类别的特征。（图 1.2）例如，新冠肺炎是一个动态、对称的同步波。在许多方面，它所造成的影响与世界大战对欧洲房地产市场的影响，或者干旱对加利福尼亚州中央山谷杏树种植者的影响类似。概率随时间而变（动态），但它们在同一时间范围内（同步）影响了同一类别的所有企业（对称）。

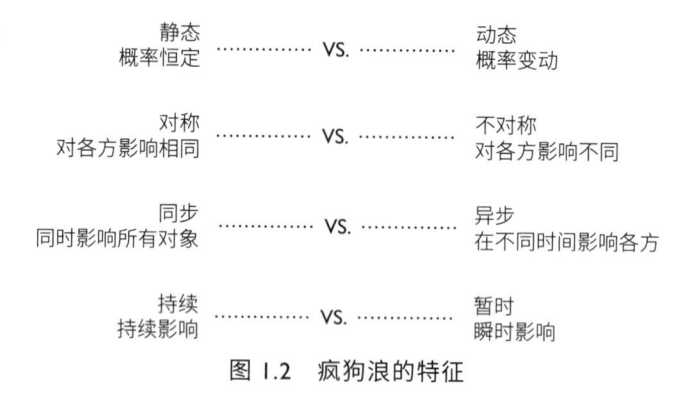

静态 概率恒定	VS.	动态 概率变动
对称 对各方影响相同	VS.	不对称 对各方影响不同
同步 同时影响所有对象	VS.	异步 在不同时间影响各方
持续 持续影响	VS.	暂时 瞬时影响

图 1.2　疯狗浪的特征

这与不对称、非同步的静态波迥然不同。例如，每年都会发生数千起集中的网络攻击（静态）。这种攻击会令你的企业巨轮沉没，但不会波及你的竞争对手（不对称）。曾经管理着全球 70% 比特币交易的数字交易平台戈克斯山公司（Mount Gox）就是如此。2014 年，在发现一名黑客多年来一直在窃取加密货币之后，该平台不得不关闭了几天（非同步）。

思考不同类型的疯狗浪对四大风险的影响，是开始针对它们创造的威胁与机遇建立系统性直觉的一个好方法。它们会对你产生怎样的影响？你又如何为他人创造巨大的价值？

未来既非不可抗拒，也非混乱不堪

显然，即使我们无法做出具体的预测，预测概率也十分有用。我们有更强大的工具来理解那些乍一看似乎十分混乱的系统。

然而，大中型企业与政府机构通常都以非常确定的方式运行。

它们根据对于当前现实与过时指标的推断做出预测。除了近期经历的不确定性,它们几乎不承认任何不确定性,但是我们知道,疯狗浪出现的可能性越来越大。

这在很大程度上只是一种惯性,是现代公司早期遗留的习惯,当时变革的进程相对缓慢,只要了解库存和客户,就足以让你保持竞争力。机构投资股东每隔几个月就会重新评估自己的头寸,他们的要求使情况变得更加复杂。他们受季度业绩的驱动,对能够经受长期不确定性的风险投资组合印象不深。

其结果就是——虽然只有傻瓜才相信自己见过世间最大的海浪——从根本上说,大型组织鼓励人们养成一种有害的针对模糊性的不适感。他们的文化身份与他们的决断力息息相关。在面对"接下来会发生什么"这个问题时,他们喜欢拥有一个明确的答案。

这种偏好通常十分强烈,他们宁愿判断错误,也不愿接受不确定的答案。更危险的是,他们所回答的问题本身可能就是错误的,因为他们依赖手中已有的数据,而不是考虑他们所缺少的数据的影响。他们通常会做出旨在减少或防止近期不确定性的决策,而这些决策最终会使组织更容易受到波动的影响。

最近,用冷嘲热讽的态度来回应不确定性已经成为一种时尚。事实上,许多作者和权威人士已经无可奈何地表示,如果没有什么可以完全确定的预测,为何还要费心去预测呢?蝴蝶效应(环境的微小变化可能会导致巨大的意外后果)和黑天鹅(使减灾工作陷入困境的不可预测的独特事件)等想法带来了一连串的悲观情绪:一切都混乱不堪,所以不如抱着最好的期待,继续我们一直在做的事情吧。

这种观点的问题在于,它在预测与确定性之间画上了等号,极大地低估了知道什么可能发生,什么很可能发生的价值。

一个叫加夫里洛·普林西普的斯拉夫民族主义者刺杀弗朗茨·斐迪南大公这一经典例子就可以说明这一点。表面上看，这一事件是第一次世界大战的导火索。许多通俗历史也都将其视作引发蝴蝶效应的黑天鹅——一个影响颠覆了整个世界的随机事件。然而，如果说第一次世界大战是由一个不可预测的事件引发的，那么随之而来的一连串事件则不可避免，因为它们发生的系统具备了一定的条件。

英国历史学家泰勒（A. J. P. Taylor）在其经典著作《按时间表开战》（*War by Time-Table*）中讲述了大公的司机拐错了弯，才意外地将大公送到刺客面前。他这样写道：

> 波蒂奥雷喊道："停车！你开错路了。"司机停下来，开始倒车进入码头。普林西普正好坐在街角的咖啡馆里。他惊讶地发现大公近在咫尺。他掏出左轮手枪……开了两枪。[12]

如果司机没有犯错，大公应该就不会丧命，但是战争依旧无法避免，总会有其他的导火索。如果说大公遇刺无法预料，那么帮助欧洲大陆维持了数十年和平的政治和权力动态的瓦解则确保了和平必将结束。这就是系统的可知之处。它们会破裂，一旦破裂，就会释放出它们所控制的力量。

1914 年，英德之间的冲突已经一触即发。英国军事领导人认为，德国不断增强的海军实力对其构成了直接威胁，因此有必要加以遏制。然而，离开了法国的协调，这一切不可能实现。一旦第一枪打响，秘密联盟体系、数十年前的作战计划以及战争的后勤现实必然会将欧洲其他国家拖入冲突。将随后发生的战争归咎于暗杀的做法，有点像将森林大火归咎于引发火灾的废弃烟头，而忽略了导致其不可避免的干旱和管理不善。

正如英国外交大臣爱德华·格雷（Edward Grey）所写的那样："我没有什么可做的。环境和事件才能驱动决策。"[13]

你所做的每一个管理决策，安排的每一项政策，都基于对接下来会发生什么的预测。所有政策最终都会失败，因为没有什么是永远不变的。本书不仅旨在帮助你从疯狗浪中获益或是避开它，而是更为重要的一课：如何建立一个组织，当迎面而来的浪潮不可避免地拍裂了船体之后，你应知道如何着手修补。

在下一章中，我们将仔细研究正在重塑我们世界的主要趋势，以及它们对你的影响。

2

引发下一波疯狗浪的十种潜流

你有多少项目会因彻底变革而失败或成功？

日常琐事让我们对更大的趋势视而不见。

——胡安·恩里克斯（Juan Enriquez）

如今的泰国湾帕岸岛因满月派对、通宵狂欢、顶级 DJ、火焰舞者、购物中心和度假村而举世闻名。但在 20 年前，该岛的大部分地区仍然没有通路，只有乘船才能抵达那里最好的海滩。当时，我和一位房地产开发商一起在岛上工作，他想加速岛上的全球化进程。我们在哈林海滩漫步，弹吉他，看月光洒在水面时发光的浮游生物。有时，一伙在附近活动的海盗也会加入我们的行列。

周末，我们会乘船去哈天湾的避难所，那里是岛上少数几处保持原始状态的原始背包客胜地之一。有一天，我们六个人在太阳落山时泡在水里，随着柔和的大浪上下浮动。我闭上眼睛，把自己交给大海。

当我终于抬起头时，所有人都不见了。我开始向岸边游去，但我越努力游，离陆地越远。精疲力竭的我意识到，岛上的长期居民一定知道一些我不知道的事情。那些大浪是由潮汐变化时的相长干涉造成的，它们会将海水从海滩拉回海中。强大的激流令我无法游回岸边。

在美国的海滩，救生员进行的 80% 的救援都与困住我的激流有关。[1] 回想几十年前接受的救生员培训，我想起了一些违反直觉的事情：与其逆流而上，不如让海浪把我带到更远的地方，然后沿着与激流垂直的方向游向岸边。漂了 500 英尺之后，我终于脱离了它的控制。为了积蓄力量，我漂浮了几分钟，随后游回岸边，在我最初下水点不远处上岸。我筋疲力尽，回到船上拿了一杯冰啤酒。

知晓当时我所发生的事情，就能明白日落时分在海滩上喝啤酒与惨死海中之间的区别。

泰国湾水域相对平静。南非海岸是关于潜流力量的更为生动的例子。在那里，大西洋和印度洋的洋流与来自南方的冰流相遇，形成阿古拉斯洋流（图 2.1），这是地球上最湍急的水域之一。在风平浪静的日子里，海面上波澜不惊，但在水下，海水却传递着巨大的能量，经常能够形成直径超过 500 英里的涡流。

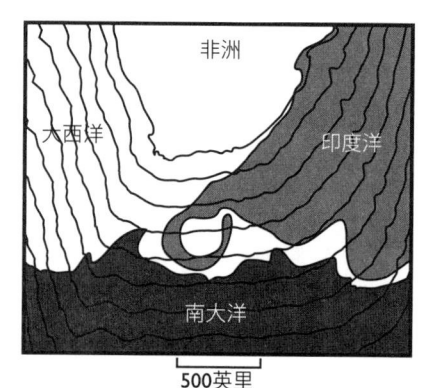

图 2.1 阿古拉斯洋流

如果条件合适，这些涡流会涌上大陆架，形成100英尺高的金字塔形水柱——当地人称为"罗拉角"的疯狗浪。即使是在晴天，这些海浪也会凭空出现。虽然大部分动作发生在水下，但它们的能量却源自水面。

通常，它们是由大约4000英里外的南极海岸的风暴引起的。我们在海滩或海洋中遇到的大多数海浪都是由长距离持续吹拂的风所驱动的，这就是所谓的"吹程"（fetch）。风为系统增加了能量，而水的内部阻力则消耗了能量，从而实现平衡。即使在暴风骤雨的海上，这些平衡的力量也限制了海浪的大小和强度。"罗拉角"则不同。风能与海下深处洋流的内波相结合，两者相互放大，相互加强。（图2.2）与葡萄牙的纳扎雷一样，海底地形将这些能量集中到一处，形成一个非线性波，在一个点上的上升速度超过了重力将其拉回海面的速度。[2]

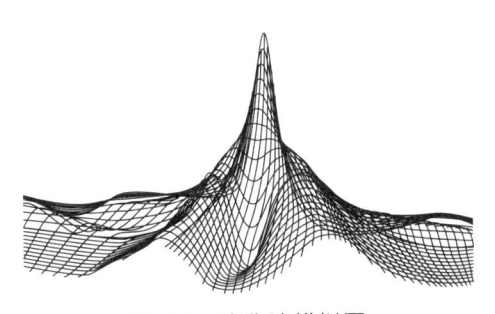

图 2.2　疯狗浪模拟图

这就是为何好望角以南地区是世界上一个非常危险的海域。近3000艘船只在这片海域沉没，其中就包括著名的"特洛塔号"（又名"澳大利亚泰坦尼克号"）。这艘船沉没得无影无踪，211人葬身鱼腹。[3]

与海洋中一样，社会、经济和技术的潜流同样推动着文明的发展。随着世界之间的联系日益增强，这些潜流逐渐增强，为系统注入越来越多的能量。水面之下生成了新的旋涡，只等一场风暴来释放压抑的能量，并将其塑造成下一个疯狗浪。千年一遇的事件每十年就会出现一次，而十年一遇的事件无时无刻不在世界各地发生。

宏观趋势的局部影响

> 我们往往认为，有些事情每隔一个世纪才会发生，然而事实上，它们每十年就会出现，而且，我们认为，我们心里十分清楚发生了什么。
>
> ——纳西姆·塔勒布（Nassim Taleb）

2019年当我着手写本书的时候，我列出了那一年我经历过的"未来时刻"。在我写这些文字的时候，这些趋势都已经从处于边缘的古怪现象扩散为大众媒体竞相报道的全球话题。而当你读到这段话的时候，它们可能已经成为行驶在你的海上航线上的新船。关键是，未来的发展速度永远超出你的想象。

• 2018年访问清华大学期间，我和一位中国同事随意开了一个关于无人机技术的玩笑。我说，自动无人机当然令人兴奋，但我们什么时候才能有一架能送比萨的无人机呢？

起初他看起来很困惑，随后，他的脸上闪过一丝认同。他告诉我，一年多来，京东一直在使用自动驾驶配送车给学生送货。[4]

我以为这是一些研究生发明的偷懒工具，或是削减劳动力成本的一种方式。然而并不是这样，他向我保证，他们正在开发这项技术，因为根本没有劳动力可用。在这个世界上人口最多的国家和第二大经济体中，用工需求巨大，像送餐这类曾经十分常见的工作很难找到人来做。

• 在印度的一家能源公司，一位高管告诉我，他们面临的最大挑战是在未来几年内将其产能翻倍。在印度的历史上，电力需求从未有过如此快速的增长。

原因是什么？空调。[5] 印度的中产阶级正在以惊人的速度增加。在位于印度次大陆的炎热城市里，一个家庭挣钱之后购买的第一件东西就是空调，然后才会考虑汽车、电脑或平板电视。

• 在威斯康星州，一座经济每况愈下的工业小镇正在为一家中国公司的到来做准备。这家公司最近决定将部分制造业务转移到美国。当我问一位中国高管是什么原因促使他们做出这一决定时，他解释说一部分是政治原因，而且他们需要为产品贴上"美国制造"的标签，但主要原因是威斯康星州有大量的熟练劳动力，而这样的劳动力在深圳却越来越难找到。

• 在中国西南部一个几年前才通电的小村庄里，一位叫魏福（音译）的半文盲妇女正在网上销售她的传统编织品，利用人工智能在她的商品与世界各地的潜在买家之间搭建起一座桥梁。她的尝试大获成功，现在她经营着一家由25名妇女组成的合作社。

自动化程度提高、全球中产阶级的数量不断增加以及人工智能等新技术层出不穷，这些我们都能在新闻中了解到。然而，它们在那些令人意想不到而且往往十分遥远的地方也真实地发生着。不幸的是，如果看不到这些宏观趋势影响的具体实例，我们就很容易忽视这些趋势。

对高管和经理来说，这往往会导致他们对关注这些趋势的价值产生怀疑。他们可能会说，了解气候的变化、人工智能的发展或是南亚日益增长的能源需求自然十分重要，但他们需要关注目前影响组织的因素，以及他们能够看到的本季度和下一季度的情况。

与我聊过的一部分高管对此有着不同的看法。他们解释说，六个月后将影响企业的因素现在就在发生。正如杰夫·贝佐斯所言："本季度的收益早在三年前就已决定了。"[6]

宏观趋势是成千上万个单独事件的总和，其中一些事件有可能为企业带来机遇，也有可能带来毁灭。一个联系更为紧密、变化更为迅速的市场意味着局部变化可以在几周内，而不是几个月内产生全球影响。常言道："有时可能几十年都没有大事发生，但有时也会在短时间内，一口气发生几十年才会出现的巨变。"因此，所有与国际市场或供应链打交道的公司，或是供应商或客户涉足该领域的公司——在此插入你的组织——都应该关注全球宏观趋势。宏观和微观之间的联系比以往任何时候都要紧密。

不过，知晓应该关注哪些宏观趋势并非易事。就像阿古拉斯的混合水域一样，这些趋势在无形中交换了大量的能量——在发生碰撞之前，它们看起来并不起眼。随着世界发展的加速，此类碰撞将变得更加频繁。这就要求我们关注最强的宏观趋势，即使它们看起来并不直接相关。

历史不会重演，但却并非毫无规律可循。因此，虽然过去一年的风险管理技术无法保护你免受下一年的挑战，但可以帮助你了解风险管理技术的演变过程。研究过去的主要经济潜流、技术潜流和社会潜流如何改变其运作系统，也十分有用。

今天，事情的进展非常之快，但15世纪就为这些潜流可能带来的海洋变化提供了一张慢动作的快照。

15世纪，西方开始从中世纪向现代过渡，文艺复兴和大航海时代应运而生，大帝国（拜占庭、金帐汗国）衰落，新帝国（西班牙和奥斯曼）崛起。影响这些结果的潜流不仅强大而且多样。14世纪中叶暴发的黑死病夺走了欧洲三分之一的人口。[7]

其结果是，随着地方经济的崩溃，权力和财富落入新贵手中。新的增长模式有待开发。劳动力短缺推高了工资，而人们对商品的需求却下降了。由于农业变得更具挑战性，许多农民和小土地所有者迁入城市，希望能够改善命运。这引发了政治动荡，因为像佛罗伦萨这样的新商业中心和美第奇这样的家族逐渐手握大权。随后的技术突破抵消了高昂的劳动力成本，提高了贸易效率，但也巩固了从中受益的城市和商人的财富。外贸失衡与持续一个世纪的军事冲突，遭遇了因金银矿枯竭而造成的货币短缺。[8]

15世纪初，欧洲经济实际上已经破产；到15世纪末，一些欧洲国家已经富得流油。财富的再分配重新定义了金融体系，一个新的全球互联文明开始凝聚。

当今世界也有这些潜流的回声，只是现在的地球已经实现了互联，变化正在以互联网的速度发生。例如，在短短三个月的时间里，新冠肺炎的暴发就带来了在线零售业大约十年的预期增长。[9]

要想赶在竞争对手之前发现下一波疯狗浪需要做到以下三点：

1. 至少对当今的主要潜流有所了解；
2. 尤其关注导致两种或更多潜流相互作用的事件；
3. 在组织中建立起对这些趋势的认识，以便整个团队能够时刻留意下一波趋势的迹象。

当然，有成百上千种这样的趋势，但要保持这种意识，就必须关注那些最有可能在相遇之后推动变革的潜流。虽然这种情况未必经常出现，但在理想情况下，这意味着你有一个负责协调各部门和各专业的项目管理办公室。

表 2.1 展示了最值得你关注的十种潜流。

表 2.1　十种潜流

潮流	潜流	关键问题
经济	不断变化的人口统计数据	劳动力与消费
	数据经济	价值创造与价值提取
	自动化	劳动力供应与劳动力成本
	亚洲的崛起	市场准入与资源可用性
	低利借款	增长与盈利能力
技术	新兴技术	效率与社会影响
	关闭创新窗口	更快的研发速度与更短的产品周期
	混合与融合	颠覆性创新与颠覆性整合
社会	数字信任	公共利益与私人利益
	新的社会契约	权利与监管

经济潜流

经济学是最具人性化的科学，因为它研究的是我们作为一个物种所珍视的东西——如何使用我们的资源以及我们这样做的动机。随着该领域不断变得更加量化，它为我们提供了一个窗口，让我们了解可以在哪些方面做得更好，以及创新可以真正改变世界之处。

1. 不断变化的人口统计数据

人口统计数据是经济的飞轮。它们决定了员工和客户这两项最宝贵资源的成本和可用性。这是因为在许多国家，消费者购买占经济总量的一半以上，在美国，这个数字达到了 67%。[10] 近几十年来，经济增长的主要驱动力是全球教育带来的收入增加和人口增长带来的需求。在熟练劳动力供应不断增长的国家，情况更是如此。消费者对经济增长的影响正在改变。

人口老龄化

在 20 个大型经济体中，人口的平均年龄都在上升。[11] 人口老龄化可能意味着利率降低[12]、经济增长放缓[13]、政府债务增加[14]。在许多国家，出生率下降也意味着受过大学教育的劳动力严重短缺。

此外，虽然许多老年公民不再拥有稳定的收入，但无论是储蓄、财产还是遗产，他们中的很大一部分人拥有大量资产。这就在老年一代和年轻一代已有的工资差距的基础上，进一步拉大了贫富差距。[15]

熟练劳动力短缺

随着出生率的下降，尤其是高度发达和教育程度高的国家的出生率的下降，进入劳动力市场的年轻人越来越少，拥有高等学历的适龄劳动人口比例下降。例如，到 2030 年，预计加利福尼亚州将面临 100 万大学毕业生的缺口。[16] 其结果就是，即使在远程办公的时代，公司在选址时，也需更多地考虑人才而非税收优势。

据组织咨询公司光辉国际（Korn Ferry）预测，到 2030 年，唯一一个技术工人过剩的主要国家将是印度，而它的过剩劳动力勉强能够弥补加利福尼亚州预计的劳动力短缺。[17]

如果边境开放或是可以选择远程工作，高技能劳动力对现场和远程工作的需求是最大的。大量工人和机会可能来自亚洲。这表明，亚洲的商业文化将影响全世界的商业规范。通过这种流动性成长起来的中产阶级将具有全球意识。他们对生活质量和商业机会的期望将因接触欧美老牌中产阶级而得到提升，但他们会要求世界围绕着他们，而不是西方旋转。

城市化加速

过去几十年间，尤其是最近几年里，城市化的步伐已经加快。现在，全球半数以上的人口居住在城市之中（半个世纪前只有三分之一），而且这一比例还在继续提高。

其背后有着很好的经济原因。圣菲研究所（Santa Fe Institute）前所长杰弗里·韦斯特（Geoffrey West）的研究表明，城市人口每翻一番，其平均收入就会增加10%~15%。城市的密度越大，效率往往越高，而城市的"知识库"越大，其创新性也就越强。[18]

全球经济将继续由农业和制造业转向服务业和技术。生产力和财富的增长将继续集中在相对较少的大城市，这些城市之间的共同点将比它们所在国家之间的共同点更多。只要全球化的步伐不停，随着北京、孟买、东京、伦敦和纽约等超大城市越来越多地相互寻求人员、贸易和思想，全球化在一定程度上就仍将是城市对城市，而不是国家对国家。[19]

这些城市将受到附近自然和人力资源的限制。例如，几十年来，洛杉矶一直在努力解决其出了名的供水有限问题。[20] 同样，中国政府最近为北京设定了官方增长上限，理由是供水有限[21]。

这对你意味着什么

也许更重要的是，这些转变正在改变全球财富的分配和增长。随着全球财富的增长，碳排放量也会增加，而污染者将不仅仅是能源公司。交通、供暖和制冷在目前的排放中所占的比例不足四分之一。日益增长的挑战包括占排放总量19%的农业，以及建筑用钢和混凝土。[22] 从规模上看，中国每两年使用的混凝土量相当于美国在整个20世纪的使用量。[23] 随着印度、东南亚和非洲不断壮大的中产阶级消费的增加，这种情况只会进一步扩大。随着全球经济的发展，公司需要同时考虑劳动力成本上升、消费者期望值变化以及监管等新的利润限制因素的影响。

- **投资者需求**：随着投资者阶层的老龄化，为他们提供服务的金融机构将日益寻求短期利润而非长期增长。

- **政府收入**：随着规模加大、收入降低、年龄较大的人口贡献减少、成本增高，企业面临的税收压力将会加大。

- **新的服务期望**：更大的密度、更多的财富和更高的年龄将继续改变消费者对产品、便利性以及价格的期望。

- **市场转变**：作为增长和发展中心，南亚的崛起将使其从创新产品和公司的追随者市场转变为领导者市场。

- **多代劳动力**：公司将面临文化方面的挑战，因为它们试图留住年长的员工，同时满足本地年轻人的期望。

- **政治紧张局势**：受过教育的城市居民继续巩固财富，这将加剧富人和穷人、老年人和年轻人、城市和农村之间的分裂。

2. 数据经济

世界之间日益紧密的互联，使机器、人与环境之间的交互产生了更多的数据。在接下来的三年里，我们产生的数据将超过过去30

年的总和。[24]高速计算机对"大数据"模式的识别和分析，将对我们生活的方方面面产生令人难以置信的洞察力。

这种数据爆炸使我们有可能将现实世界的过程数字化，并且实时跟踪和管理它们。拥有几乎所有商品或服务的虚拟模型以及任何工厂或进程的数字孪生模型，可以将优化成本降低到几乎为零。它还使得探索替代的过程变得更快、更便宜。这反过来又加速了新的创新和新的解决方案。

数据即将成为世界上最有价值的商品。也许你听过"数据是新的石油资源"这句话，但这并不完全正确。数据不是一种可供开采和出售的有限资源，而是我们每天都在产生的东西，不仅越来越多，而且使用方式也越来越复杂。数据也有不同于其他商品的性质。尽管在行情不好的日子里，油价可能一天就下跌20%，但它不可避免地会反弹。而在高频交易等应用中，数据的价值可以在瞬间从数十亿美元跌到一文不值。

数据更像是不断产生的新电力能源。与电力一样，它为一系列令人难以置信的过程提供动力，使人们更有效，也更高效。所有这些都是全球商业从商品（跨境运输成本高）和服务（运输稍稍容易一些）转向数据（移动成本低，除非受到监管的限制）这一大转移过程中的重要组成部分。一种可操作的市场洞察力、一个软件、一份3D打印机文件或一项制造新聚合物的技术，往往比一批实物货物更有价值。任何能够上网并且有能力生产有用数据的人都可以参与全球经济。如果你想购买一些数据，无论是一篇文章、一部电影、一份营销清单，还是生产尖端药品所需的基因组代码，那么，它究竟来自哪里几乎无关紧要。

价值创造与价值提取

数字商业模式的一个特点是，它在提高效率方面的速度往往超过其创造新金融价值的速度。数据可以在不增加利润池的情况下提高资产利用率。

无论是像京东或亚马逊这样的零售商，像优步或爱彼迎这样的对等网络，还是星云基因组公司这样的DNA代码市场，市场上聚集了越来越多的数据和消费者。[25] 这些企业具有高度垄断的特征，因此了解它们如何以及为谁提供价值非常重要。

优步就是一例，虽然经常被人诟病，但它不仅释放了运力，而且提高了工人的总工资和国家的税收。相反，像爱彼迎这样的数据中介公司利用的是住房这种非常有限的资源，而这种资源已被大量利用。尽管爱彼迎提供了一项有用的服务，但它并未大幅促进旅游业的增长，也没有促使低成本公寓在房地产市场上被取代。总的来说，爱彼迎从市场中获取的价值远远超过其创造的价值，其中大部分价值是从政府赖以获取税收的酒店转移而来的。

这对你意味着什么

随着数字化转型的不断加快，公司需要明确自己究竟在为谁创造价值，以及从谁那里获取价值，这种平衡将决定哪些举措从长远来看是有利可图的。这也将是企业与政府关系的核心。能够在增加税收的同时提供更好的服务的数字商业模式将蓬勃发展，否则，企业将被当地竞争对手挤出市场，并受到监管的阻碍。

> - **提高利用率**：利用数据获取价值的新机会将会出现。
> - **共用资源**：企业需要找到新的方法，通过数据共用资源，并保护资源不被共用。
> - **数据保护**：机密信息生产和流动的爆炸式增长将导致越来越多的数据失窃以及对数据保护需求的不断增长。
> - **政府政策**：不协调的政府政策将规范数据贸易，以保护消费者和国内公司，并使税收最大化。缺乏协调也将给外国组织带来新的负担。

3. 自动化

尽管有人大肆鼓吹人工智能和自动化威胁就业，但其影响不太可能如人们担心的那样具有灾难性。普华永道最近的一份报告估计，目前全球约有 5% 的工作面临被自动化取代的风险，到 21 世纪 30 年代中期，这一比例将上升到 30% 左右。[26] 其中大多数是包含重复劳动的工作，建筑、制造和运输等领域尤其如此。虽然这些工作中有许多可以被自动化取代，但实际上不太可能，或是因为自动化的成本太高，或是因为执行的任务太多样化。例如，也许有一天自动驾驶卡车将成为长途运输的常态，但要完全取代城市快递员的工作，仅仅靠一辆新车是不够的。还需要开发全新的系统，完成从卡车上卸货、储存货架、保护货物以及与店主保持联系等任务。

除了安全和公共关系方面的考虑，在引入自动化时还需要清除重大的经济障碍。机器人价格高昂，前期成本很高。编程、重新编程和现场维护甚至更加昂贵。虽然机器人和人工智能能够逐渐地在工作中接受训练，但是与人类相比，它们往往更难改变用途。除非这个问题得到解决，否则它们的使用将受到限制。

现在和不久的将来，自动化的最佳用途是提高人类工人的效率。对高技能工人来说尤其如此：至少拥有学士学位或同等学力的人。平均而言，此类劳动力的成本预计将在未来十年内上升16%。在一些国家，如新加坡，除了生活成本的增加，成本预计还将提高27%。[27]需要大幅提高工人的生产力才能抵消这些成本。

我们早就知道，在国际象棋比赛中，"半人马"棋手（centaur），即获得计算机辅助的熟练棋手，几乎可以击败任何非半人马对手，无论对方是人类还是机器。[28]工厂车间或高速公路上也有可能出现类似的情况。将人类的灵活性和感知力与机器的精度和速度结合起来，其优势往往比完全自动化更大。

最有可能出现的情况是，越来越多的数字助理将进入工作场所，与昂贵的高技能工人合作。自动化将极大地重塑就业市场，但其主要方式并非降低成本。它最显著的好处在于提高质量和一致性。

这对你意味着什么

随着公司的数字化转型，它们将需要考虑劳动力的可用性和劳动力成本。一旦加入新变量，关于地点、外包和离岸外包的直接经济决策将变得更加复杂。例如，不断变化的劳动力成本和利用自动化所需要的技能。

- **将信息技术和区位战略联系起来**：公司需要考虑区位战略和技术，以最大限度地利用高技能劳动力。

> - **税收优惠**：公司需要考虑长期劳动力成本和技能可用性与税收优惠政策。
> - **将人力资源与信息技术战略联系起来**：公司需要根据自动化优先级来计算劳动力成本和可用性。

4. 亚洲的崛起

20世纪初便已出现的国际贸易和政治权力体系已经消亡。[29] 在这个旧体系中，"全球贸易"指的是少数经济体之间的贸易，这些经济体大多在欧洲和北美，最近日本和正在步入工业化的亚洲也加入了。它假定发达国家和发展中国家之间存在巨大的鸿沟，前者几乎拥有所有资本和政治权力，而后者则是资源来源地和大国争夺影响力的场所。

尽管许多美国人和欧洲人尚未注意到，但现实已经发生了变化。2019年，《财富》世界500强中有121家公司来自美国；129家来自中国，其中10家来自中国台湾。[30] 中国的崛起不仅重绘了全球竞争的地图，还促使中国公民以及整个亚洲的财富急剧扩张。尽管印度和东南亚的典型收入仍然落后于中国，但是它们正在迎头赶上。根据新冠肺炎暴发前的模型，到2035年，将有21亿新增人口在当地赚取相当于35000美元的收入，[31] 其中87%的增长将出现在亚洲。[32]

财富、生产和权力正在重组——不仅仅是在亚洲，全球都是如此。几个国家之间的贸易正在变成几十个国家之间的贸易。这加剧了围绕权力和资源分配的地缘政治紧张局势。

中产阶级人数翻倍并不会导致资源消耗翻倍，但它会引发巨变。

美国人的生活方式所需的资源消耗是发展中经济体农村贫困人口的 32 倍。[33] 随着世界变得越来越富裕，越来越多的消费者将购买更多的汽车和空调，他们会坐飞机，吃更多的肉，使用更多的设备，并要求更多的服务。所有这些都将推动对水、能源、农业用地和数据需求的大幅增长。[34]

中国政府正在通过商业活动重塑东南亚政策，同时对地区基础设施进行投资，并对水资源实施控制。[35] 中国海军在泰国湾、南海和印度洋[36]的实力不断增强，正在改变其与美国之间的力量平衡。

这些趋势的积极和消极影响是巨大的。全球脱贫也许是人类历史上的伟大成就。从另一个角度看，存在重大民族分歧的国家往往经历了不平等的增长，这加剧了紧张局势。例如，印度有大约 1.72 亿穆斯林，[37] 相当于美国人口的一半。如果他们无法享受与大多印度教徒相同的益处，那么冲突很可能会加剧。

这对你意味着什么

由于不断崛起的中产阶级要求获得更多资源，世界将面临挑战。这个机会将受到人口统计数据和亚洲业务增长的双重驱动。这些新公司将为本地客户提供服务，但也会寻求全球扩张，从而创造新的竞争来源。

跨国公司可能会面临越来越多的保护主义，因为政府试图保护自己的市场、资源和人民的利益增长。为此，他们将重新制定许多自第二次世界大战以来西方人认为理所当然的贸易和安全协议。

- **资源竞争**：企业需要加强与政府的联系，以保护其供应链，避免被卷入地缘政治的旋涡。

• **亚洲第一的产品**：企业将需要把亚洲市场视为机遇和威胁。那里有新客户，但也有意在打入全球市场的区域竞争对手。

• **亚洲的商业文化**：外国公司需要接受当地的商业习俗，以吸引能够为当地同等公司工作的人才。

• **地方政府合作**：对持续的地方准入而言，与地方政府维持强有力的关系将变得越来越重要。

• **母国政府关系**：各组织需要更加积极主动地帮助本国了解贸易紧张局势可能对其产生的影响。

• **本地劳动力**：随着史上的低成本劳动力市场成为创新出口国和主要消费市场，企业需要重新对它们进行思考。

5. 低利借款

我们正在进入一个结构性增长放缓、政府和私人债务增加的世界。这些相互作用的力量将推动低成本货币的趋势。

增加刺激性支出

在人口老龄化的国家，非医疗消费的放缓将拖累经济增长。[38]立法者和中央银行家将通过宽松的货币和财政政策来刺激增长，抵消因老龄化公民需求增加和工作人口日益萎缩而造成的收入短缺。这就形成了一个反馈循环，政府，尤其是那些没有储备货币的政府，必须保持低利率，以管理其不断增加的债务负担。许多国家——最近是委内瑞拉和土耳其——都未能在偿债和增长之间维持平衡。货币危机不可避免。

提高储蓄率

除了政府推动的印钞激增，[39] 老龄人口会将资产转移到能产生稳定退休收入的投资中，从而进一步降低利率。[40]

快速发展自动化

生产力过剩会导致通货紧缩。[41] 随着未来十年自动化逐渐站稳脚跟，以更低的成本提高生产率与交付质量的能力将抑制通货膨胀。[42] 这可能会使中央银行更难通过提高利率来收紧贷款。

私人货币、证券和数字货币

互联网巨头腾讯和阿里巴巴的移动支付服务"财付通"与"支付宝"等数字货币的激增，正在迅速改变全球金融格局。中国消费者更喜欢通过这类服务，而不是现金或银行发行的信用卡或借记卡进行交易。[43] 面对新冠肺炎疫情，僵尸航空公司一直试图将它们的常旅客里程兑换成现金。[44] 这些私人兑换方式正在夺走中央银行和国家手中的货币控制权。尽管各国政府正在尽最大努力通过监管来减缓未来的发展，但是这些堤坝很可能就要坍塌。在未来十年，它们要么需要与这些新贵合作，要么需要向它们提供低摩擦的替代品。无论结果如何，那些花了一个世纪来定义全球货币政策的有权势的金融家很可能会发现，自己在与一群突然在谈判桌上有了一席之地的全新参与者竞争。

这些趋势共同创造了未来很长一段时间内低利率的结构性趋势。

这对你意味着什么

全世界对增长而非盈利的关注将继续使业绩驱动型组织

处于不利地位。这也将影响越来越多的独角兽公司，由于这些公司没能快速实现盈利，投资者就会迅速转向下一家估值过高的公司。泡沫正在成为常态。随着中国、欧盟和美国监管机构开始争夺控制权，一度受到严格管理的金融市场将成为三环马戏场[①]。

- **更多无机增长**：投资者人口老龄化将在企业生命周期的早期使董事会关注的重点转向盈利能力。在一个充满低息贷款的世界里，这意味着并购活动将会增多。
- **合资企业**：企业的债务负担与地缘政治将导致共同投资增加。
- **货币危机**：由于各国难以平衡对外贸易、债务以及增长，债务驱动的区域货币危机将继续出现。
- **规模化初创企业**：初创企业将继续发展，其规模也将不断扩大，尤其是那些提供与现有基础设施竞争的低成本平台的企业。
- **彻底外包**：更多"即服务"的商业模式将允许负债累累的组织，将资本资产的支出外包出去。
- **激进的税收**：民粹主义，加上不断上涨的社会福利成本，将鼓励更激进的企业税收政策，尤其是在增长缓慢的国家。
- **利润压力**：较大的组织，尤其是关键产品和服务的销售商，将面临越来越大的压力。他们需要在降低价格的同时，支付更多的税款。

---

① 场中画了三个大圆圈，能同时进行三种不同表演的马戏场。——译者注

技术潜流

15世纪的创新层出不穷。自1440年问世到20世纪末,像谷登堡这样的印刷机印制了500多万份手稿,传播了新的发现与新复兴的古代智慧。[45] 新的印刷技术也促使新地图在整个欧洲大陆传播开来。[46] 轻快帆船是一种可以逆风航行的革命性大三角帆船,它推动了葡萄牙对非洲的探索,并最终开辟了从欧洲出发绕过好望角,抵达印度的航线。更好的海洋技术,如改进的罗盘和星盘,使它们能够更准确地航行,并以可重复的方式记录航线。西班牙不得不试图寻找一条从西面通往亚洲的不太可能实现的航线。它们派出数十艘船只驶入大西洋,并在那里偶然发现了著名的"新"世界。与此同时,复式记账法使长途直接贸易更加容易,也使更复杂的财务安排成为可能。

这些技术本身都无法推动欧洲的复兴,但是随着与新商业模式的融合,它们定义了未来三个世纪的世界。它们之间的交叠提高了知识生产的速度,也增加了欧洲乃至全球贸易伙伴的数量。

今天,我们可能正处于类似的人类事务重组的边缘。技术正在发挥越来越大的作用,然而就像电报和无线电、电话和互联网一样,要想这些新发明能够充分发挥潜力,就离不开新的基础设施与紧密的整合。与15世纪一样,最终结果将取决于政府和企业能在多大程度上协调他们的努力并就标准达成一致。

6. 新兴技术

在成为主流的几十种吸引人的技术中,有四种尤其值得关注:互联设备(物联网)、人工智能(AI)、分布式账本(区块链)和下一代无线网络（5G和卫星）。

这四个词现在都是流行语，但在形成规模之前，它们的名字可能会发生改变。而且，它们中的任何一种都不太可能独自改变世界。但它们共同构成了技术基础，推动你能想到的任何领域的增长，而不仅限于传统的高科技领域。

过去十年间，互联网已经数字化并简化了大部分物理世界。这些技术将通过使任务和交易自动化、提供实时信息并理解其意义来加速这一趋势。未能在第一个互联网时代实现数字化或自动化的企业将在第二个时代臣服。为充分利用这些技术而构建的组织将经历效率的飞跃，没有这样做的企业将会遭遇失败。

互联设备（物联网）

互联设备通过自动执行跟踪和传感任务提供准确的位置、状态和身份信息，以及以极低的成本在本地存储数据等方式减少摩擦。更好的文本信息可以使制造和交付变得更加灵活和高效。与分布式账本系统和嵌入式人工智能结合之后，这些设备使系统能够在无须人工干预的情况下动态地协调任务。

人工智能（AI）

人工智能并非我们在电影中所看到的那样，它只是计算机用来评估大型数据集的一套统计方法。如果你有足够的时间，完全可以自己在电子表格中完成许多人工智能的任务。与依赖一系列"是或否"的问题得出绝对结论的传统计算不同，大多数人工智能计算的是可能性。

人工智能以各种形式得到了广泛应用，推动了推荐引擎、搜索、欺诈检测、医疗诊断、自动驾驶汽车以及其他数百种依赖高级模式识别功能的应用的发展。在大多数情况下，人工智能通过提高谨慎性和精确度，以及快速分析大量大数据集的能力，增强了人类的认知能力。

与任何其他技术相比，人工智能更能大幅提高人类的生产力，因为许多高价值工作的价值都在于它可以执行的分析类型。从优化交通和分布式网络，到预先发现流行病，再到从根本上提高工厂的效率，一旦与物联网结合，人工智能将具有无穷的潜力。

分布式账本（区块链）

分布式账本是一种数据库，它能可靠地记录交易，而无须经常访问中央控制实体。加密货币（比如比特币）是目前最著名的用例，但类似区块链技术的长期应用远不止这些。它可以在没有中央授权的情况下跟踪、验证和存储个人身份、公司簿记，甚至合同，从而省却了大量的文书和安全开销。与人工智能结合之后，区块链能够创建定制的"智能合同"，几乎能以很低的成本即时创建团队、共享数据，安全地与完全陌生的人做生意。

互联的物联网设备要想自主运行，必须能够在连接不畅或传输所有数据的成本过高的时候做出决策和交易数据。要想自主运行，它们必须能够维持分布式交互账本。

下一代无线网络（5G 和卫星）

5G 承诺其速度将比旧技术提高几个数量级。但更重要的是，它可以提供更高的效率。一个 4G 信号塔每平方公里可支持约 4000 台设备，而 5G 信号塔则可支持约 100 万台设备，而且能耗只有前者的十分之一。[47]

然而，5G 的短期影响被过分夸大了。建成大规模实现这些益处的新基础设施需要数年时间，主要是因为它的造价过高（如果想要在全美境内覆盖 5G 信号，需要耗资 5000 亿美元）。[48] 相反，5G 真正的短期影响可能具有局部性：在工厂、医院、办公大楼和商业环境中。因此，可以将 5G 视为一种使能技术，通过加速设备之间的通信来放大其他技术（尤其是物联网）的影响。

如果可行，卫星网络也许是更为重要的技术突破，它可以在海洋、沙漠和农村地区等一直无法以低成本接入互联网革命的地区建立起宽带通信。

其他值得关注的技术

至少还有两项基础技术有可能在未来十年发生重大演变，但在 2030 年之前它们实现产品化的道路并不明朗。这两项技术仍然值得跟踪，因为如果它们的商业化速度超过预期，就有可能改变我们对经济的看法。

量子技术：量子计算已取得很大进展，但尚不明确十年内是否会规模化。如果能够实现，它能从根本上加速信息技术，运行更快并且可能更有效的计算。但这是几十年来一直被认为会在未来十年发生的想法之一。与更精确的传感和安全相关的其他量子技术也在不断进步。前者可能会从根本上加快数据生产和突破的速度，后者可能准备在未来几年内进入工业领域，解决安全问题，否则会延缓新技术的推出。[49]

新能源：也许 21 世纪上半叶最重要的技术突破将是聚变反应堆和小型模块化裂变反应堆（SMR）。说到底，生产任何商品或服务的大部分成本都是嵌入其中的能源成本。

例如，你正在浏览的设备或阅读的书籍结合了从地球上提取、提炼并组织成特定形式的资源。除此之外，几年来，你和你的老师可能每天都前往你学习、阅读的学校。这一切都需要大量的碳排放能源来建造实现这一目的的机器和设施。

但是，如果出现了一种可以推广至全球的低成本清洁能源，它将改变我们对工作和商品价值的看法。物理学家普遍认为，颠覆能源经济学的最佳长期候选技术是核技术，而非太阳能和风能。[50] 尽管实际的核聚变可能在十年内得到证明，但它可能无法在十年之内得到扩展。届时，它有可能打破能源经济学的许多局限。例如，今天并不经济的关键气候工程技术，如海水淡化和碳封存，可能会变得更加可行。

这对你意味着什么

这些技术将共同改善全球人民的生活质量，同时提高资源效率。我们甚至可能看到，即使在增长放缓的情况下，随着资源消耗的下降，人们的生活水平也会提高。另一方面，这些技术将产生巨大的社会影响，因为它们扩大了组织和政府监视、控制和操纵人们的能力。这将需要截然不同的社会契约（潜流9和10将讨论这一点）。

- **增加信息技术预算**：随着这些新功能逐渐成为筹码，技术投资将会增加。

- **与信息技术顾问建立更紧密的伙伴关系**：信息技术系统日益复杂，要求我们更多地依赖专业供应商。

- **信息技术和其他业务功能的联系更加紧密**：随着分析公司活动元数据的能力对业绩而言越来越重要，信息技术将在组织战略中发挥越来越大的作用。

- **通过组织下放控制权**：提供更接近360度实时感知的能力使组织的基层可以做出更多战略决策。

7. 关闭创新窗口

过去250年里，人口增长和不懈的创新共同推动了全球经济扩张，首先是在农业、能源和制造业，然后是通信和信息技术。如果你有一个真正有用的创新想法，你可以申请专利，围绕它建立一家公司，并在被竞争对手赶超之前繁荣几年，甚至几十年。

今天，对许多行业来说，"几年或几十年"时间已经缩短到几周或几个月。创新窗口——从一个新想法变得可行到遭到一个更便宜、更优质、更迅速的竞争对手的破坏之间的时间——正在关闭。[51]在全球化经济中，这不可避免，因为竞争对手可以实时看到每个人在做什么，并直接接近对方的客户。敏捷的快速追赶者比以往任何时候都更容易利用别人的创新。

不同的是20世纪的创新引进者转变为21世纪创新者的速度。[52]尽管自2010年以来，新专利的产量几乎保持不变，但来自新兴经济体的比例却在加大。

中国尤其值得关注。虽然中国的许多专利仅用于国内，但在2007—2017年期间，其高质量的三方专利（受全球三大专利体系保护的专利）增长了五倍。[53]中国的三方专利产量已经与德国持平。如果这一趋势持续下去，到2030年，中国的专利数量可能达到美国的两倍。世界科学数据库中对中国学术论文的引用也在稳步增长，[54]这进一步表明，全球创新的重心正在向中国转移。

也许更重要的是，自2000年以来，全球科学、技术和工程博士的数量已经增加了58%，中国培养国内博士的速度几乎与美国持平。[55]中国研究论文被引用的质量也在稳步上升。[56]

印度拥有庞大的青年人口和不断增长的信息技术行业，它可能会紧随其后。[57]如果说中国的阿里巴巴、京东、字节跳动、百度、科大讯飞和腾讯是美国软件主导地位的第一批重要竞争对手，那么印度的 Reliance Jio 和印度尼西亚的 Gojek 则表明，亚洲其他地区也在为加速发展其知识产业做准备。

这对你意味着什么

来自更多地方的更多创新意味着产品周期变短。这减少了公司从中获取租金的时间。创新曾是一个利润引擎，现在却成为一个筹码。

对大公司来说，这意味着进行重组，以适应新的流程和商业模式，从而与规模化速度更快的新兴企业竞争。为了保持领先，公司需要增加在信息和投资方面的投入，不仅局限于它们所在的市场，而且包括世界各地的其他行业。

- **结构性创新**：鉴于产品周期较短，持续的差异化将来自流程和商业模式的创新。一旦与产品创新联系在一起，它们将比三者中的任何一个更具说服力。

- **以更低的成本进行更多的研发**：公司将继续更加依赖合同研发和许可。他们还需在内部流程创新方面投入更多资金。

- **深度创新**：将内部研发作为战略支柱的组织需要专注于更长期、更高风险且难以复制的投资。

- **本地研发中心**：要求更高的全球客户和地域分散的创新相结合，需要在卫星研发、风险投资和市场研究等方面加大投资。

8. 混合与融合

尽管技术变革的速度可能让人感觉势不可当，但实际上，与50年或100年前相比，最近的深刻创新要少得多。仅仅是内燃机、配电、动力飞行、合成肥料、晶体管和硅芯片的问世，就改变了世界。过去的几十年里，没有任何一项创新能产生如此巨大的影响。[58]

相反，现有技术正在逐步改进，然后进行组合和优化。例如，信息技术创新正在同步推动制造业、生物技术和商业流程领域的突破。这些并非是个别突破的结果，而是将成套技术整合到更大的生态系统中的结果。[59]

生物融合

在很大程度上，生物学研究的主体仍然是在地下室实验室里晃动试管的研究生。但是，由于传感器的价格越来越低廉，让它们具备极强的任务针对性和足够的敏感度，以提供可靠的大规模实验数据就变得十分划算。机器人控制正变得越来越精确，微流体元件甚至可以将单个细胞放入检测仪器中——即使是最细心的研究生也做不到这一点。

人工智能驱动的分析也可以为这个领域提供很多帮助。重大突破仍然离不开人类的洞察力，然而，机器学习让我们可以在堆积如山的数据中进行深耕，使我们能够更容易、更轻松地获得此类洞察力。

自动化实验已经使农业公司能够同时培育出数百种全新的作物品种，然后快速测试它们的抗虫性或产量等特性。这使得小型研究团队能够将原本需要数十年的育种过程压缩到一个季节。

在制药行业，人工智能和区块链的结合正在简化新药的研发过程。研究人员可以通过分析过去的实验数据集进行集中调查，以便发现有前景的化合物相互作用和潜在的危害。这比过去的"晃试管

第一部分：意识

然后祈祷"的方法更有时效。

提高生物研究的效率也使其有可能将研究范围扩大到原本不可能触及的地方。仿生学设计领域——利用生物的独特特征和过程来改进制成品——已有多年历史，但这主要还是人们出于好奇心进行的研究。该领域的困难始终在于进化过程十分缓慢，而且难以在实验室里复制生物的才能。

但随着上述快速、大规模并行研究技术的出现，生物仿生学才开始带来真正的好处。我们已经有了受荷叶微观结构启发的防涂鸦涂料，[60]但现在我们正在开发直接源自科幻小说的东西：从蜘蛛身上提取的 DNA 被用来纺线，同等重量的丝线的强度甚至超过了钢缆；神经细胞被用来探测炸弹；[61]改造后的微生物可以吞噬有毒废物，生物学家甚至在试验用人造细菌来实现这一目的。

新一代制造业

几十年来，机器人装配和计算机数字控制（CNC）加工一直在提高工厂的产能，降低其生产成本。工厂越新，自动化程度就越高，从而稳步提升了各行业的生产力。

随着 3D 打印与相关方法变得更便宜、更强大，很多行业将更容易获得定制的零件和产品。耐克已经可以定制数千种尺寸和颜色图案独特的飞织鞋，基本上一台机器就可以取代一家工厂。[62]当一台机器可以打印出一台电机、一个变速器或一个方向盘时，会发生什么？如果可以快速地连续生产这三种产品呢？

人工智能特别适合处理由布满物联网传感器的工厂所产生的信息，并进行小的调整以提高效率。在"数字孪生"中，整个过程——如工厂、组织或分销系统——都以高精度进行数字建模。这使得与人工智能助手合作的人类能够快速而廉价地探索替代进程。

数字孪生体可以将实时传感器数据作为输入，然后模拟被修改的元素。实际上，可以在视频游戏中实验现实世界中的数据。以这种方式开发的过程可以快速实施，并尽量减少中断，产生比现实世界的修补更可预测的结果。

超越人类

正如物联网、人工智能和区块链正在努力将计算推向商业网络的边缘一样，它们也在将计算推向人际网络的边缘。这意味着在人体上，甚至在人体内部进行计算。

想想 I 型糖尿病患者是如何管理他们的疾病的。20 世纪 50 年代和 60 年代，患者可能不得不定期前往诊所监测血糖和注射胰岛素。到了 20 世纪 70 年代，患者可以自己进行这两项工作。然后出现了可以在几秒内完成血糖测试的数字血糖仪，这样一来，患者就可以每天进行多次测量。当今最先进的仪器是集成了血糖仪的胰岛素泵，它可以持续监测血糖并注射胰岛素以维持理想水平，用户几乎不需要有意识地进行输入。[63]

这种人机交互的方法有着更广泛的应用。任何涉及测量和反馈的健康、保健或绩效目标，都可以通过更紧密的贴合身体而减少干扰性，提高有效性。便宜、安全、智能的血糖仪可以监测代谢率，帮助运动员优化训练和饮食，或者指导人们减肥。从减少压力到改善睡眠再到降低胆固醇，人类健康的任何方面都可以从直接监测中受益。

数字世界正在与我们的头脑和身体融合，带来真正有效的增强认知的希望。这包括可以减轻脑力劳动压力的语音助手、增强现实智能眼镜和"读取"我们想法的电子设备。[64] 我们已经有了跟踪整个公司项目兴趣的社交网络和帮助我们专注于正确事情的反馈设备。虽然其中的许多项目仍处于实验室阶段，但它们正迅速成为商业现实，并开始整合成有用的系统。

由于公司需要在面对劳动力萎缩和竞争加剧的情况下寻求生产力优化，跟踪和改善员工专注度和幸福感的能力为其提供了真正的竞争优势。在潜流9和10中，我们将讨论不可避免的道德和法律考量。

无摩擦业务

利用技术使业务流程更加高效是应用最广泛的融合趋势。减少文书工作、提高带宽听起来不如进行生物技术研究的机器人那样具有革命性，但前者最终可能重要得多。高技能工人是许多企业最大的固定成本，而这一趋势可以大大提升他们的效率。

如今，当员工出差回来之后，他们可能会花几个小时核查发票，准备报销的单据。现在想象有一种能利用成千上万次出差经历训练出来的机器学习算法，它可以在员工出差时监控他们的开销。通过与既定的模型进行比较，该算法可以标记出任何意外的开销，自动批准其余开销。这样一来，经理只需偶尔审查一下异常情况，在员工的回程航班落地前将差旅费打入员工账户。此例可以延伸到数以千计的其他日常工作之中，这些工作占用了知识工作者半数以上的工作时间——资源请求、考勤表、日程安排、销售表等——工作效率很快就能提高。

从长远来看，这些更灵活的控制可以让一线员工承担更多风险，做出更自主的决策。直线参谋式的管理模式始于19世纪的铁路和工厂管理，它通过一系列昂贵但必要的会议、备忘录和更多的会议，依靠大量中层管理人员来指导员工。

不过，中层管理者所承担的大多是简单的后勤工作：分配任务、传播信息、批准请求、处理文书等。今天的人工智能已经足够成熟，可以处理其中的大部分工作。在不久的将来，它还将提供决策支持，帮助员工通过模拟来测试想法，发现潜在问题，提供目前需要整个数据分析部门合力才能获得的各种见解。

这并非预示着中层管理人员将不复存在，但他们的工作职责确实将减少。在未来的组织中，管理者的数量将会减少，但会监督更大的人群，更多地作为专业的问题解决者，而非持续的掌舵人。一个精简的管理结构，加上更好的数据过滤和可视性，也意味着关键信息可以更快地从一线传递到管理层。

这对你意味着什么

对人类文明来说，这种技术、生物学、心理学和商业的混合与融合是一个巨大的机遇——它使我们能够赶在变化之前重塑自己。随着基础创新的放缓，更快的整合可以使我们的经济在面对资源和人口挑战时更有效率。

- **投资时机**：在一个顺利整合对成功至关重要的世界里，过早或过晚接触技术都可能会改变组织的命运。

- **从资本支出转向运营支出**：在负债累累、注重业绩的环境中，公司和消费者将转向经常更新的现收现付服务，而不是拥有可能未得到充分利用或很快被淘汰的资产。

- **劳动生产率**：公司需要平衡员工福利和生产率，它们通常会依靠技术来解决这个难题。

- **新产品**：更多的产品和服务将依靠在更大的平台生态系统和市场中的合作来生存。

- **劳动力再培训**：组织需要增加时间和精力来提高决策和分析技能——如本书中所述的那些——以便员工能够利用无摩擦技术。

> **• 敏捷性**：以生产为导向的企业需要重新思考自己的流程，从而提高自己的敏捷度和持续交付能力。

社会潜流

15世纪，一连串手头拮据的教皇毕恭毕敬地走出教会，争取资金和军队来保护他们的利益。作为回报，他们也给予了恩惠，如贸易权和宣布谁将控制新世界。不断变化的经济和技术环境催生了大型地方政府，它们拥有强烈的国家认同感，并将权力中心转移到了伊比利亚半岛。葡萄牙控制了与非洲和印度的贸易——进口黄金和奴隶，而西班牙则开始向西发展贸易。

这些变化同时发生，使商业、精英和大众之间结成了全新的关系。随着文艺复兴逐渐延伸至整个欧洲，以及对宗教团体的迫害加剧，商人阶层开始崛起。

随着经济和技术对全球政治格局的改变，今天，我们可以看到类似的旋涡正在形成。在这个过程中，它们将挑战一个世纪以来关于权力、权利和财富分配的假设。

9. 数字信任

数字跟踪已经重塑了运动和健身行业，而且也已经开始提高工人的生产力。除了跟踪电子邮件和位置，我们现在还可以捕获更多私人数据，如面部表情、心率和血糖，从而带来一些不可思议的可能性。想象一下，如果办公室的电脑告诉你休息一下，然后回家，因为你今天已经无法再集中精力了，那么，这有可能提高你的生活质量，而不会给你的公司带来任何损失。

但这也带来了巨大的道德和法律挑战。管理数据隐私的法律支离破碎且不一致。它几乎不可能完全遵守欧盟的《通用数据保护条例》（GDPR）与美国的《澄清境外合法使用数据法案》（CLOUD Act），而且美国有 21 个州正在考虑（或已经通过）本州自己的数据隐私法，这将不可避免地发生冲突。[65] 如果公司做不到在遵守法律的同时产生最大的社会效益，挑战就变得更加严峻。

监管也可作为政治或经济的大棒。最近美国针对 TikTok 和华为的限制就是其利用或威胁利用监管来塑造数据经济的例子。欧盟充满贸易保护主义的《通用数据保护条例》以及 2021 年 1 月 6 日美国国会大厦遭冲击后，脸书、推特和 Parler 等公司所面临的日益增长的限制言论自由的政治压力也是如此。

随着数据变得越来越有价值和有用，弄清楚什么是公共利益、什么是私人利益也变得越来越紧迫，换句话说，也就是哪些数据是"你的"，哪些又是"我们的"。如果你的个人基因信息对拯救其他人的生命至关重要，会怎样呢？如果这些信息与你的身份有关又会怎样呢？使用此类信息是否侵犯了个人隐私？你何时应该为他人使用了此类信息而得到补偿？

这对你意味着什么

公众对数据价值和所有权的讨论只会越来越多，而且在谁可以掌握数据这个问题上，不同地区将制定不同标准。领导者需要构建产品、组织和技术，以便在不断变化的法规面前保持灵活性。

- **管理不断变化的合规性**：因法律、法规不断出台，公司需要一个专门的部门来管理合规性，并投资针对这些问题且面向立法者的教育。
- **根据隐私法的研发定位**：希望将数据驱动的创新转移到滥用个人数据责任较低的地区。与此同时，各国将利用出口管制来减缓知识产权的流失。
- **定制目标以提高盈利能力**：利用个人行为的复杂预测模型确定目标和定制产品。然而，每个市场都有不同的规则来规定哪些数据可以用在这个目的上。
- **数据权利的事后变更**：数据被纳入项目和产品很久之后，更改隐私法将产生数据使用责任。
- **员工监控**：当地关于员工隐私的法律将限制国际团队提高效率的能力。

10. 新的社会契约

随着债务、生产力和不平等现象的增加，公司和政府将需要重新思考它们与个人以及与彼此之间的关系。这将促使我们对社会契约的期望发生深刻的转变。我们已能从导致美国国会大厦遭到冲击、英国脱欧以及"黑人的命也是命"中看到这一点。在每个案例中，被全球化抛弃的人群都在发出他们自己的声音。

精英们开始投资新技术和商业模式之后，也会整合财富和资源。不平等现象越广泛、越普遍，就越有可能出现强烈反抗的浪潮。

各国政府将被迫改变提供社会服务的方式，尤其是在人口老龄化和期望值上升的情况下。如果技术无法大幅削减服务和管理成本，美国等发达经济体的政府将不得不寻找新的收入来源或进一步削弱其社会安全网。

几十年来，西方的科技公司和政府之间的隔阂逐渐加大。随着地缘战略紧张局势的加剧，政府将会发现它们已无技术实力或预算来打造自己的工具。对科技公司而言，支持政府在监控、宣传、军事机器人、太空武器、生物和网络安全等领域的安全利益的压力将越来越大。

这对你意味着什么

谁受益谁买单之间的平衡将在未来十年里左右发达国家的几乎每一场选举。这可能会导致民粹主义政府长期存在，你的公司可能因此面临法规不断变化的状况。对大多数企业来说，直接的政府关系将变得更加重要。与客户和员工之间建立积极的情感纽带将有助于组织免受最坏的影响。

- **监管断裂**：政府将以民粹主义为借口来规范市场，以增加税收。
- **国有化**：政府将威胁兼并平台企业，尤其是被视为垄断或安全威胁的外国公司的价值链。
- **员工关系**：在实施监管和引爆公众情绪之前解决员工和客户问题的公司能够利用政府关系来塑造对话。无法做到这一点的公司将成为变化无常的政治观念的受害者。

如果未来的趋势如此明显，为何企业会不断遭受疯狗浪的侵袭？

疯狗浪袭来时，通常需要进行一项旨在寻找责任的调查。大多数调查发现：

- 有人知道会有坏事发生；
- 他们的警告被无视了；
- 沟通失败具有系统性，左右手无须沟通即可协调一致。

事后看来，问题十分明显，但在当时却并不明显。根据不同的政治立场，人们会找到一个替罪羊，或者如果调查人员本身也有责任，则会被归结为时运不济。

现实情况是，大多数时候，问题并非出在某个人的身上，而是某个过程上。人们一般不会故意搞砸一件事情或是做出他们认为疯狂的决定，但他们确实倾向于执行系统所极力推广的任务。一旦意识到这一点，我们就有可能找到更好的方法来预测和避免灾难，抓住机遇。

运行良好的组织被可预见的灾难倾覆时，其失败通常可以用表 2.2 中所列的一个或多个类比来描述。

表 2.2　可避免的失败原因

类别	原因
使用双筒望远镜而不是雷达	由于只分析了部分数据而得出错误的结论
大象问题	只见树木不见森林
打好最后一仗	假设未来与过去一样

续表

类别	原因
为错误的旅程整理行装	为不会发生的未来做准备
向现实屈服	未能通过创新改变概率

无论是在编年史中,在《哈佛商业评论》的案例研究里,还是在《辛普森一家》的最新剧情中,你都会一次又一次地看到同样的失败。大多数笑话中的"包袱"都围绕这些失败展开,它们也是许多警示故事的主题。

无论是哪一种情况,教训都是一样的:虽然大多数问题都相似,但由于我们假设它们是一样的,往往就会产生不必要的风险。忽视这一教训会给我们带来危险,因为在充斥着疯狗浪的世界里,它们不一样的可能性越来越大。

小结

评估威胁与机会

1. 进行前景扫描。
- 确定将对你的业务造成影响的经济潜流、技术潜流和社会潜流。
- 列出它们将导致的政治、市场和消费者行为等方面的重大变化。
2. 列出彻底变革对四大风险的影响。
- 想象一下外部环境的变化对你的财务、运营和战略的影响。

- 扩展列表，确保将疯狗浪的四个特征全部考虑在内（见表 1.2）。
- 列出它们将为你、你的客户、你的竞争对手以及你的供应商所创造的数量相等的威胁与机遇。

3. 确定响应窗口。
- 最早的变化何时开始与你有关，你最晚何时可以纠正变化。

4. 创建指标表格以便观察。
- 创建表格以跟踪威胁与机遇。

创建这份书面评估是建立能在风浪中生存并获利且具备抗风险力的组织的第一步。

为了迎接明天的挑战，今天需要完成的任务

- **完成威胁与机遇评估。**
- **评估你的战略团队。** 你是否拥有用以监测疯狗浪的专门资源和用以识别高风险、高模糊性情景的机制？如果没有，考虑组建一个没有损益压力且向执行委员会报告的跨职能"未来小组"。理想情况下，该小组应由内部和外部成员组成。
- **了解你在测量什么。** 确定治理、测量和激励机制方面的变化，这些变化可以提高组织事先发现不太可能发生的外部事件并做出响应的意愿。
- **找到容易实现的目标。** 确定你可以采取的立即可操作且预算中立的步骤，以便为未来的可知变化做好准备。

- **指定一位引领人。** 组织中的哪位领导者已经准备好推动思维方式的转变？请指定一位执行引领人。最好是由熟练的第三方开发一个培训师项目，以便在组织中推广疯狗浪思维。
- **建立报告程序。** 每季度审查一次四大风险表格，每12~24个月做一次深入评估。
- **教导团队。** 与团队就上述练习进行对话，并与组织分享你的想法。

第二部分

行为转变

组织的各个层级是否都有能力规划、应对和利用意外事件?

Part Two
BEHAVIOR CHANGE

约翰·爱德华·史密斯船长的名字之所以没有湮没在历史长河之中，只是因为1912年的一个晚上——就在他计划退休前几周——他在船只全速撞向北大西洋的一座冰山之后所做（以及未做）的事情。史密斯船长随船沉入海底，但在事后的调查中，他受到了严厉的批评。灾难发生90分钟后，"泰坦尼克号"上的大部分船员仍然不知道发生了什么。即便知道，他们也没有接受过相关应急处置的培训。结果，水手们在岗位上无所事事，等待命令，而不是在船只沉没时尽量拯救生命。

史密斯认为没有必要进行更好的培训，也没有必要制定更有效的通信协议，因为"泰坦尼克号"不可能沉没。这种狂妄自大造成的后果就是，尽管没有足够的救生艇来容纳所有乘客，但下水的救生艇并未满载，更多的救生艇甚至根本没有下水。三分之二的乘客与船员丧生。冰山导致了这场悲剧，就像加夫里洛·普林西普刺杀斐迪南大公导致了第一次世界大战，或是随意丢弃的烟头引发了森林大火一样——这是一个诱发事件，但是造成灾难性后果的因素已经融入了史密斯船长主导的进程和文化。

你的职业生涯将由危急时刻而非多年顺风顺水的经历决定。袭击公司的下一波疯狗浪也许是一场自然灾害、一场战争、一次数据泄露或是一次金融风暴，无论它究竟是什么，你都将挑起应对浪潮的重担，而推动结果的将是你所创建的流程，而非你的个人表现。

为适应波涛汹涌的大海而建造的船只与紧贴海岸航行的游艇不同。今天的公司多为业绩而建，因为投资者关心的主要是利润。自新冠肺炎疫情造成全球经济发展停滞以来，人们的话题就已经转移到生存与抗风险上。在未来几年，你的投资者、董事会和最高管理层将要求公司既能获利，也能抗风险。他们未必会宣之于口，但是必会思之于心：作为会赚钱的游艇船长，你是否适合改装他们的船只，使其能够适应汹涌的大海？

这会让你这样的领导者陷入困境。抗风险需要固有的低效流程，可是如何才能在提高抗风险能力的同时提高季度业绩呢？更重要的是，一旦刺激资金枯竭，显露出真正的趋势——结构性增长放缓与竞争加剧——你又将如何做？唯一的答案是，消除低效之处与训练自己及团队进行长期思考以推动增长，从而实现抗风险的目标。不需要聘请顶级行家来帮助企业应对未来的挑战，你只需要充分了解企业的运营环境，知道如何将问题分解成多个可以解决的部分，并且能够提出"如果……该怎么办"之类的问题。尽管在组织内部培养这类思维需要付出一些努力，但在新数字培训工具的帮助下，它已经变得可测试、可扩展。

如果组织的思维与行为能够按照我所描述的方式重新调整，你就能够信心十足地宣称，你的员工能够及时发现企业的薄弱点与即将到来的浪潮。如果你已经制定了正确的指挥、控制和沟通流程，那么等你听到消息的时候，他们早已修补好了船身，并且引导企业沿着更好的航线前进。

分析家们已经指出了"泰坦尼克号"式运营模式的危险。史密斯船长与白星航运公司既不是第一个，也不是最后一个对迫在眉睫的威胁视而不见的人。无论是柯达还是百视达，安然还是美国国际集团，讲述各类公司因即将到来的灾难而陷入低谷的警示故事不胜枚举，而它们原本应该能够预见这些灾难。每个案例的问题都不在于灾难，而是在于它们拒绝讨论不可避免且会阻碍它们工作的冰山并对此做好准备。

过去 40 年的商业文化鼓励管理者重视灵活性、敏捷性和效率，而不是可持续性。投资者痴迷于衡量投资不确定性的标准，即短期风险；而董事会则优先考虑通过并购实现增长，并鼓励实现季度业绩而非为未来投资。这种文化的不利影响就是，股票价值变得比股东价值更重要。

第二部分：行为转变

所有趋势都是为了让那些最先发现潜在问题的人保持沉默，这些人往往在轮机舱而非驾驶台工作。因为害怕政治后果，所以他们缄口不言。更重要的是，他们并未接受过相关训练，不知道如何描述自己能够感受到但尚未出现的"幽灵"，从而导致领导层根本不了解那些隐在暗处却能导致船队沉没的隐秘人物。

你一定不想成为耳目闭塞的船长，直到船只在夜间撞上冰山才发现它近在咫尺。要想事先做好准备，你就需要为团队提供探索未知事物所需的空间和培训，以及让他们有信心说出内心想法的流程，并且保证他们的声音能够被人们听到。

ROGUE 法

在接下来的五章中，你将学习 ROGUE 法（表 II.1）——帮助你看见现实中的细微裂缝并根据你的目的塑造它们的工具。

教育背景各不相同的读者会发现，其中有一些章节十分熟悉，而有一些章节十分陌生。例如，律师往往会觉得第 3 章"现实测试"很容易理解，但是他们之前可能从未接触过第 7 章"实验"所讨论的内容。

程序员和经济学家能够轻松理解第 4 章"观察系统"的内容，但对英语专业的学生来说，这一章往往是一个突破口，而有的学生在读完这一章的几周后，或许能利用书中内容为一个主要研发实验室重新设定战略性重点。

表 II.1　ROGUE 法

类　别	具体内容
现实测试 （Reality Test）	确定你现在的状态以及帮助你达到这种状态的系统，以避免利用错误的信息做决定
组织力量 （Organize Your Forces）	对维持当前系统稳定的力量进行建模，以确定可能导致其发生改变以及崩溃的因素
形成可能的未来 （Generate Possible Futures）	构建场景，探索所有可能的未来，而不仅仅是你想要的未来
解开风险 （Unbundle Your Risks）	从潜在的未来倒推，确定并利用关键决策和触发点
实验 （Experiment）	建立实验组合，以最大化成功的益处，最小化失败的影响

在我职业生涯的早期，作为一名专家，我也只使用了其中的部分工具。我原本可以有更高的效率、创造力和成就，可惜我当时甚至不知道有如此多的工具可选。我鼓励你们花些时间研究你们觉得具有挑战的部分。正如我那位英语专业的同事所发现的那样，拥有一项新的思维工具——即使还没能掌握它——也可以改变你的事业，因为你突然发现自己可以使用计算机科学家经常使用的语言。

关键是，ROGUE 法是一套包罗万象的思维模型，可以平衡整个组织的想法。你不需要掌握所有模型，但团队中应该有人分别擅长其中的各种模型，而且所有人都应使用共同的语言来讨论这些模型。了解团队成员的自然优势和劣势所在有助于你的组织更好地应对威胁和机遇，进而更好地应对即将到来的疯狗浪。正如教皇方济各所言："我们可能会看到海市蜃楼——那些不存在的东西。但另一方面，梦想是人们共同建立的。"

3

现实测试

确定你现在的状态以及帮助你达到这种状态的系统，以避免利用错误的信息做决定。

疯狗浪出现的可能性与日俱增。每个组织都应做好在某一时刻被浪潮击中的准备。然而，彻底变革并不意味着公司就会破产，就像冬季在北海航行并不意味着船只一定会沉没一样。事业蒸蒸日上的公司与生意平平的公司之间有着至关重要的区别，这就是企业领导者对不断变化的海洋的了解程度，以及船员在他们的带领下所做准备的充分程度。一旦了解了导致变化的原因，你就能更好地理解变化可能对你产生的影响，甚至可以把未来押在上面。

大多数组织在收集关于过去的数据和预测未来方面付出了巨大的努力，却没有花什么力气来了解现在。你可能掌握了上一季度的大量数据，可是如果系统发生了变化，这些数据无法告诉你接下来会发生什么。如果你对现在所建的模型是错误的，那么你对未来所建的模型也可能是错误的，这可能会产生灾难性的后果。

我在前文提到了蝴蝶效应。数学家和系统动力学家爱德华·洛伦兹（Edward Lorenz）在试图改善天气预报准确性时提出了这个想法。他认为，初始大气条件的微小变化会对最终状态产生巨大影响。[1]随着基线测量的改进与对复杂系统的理解，天气预报将变得更加准确。系统动力学也适用于商业预测。

阿内斯·尼恩（Anaïs Nin）说过："我们看到的事物并不是它们本来的样子，而是我们内心的反映。"关注我们所知道的，而不是我们能知道的，是人类的天性。危险时期尤其如此。我们对现实所做的不准确模型通常运转良好，然而一旦发生意外，这些模型就会崩溃，因此我们需要一些工具来调查现实的真实情况。我们在学校里学过许多这样的工具，但它们大多与被遗忘的家庭作业一起被我们抛到了脑后。很少有人学会将它们结合在一起，真正检验现实。能够真正做到这一点的人都能够改变世界。像史蒂夫·乔布斯、埃隆·马斯克和杰夫·贝佐斯这样的商业领袖，之所以对未来下了如此大的赌注，是因为他们清晰地看到了现在。你也可以这样做。将信息转化为洞察力的过程已经确立，而且十分有效——即使你掌握的信息非常有限。

调查：无形之中见有形

你可能在科学课上学过，科学建立在演绎推理的基础之上：从一个假设开始，在受控条件下对其进行测试，然后证明或是反驳它。你可能还学过归纳推理：如何从具体数据中得出一般结论。这种技术用于社会科学研究，在社会科学中，研究人员往往会设计有限的研究来得到更广泛的结论。科学方法在学术界效果很好，但在现实世界中，真正的领导者几乎没有时间应用理论，更不用说测试理论了。他们知道刚刚发生了一些事情，想尽快找到原因，以便能够做出反应。这样做的一个后果是，他们经常把巧合误认为因果关系。正如数学家约翰·艾伦·保罗斯（John Allen Paulos）所写的那样："最令人吃惊的巧合是完全没有巧合。"

1887 年，夏洛克·福尔摩斯在苏格兰作家阿瑟·柯南·道尔的笔下诞生。在柯南·道尔创作的 4 部小说和 56 个短篇故事（以及后世改编者创作的无数个短篇故事）中，福尔摩斯成为有史以来最著名的侦探小说主人翁。如果你仔细阅读夏洛克·福尔摩斯的侦探故事就会发现，其实这位伟大的侦探从未事先做出任何假设，也很少使用归纳法。相反，他采用的是一种不同的方法，叫作溯因推理（也叫溯因法）（图 3.1）。小说多次揭示了福尔摩斯所采用的这种简单明了的方法。

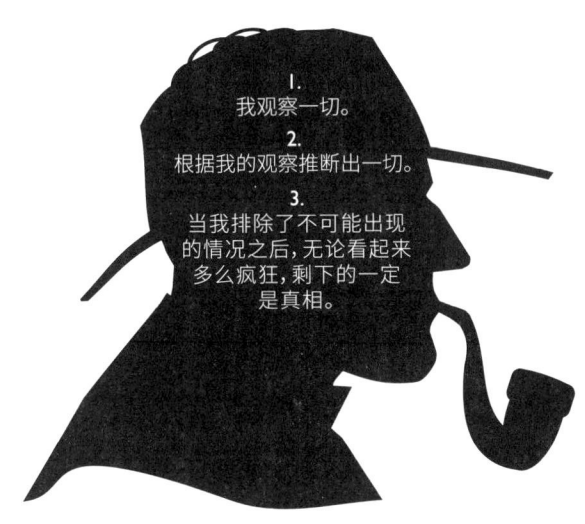

图 3.1　溯因推理

溯因法最早是由美国哲学家查尔斯·桑德斯·皮尔斯（Charles Sanders Pierce）提出的，大约就在柯南·道尔撰写小说的那段时期。皮尔斯对想法的早期阶段、想法如何导致突破以及想法如何在历史上出现等问题颇感兴趣。他认为整个思维过程是这样的：观察到了令人惊讶的事实 B；如果 A 是真的，B 也就顺理成章了；因此，有理由怀疑 A 是真的。

最初，溯因推理只是一组不完整的观察结果，然后着手对其进行最有可能的解释。通过这一过程获得的见解一开始很容易被忽视，一个要求根据数据和证据得出结论的冷酷高管不会认可这样的见解。但是，任何一个会玩"20 个问题"① 游戏的孩子都会告诉你，一些精心选择的问题可以引出更好的问题，最终引导你找到正确的答案，即使你没有掌握所有事实。

从支撑谷歌搜索引擎的贝叶斯网络，到将使自动驾驶汽车成为可能的由人工智能驱动的图像识别技术，过去 50 年间许多突破的背后都离不开溯因法。像亚马逊这样的公司也是通过溯因法来下注的。

但为了使其能够发挥作用，这种方法要求你尽可能多地发现与问题相关的事实（图 3.2）。由定义差不多可以知道，在发展更快、更不确定、更模糊的未来，你对正在看的东西了解得更少。因此，你所得出结论的质量取决于它所依据的论据的质量。这使得实情调查与分析成为改善决策的最重要的技能。

演绎	根据广泛被接受的事实确定因果关系
归纳	根据观察推断因果关系
溯因	通过研究已知和未知的事物来评估可能性

图 3.2　推理的三种类型

---

① 一个人心里想着一样东西，然后由别人问20个问题来猜出这是什么。——译者注

REAL 框架

> 困难的不是接受新想法，而是摆脱那些根深蒂固的成见。
> ——约翰·梅纳德·凯恩斯（John Maynard Keynes）

除了最新的 IPO（Initial Public Offering，首次公开募股）和小工具，硅谷谈论最多的话题就只有食品和葡萄酒了。推特的联合创始人杰克·多西（Jack Dorsey）投资了旧金山一家高档的餐厅赛森（Saison）。在美国最负盛名的葡萄酒之乡纳帕谷和索诺玛县，遍地都是由初创公司创始人转型而来的葡萄酒企业家。吸引他们的不仅是审美情趣，还有财务考量。葡萄是地球上一种非常有价值的作物。尽管酿酒业素来以"夫妻店"的经营模式闻名世界，但它其实是一个快速增长且价值 3000 亿美元的产业，仅在法国就有 27000 名酿酒师。[2]

在"法国洗衣店"（The French Laundry）这样的知名餐厅，酒库可能比餐厅更有价值。投资有道的餐厅老板手中的某些葡萄酒的价值每年增长 25%，这比卖给顾客更有利可图。这也吸引了犯罪分子，使制造和贩卖假酒成为一个主要行业。

顶级餐厅需要有人为它们提供建议，保护它们免受假货的影响，这就是侍酒师的工作。一位训练有素、经验丰富的侍酒师可以在四分半钟内仅凭观察、闻香，有时也会品尝来识别任何葡萄酒，包括其原产地、年份和生产方法。

侍酒师借以调查和描述葡萄酒的令人难以置信的精确方式，为如何收集和分析信息提供了广泛的相关经验。从葡萄的品种、种植的土壤和天气，到发酵和陈酿，酿酒过程中的每一步都会留下独特的化学特征。这些特征几乎不可能伪造。而侍酒师会使用高度专业的词来描述它们。

品酒并不是人们根据大量以概率为对象的观察做出高风险决策的唯一领域。法务会计师、供应链经理、金融预测师和产品经理也都是这样做的。观察侍酒师工作流程的价值在于了解其规范化：品酒是一个由单人完成的标准化过程，有一个非常明确的正误结果。虽然这可能不是我们可以研究的最注重业务的现实测试和决策的例子，但我仍然选择了这一例子，因为它非常明确。印象与化学特征之间的关系完全公开，任何人都可以检查，而且很多都有记载〔（如《费纳罗利的食材风味手册》（*Fenaroli's Handbook of Flavor Ingredients*）等〕。

溯因是侍酒师工作的核心。他们从关于特定葡萄酒的有限信息入手，将其与自身广博的葡萄酒知识联系起来；然后逐渐完善自己的分析，通过视觉、嗅觉、味觉和质感收集更多信息；直到锁定它是产自某一年份、某一地区（可能是一块网球场或一个足球场大小的土壤）的某种葡萄酒。

他们是如何做到的？浪漫一些的答案是，一条敏锐的舌头再加上一生的行业经验、五年的持续学习，以及通过率为3%的资格考试。其实这个问题的答案与你的组织的决策更为相关。

所有有效的现实测试都是将证据的收集和分析划分开的结果。它由四步框架REAL组成（图3.3）。

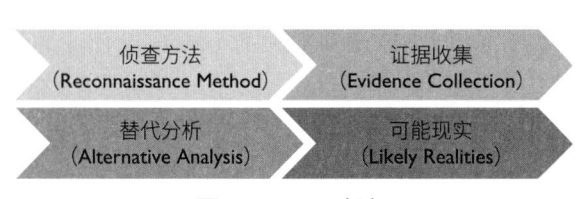

图 3.3 REAL框架

调查员必须掌握的第一项技能就是将案件的事实与理论分开。换句话说，在确定我们已经掌握了所有可用证据之前，不要轻易得出结论。一起涉及死刑的诉讼案件也许要经历你可以想象到的最严格的现实测试。然而，据估计，即使在耗费了数年时间与数百万美元进行调查、审判和上诉之后，美国仍有超过4%的死刑犯其实是无辜的。[3] 问题就是，在任何情况下都可以找到许多事实和许多假设。调查员、检察官、法官和陪审团都会很自然地关注支持自己所持偏见的事实。

因此，我们构建事实搜索的方式会对我们找到正确事实的能力产生巨大影响，从而影响我们做出正确决定的能力。

侦查方法

> 如果我们有一个目标，是不是更有可能击中目标？
>
> ——亚里士多德

领导者往往会回避研究，认为这是一种浪费，不太能够帮助他们做出更好的决策。这可能是真的，我当然也这样想过。但是通常情况下，问题不在于研究本身，而在于研究使用了错误的方法。不是人们花了太多的时间去闻玫瑰花，而是他们闻错了玫瑰花。

调研之所以会失败，往往是因为我们没有以清晰且可实现的方式定义成功，于是我们没能找到合适的搜索范围。结果就是，我们必然无法确定需要寻找的战略特征。因此，规划调研的第一步是确定我们需要做出什么决定，需要多少证据以及搜索范围的大小。例如，制造商在制订运营计划时可能需要知道：

- 生产将带来 200 万美元的利润；
- 基于特定的人口统计；
- 从已知渠道购买；
- 在特定地区；
- 未来 12 个月内；
- 80% 的可能性。

要实现这样的清晰度也许极为不易，但就像许多商业问题一样，有一个过程可以让它变得更加容易。首先我们需要了解我们实际所能掌握的信息的局限性。

什么是已知的，什么是可知的？

表 3.1 是一份关于已知和未知的实用图表。

表 3.1 已知与未知

类别	内容
已知的已知	我们知道并了解的东西
已知的未知	我们知道但不了解的东西
未知的已知	我们了解但尚未意识到的东西
未知的未知	我们不知道也不了解的东西

你可以借助的一种强大的规划与组织工具就是一份简单的列表。即使如今有上百万的软件包可供选择，而你能列出的最有用的清单之一，就是已知与未知的 5W 和 1H（表 3.2）。例如，如果你正在进行调研以决定是否对一家公司进行投资，你可能想要了解它过去的业绩和所处的竞争环境等情况。这些信息听起来可能十分复杂或琐碎，但只要你能够严谨、如实地进行调研，就很容易看清整体情况。

第二部分：行为转变　　　　　　　　　　　　　　　　　　　　75

表 3.2　5W 和 1H

何人（Who）	何处（Where）
何事（What）	为何（Why）
何时（When）	如何（How）

在任何调研过程中，都存在你已经知道和想要了解的事情。这样一来，你的列表已经完成了一半。但还有另外两种信息值得考虑。一种是未知的已知：已经拥有但没有明确承认的信息，如偏见。（本章稍后将对其展开讨论）

另一种是未知的未知：无法知晓的信息（通常是因为你不知道要去寻找它）。在表中列出这些信息是一项有可能改变决定的创造性练习。一种常见的技巧是考虑反事实或假设。未知的未知可能是一种尚不存在（或因为不够普遍而未引起重视）的新技术或竞争形式。你无法有效研究这类信息，但是将它们列出来可以帮助你拓展对问题的定义，还能让你对搜索过程中出现的有用信息更加敏感。这些都有助于你评估威胁，并根据你用以衡量成功的标准确定优先事项。

这些术语早已存在。美国前国防部部长唐纳德·拉姆斯菲尔德（Donald Rumsfeld）曾在 2002 年国防部的一次新闻发布会上使用了这些术语，此后它们迅速为公众所熟知。[4] 拉姆斯菲尔德遭到媒体的严厉批评，并非是因为这种方法不对，而是因为他滥用了这种方法来证明伊拉克拥有大规模杀伤性武器。他指出有一些"我们并不知道应该去寻找"（未知的未知）的信息，并暗示这些信息存在严重的隐患，从而为基于站不住脚的证据而采取军事行动的决定提供了理由。

然而，拉姆斯菲尔德说得很对，了解未知的信息至关重要——意想不到的风险往往来自僵尸假设（zombie assumption）。股神沃伦·巴菲特的表述最为贴切："对大多数人来说，投资时最重要的不是掌握了多少信息，而是如何切实地定义没有掌握的信息。"

奥秘与谜团：问题可以解决吗？

除非打穿墙壁，否则囚犯不可能跑到监狱外面。

——亚哈船长，《白鲸》

在国际间谍活动中，"奥秘"（mystery）与"谜团"（enigma）是不同的。虽然两者均为未知信息，但我们可以破解"奥秘"，却无法解开"谜团"，再多的调研也无济于事。伊拉克大规模杀伤性武器的根本问题在于，萨达姆·侯赛因既要说服国际社会相信伊拉克没有此类武器，又要向大家暗示他的敌对邻国伊朗的手中可能有这些武器。其结果就是一个谜团：永远无法完全解开的相互矛盾的信号。

在商业中，时机就是一切，不止一家公司因未能优先考虑奥秘而非谜团最终被对手超越。这就是惠普前首席执行官迪昂·韦斯勒（Dion Weisler）将试图解决谜团的过程称为"追逐幻影"的原因。

搜索树

对于即将做出的决定，你要问自己两个问题。（1）它可知吗？（2）它重要吗？

——查理·芒格（Charlie Munger）

对侍酒师来说，未知信息十分明确：年份、葡萄、产地。为了避免偏见，他们不能看酒瓶，而是通过视觉、嗅觉与味觉来收集证据。一个单独的数据可能说明不了什么，但是一个支持证据的网络却能反映很多问题。

如果只有几十种可能的解决方案，简单地随机收集信息，然后希望在事后对其进行解释的做法可能会奏效。但是，如果存在几十万或几百万个解决方案呢？侍酒师面临的就是这种挑战，这也是他们以结构化的方式收集信息的原因。

他们按照特定的顺序——观察、闻香、品尝，逐步缩小选择范围。

对这种方法最好的类比就是埃隆·马斯克所谓的"语义树"，其中，最重要也最能论证的事实构成树干，然后扩展成更微妙和不确定的事实。这就是为何马斯克建议"确保你在添加叶子或细节之前，已经理解了基本原则，即树干与大树枝，否则它们将失去存在的依靠"。[5]

要构建树干，首先要确定这些基本原则。这与成人版的"20个问题"游戏很像，一棵设计精巧的搜索树能够尽可能快速、便宜地缩小答案的范围。为此，我们需要提出特定的问题，如果回答正确，这些问题就能帮助我们最有效地界定搜索区域的边界。例如，你可以问：在哪个国家？哪个州？哪座城市？哪个社区？或者直接问：邮政编码是什么？一项重大实验可能需要耗资数十亿美元，并且需要一台大型强子对撞机。但是对许多商业决策来说，结构化的细致思考就能构建出一项优秀的实验。

1986年，"挑战者号"航天飞机发生爆炸。当时，我和全班同学通过国家电视台的直播看到了这一幕。这是我第一次感受灾难性的系统故障。诺贝尔物理学奖得主、教育家理查德·费曼是调查此次事故的蓝带委员会①的成员。他怀疑事故的罪魁祸首是一个用于在固体燃料助推器各部分之间实现气密状态的O型圈。在其他人开展大规模调查的时候，他直接切入正题。他从五金店买了一个S3 C型夹与一只O型圈，将夹子与O型圈拧紧，然后将它们扔进一杯冰水。他证明，在"挑战者号"发射的清晨，异常寒冷的温度足以降低O型圈的柔韧性，导致其无法实现良好的密封效果。他在电视直播中重复了这个简单的实验，这有可能阻止了政府想要掩盖真相的行为。[6]

侍酒师在解决鉴定葡萄酒这个成功率仅为百万分之一的问题时，[7]他们的思考方式与费曼相似：掌握了哪一个细节才能最大限度地缩小搜索范围？

就葡萄酒而言，简单的直接观察就能将搜索范围至少缩小一半：酒液呈红色还是白色？但是要想得到可信的证据，你还需要根据间接观察进行推断——哪些事实或事实网络可以告诉你某事为真的概率（见图3.4）。

侍酒师能利用四种可见特征，将葡萄酒的搜索范围缩小75%。

---

① 如果事件的规模或敏感程度足以使一项标准调查根本不充分，或者公众可能不相信检查人员是完全客观或彻底的，美国政府就会要求成立蓝带委员会。该组织通常由公认的专家或退休的政治家组成，这些专家或政治家以其专业知识和客观性而闻名。——译者注

第二部分：行为转变

澄清度	酒体清澈说明酿酒时进行了过滤，这表明这支酒并非产自欧洲。
颜色	酒体颜色的纯度和梯度有助于对其年份进行分类。例如，充满活力的金色意味着这支酒年份不长，赭色通常表明其年份较长。
杯口	指的是酒体与酒杯相交处形成的细微的半月形曲线。光线在此处发生折射并变色，表明此处存在某些化合物。例如，绿色是雷司令葡萄酒中常见的化合物。
挂杯	挂杯是指晃动杯中的酒体之后，沿杯壁流下的一道道酒滴。其厚度与下降的速度取决于酒中的糖和酒精含量。如果挂杯很细，说明这支酒并非产自阳光充足的地区，比如智利或者澳大利亚，或者葡萄采摘时尚未完全熟透，像香槟那样。

图 3.4　品酒

你会听到侍酒师在鉴定葡萄酒时常使用"可能"和"表明"等术语。大多数调查不是演绎，而是推理和溯因，所以具有概率性。侍酒师通过结合这些概率，创建了能够缩小搜索区域的迹象网络。

下一轮的信息来自闻香，通常会持续一分钟。人类能够感知的气味种类远超味道——超过 10000 种[8]，除葡萄外，这些气味还能告诉你关于不同发酵和陈酿技术的信息。有许多方法可以对这些数据进行分类，但最常见是以下这种：

• 果香：果香的类型可以表明葡萄的品种，香味的复杂性则表明了其生长的气候。以长相思为例，青柠味表明葡萄成熟度较低，而桃子味则意味着成熟度较高。

• 非果香：采用生长在潮湿气候下的葡萄酿制的长相思通常含有烷基吡嗪等非挥发性化合物，会散发出芦笋般的气味。

• 土香：是土壤中的化学物质及当地酵母所赋予的独特味道。众所周知，法国沿海地区的葡萄酒有一种犹如盐般的碘的味道。

• 木香：可以告诉你葡萄酒的酿造方式。在钢铁或混凝土中酿造的葡萄酒不会带有木香。

当然，单单依靠其中的某一条信息无法鉴定出葡萄酒的类别。侍酒师必须以系统的方式将这些数据结合起来，才能完成鉴定。

证据收集

论证时一个常见的错误就是将可能真实的信息与真实信息混为一谈（政治家和律师经常这样做）。法庭与警方调查之所以如此复杂，一个原因就是每个人在做出判断之前都需要确定证据的可靠性，以及如何确定其是否足够可靠。这叫作"证据标准"。举例来说，这就是为何有人的人身攻击罪名不成立，但却因为同样的行为侵犯了他人的公民权而被判有罪。这是两种不同类型的指控，所以采用的是不同的证据标准。

确定某件事是否足够真实的流程涉及一个完整的研究领域，称为认识论。如果你上过形式逻辑课，或是还记得高中时令人痛苦的几何证明题，可能会觉得这听起来很熟悉。从 A 点（已知信息）开始，通过一系列具体的中间步骤，逐步走向 B 点（逻辑结论），每一步都有一个明确的理由作为支持。整个证明过程十分抽象，如果你的经历与我相似，那么毕业之后你应该也没有再做过任何几何证明题或是文字证明题。但是认识论让我们有能力客观地区分真实信息与不真实信息，这也是自启蒙运动以来几乎所有重大发现的基础。我们不打算在这里讨论所有的细节，但有一些来自形式逻辑领域的重要见解值得回顾。

首先，你不需要掌握所有信息便可以做出决定。事实上，确切地了解什么东西你不知道也是有用的信息。在某些情况下，围绕你不知道的东西展开讨论比围绕你了解的东西展开讨论更加容易。例如，天文学家认识到宇宙的大部分质量是无法检测的，从而对宇宙及其演变有了较多了解。如果你读过关于暗物质的文章，就知道所谓的暗物质就是一种无法检测但必须存在以符合数学运算结果的物质。[9]

同样，如果你正在对一款产品或服务进行竞争力调研，那么，缺乏关于潜在客户群的信息可能表明该市场现有的服务不足。美国主要的户外用品零售商REI在调研"千禧一代"对野外娱乐及装备的态度时惊讶地发现，可用信息少之又少。这最终促使他们创建了一个新的子品牌来填补他们认为的市场空白，也为他们赢得了大多未开发的全新消费群体。

形式逻辑列出了有效论证的所有方式。逻辑学家称之为"三段论"，共有19种有效论证方式。对我们来说，错误的论证形式，即"逻辑谬误"，更为有用。逻辑谬误类别繁多。人们之所以会做出错误的决定，往往是因为他们遵循了某种错误的逻辑。多数糟糕的决定都是由少数几条逻辑谬误造成的。如果你能学会识别五种逻辑谬误（表3.3），就能比大多数人更有优势。

侍酒师的举证标准不如刑事法庭那么高，但他们的成功率却要高得多。即使是一位平庸的侍酒师也可以通过结合逻辑与概率观察，在不到两分钟的时间内将一支酒的搜索范围缩小99.5%。他的诀窍就在于，评估葡萄酒的调查方法经过优化，可以根据许多概率观察结果得出一个可靠的结论。

那么，你应该如何做到这一点呢？要想准确理解，你可能需要接受几年的侍酒师培训。但一般性的解释是，他们所使用的流程经过了数十年和数百万次个人品酒实践的演变和完善。如果成千上万的人一次又一次地做出同样的决定——这是哪种酒，你就能够通过试错学习如何最好地做出这个决定，然后将其编撰成册。这就是为何品酒的流程如此严格，有时甚至看起来十分怪异。这个流程迫使侍酒师以特定的顺序观察、闻香和品尝，使用特定的词语，并在每一步都应用明确的证明标准。

如果我端起一杯白葡萄酒并收集了五个数据点（澄清度、颜色、杯口、挂杯和香气），就几乎可以肯定这是来自新西兰马尔堡海岸的长相思，尽管每项观察结果单独拿出来都无法明确做出这一判断。我绝对不是一位侍酒师，只是上过几次美国烹饪学院（CIA）的周末课程。我提到这一点并不是为了炫耀，而是为了表明，精确的观察并不是少数人的专利，参加了美国烹饪学院课程的人都能做同样的事情。

表 3.3　五种最常见的逻辑谬误

类　别	具体表现
循环论证	A 导致 B，因为 B 导致 A。 例如："你必须遵守法律，因为违反法律是违法的。"依靠自身来证明自己。
以偏概全	仅仅因为 A 导致 B，就认为 A 是导致 B 或引发 B 的唯一原因。 例如："一只蝴蝶扇动翅膀可能会引起飓风。"这并不意味着蝴蝶是引发飓风的唯一或最有可能的原因。
混淆因果	仅仅因为 A 和 B 同时发生，或者彼此有相关性，就认为一方会导致另一方。通常它们都是由第三个事件，即 C 所引发的。 例如：冰激凌销量的增加并不会导致暴力犯罪，但两者都会在天气变暖时上升。有时，这只是巧合。
论证顺序	因为 A 导致 B，所以认为 B 也导致 A。 例如："糖会导致龋齿"并不意味着"龋齿会产生糖"。
含糊其词	一个具有多重含义的术语往往会（有意或无意地）导致错误的结论。 例如：一些人认为"创新"意味着"不同的东西"，而另一些人则认为它指的是"改变世界的东西"。

哪些额外的数据可能值得我们努力收集？

虽然对我这样的门外汉来说，99.5% 的确定性已经是极佳的证明标准，然而，侍酒师评估的可能是一瓶价值 20000 美元的葡萄酒，最后的 0.5% 才是真正体现差距的地方。

他的经验就是关键的区分点：经过上述观察，普通人可以将搜索范围缩小到 500 种可能的品牌，然而侍酒师则会根据他们对该地区的了解、酒庄的分布情况以及每年的生长条件，将目标锁定在 10 个以内。

一旦清楚地知道可以收集哪些信息、寻找哪些答案，就能创建一种有力的方法，迅速缩小范围。（如侍酒师那样）按照正确的顺序来做这件事至关重要。但是如果没有一个证明标准，就很容易将时间与金钱浪费在兜圈子和做出错误论证上。

当你在谈论一瓶昂贵的葡萄酒时，这一流程十分重要，但如果你谈论的是能够通过风力发电的价值数百万美元的巨大风筝与数千英尺的缆绳呢？从投资、潜在回报和万一出错后的危险性来看，其中的赌注则要高得多。你也许认为此类建造风筝的团队在验证其假设时会异常严格，确实如此。2006 年，我的客户鱿鱼实验室（Squid Labs）打算拆分马卡尼电力公司（Makani Power）时，我有幸目睹了这一点。

鱿鱼实验室发现了一种适用于广大公司且与增长的四大风险（见表 1.1）均有交集的需求。他们采取的第一步是研究潜在市场。他们的新技术解决的是未来市场，而非现有市场上的挑战。因此，他们就全球趋势可能会如何改变需求及成本这一问题展开了研究（本质上，他们研究了第 2 章表 2.1 中的十种潜流）。以下是他们的一些发现：

- 不断增长的数据经济和不断变化的人口结构推动了能源需求；

- 当时领先的可再生技术——太阳能和地面风能远非十拿九稳，天然气的获取受到限制，其推广速度也不明朗；

- 关注气候变化与绿色能源的社会趋势开始改变采掘能源生产的监管与政治动态。

如果这三种潜流持续叠加，将为新的清洁能源创造巨大的机会。

使用巨大的系留风筝发电涉及许多子系统，每个子系统都有自己的风险级别，需要成熟度各不相同的技术。团队中的评估人员希望看到每种概念的证明，但他们为不同的元素设定了不同的证明标准：

1. 电缆回缩：电机和电机控制是众所周知的技术，因此团队只建立了一个按比例缩小的粗略模型来证明它的设计是合理的。

2. 电缆安全性：马卡尼有理由担心 1000 英尺长的电缆会落到地面，因此，这家初创公司的工程师们制作了一个功能齐全的原型，并对它进行了严格测试。

3. 空中风筝控制系统：自主风筝的防撞与操纵是一项新的重大挑战。投资之前，团队首先初步证明了概念的正确性，随后分别专注于获得初始资金、掌握该项技术以及赢得后期投资。

4. 航标：虽然需要定制工程，但无须进行概念验证，因为核心技术已较为成熟。

我们很快就能了解这些超级风筝的情况。如果说我从夏洛克·福尔摩斯的故事中学到了什么，那就是需要制造悬念。因此，首先，让我们再来一杯酒，前往中国去看一看。

评估信息来源

侍酒师可以通过观察、品尝与闻香来收集关于葡萄酒的直接数据。但是对大多数商业问题而言，我们的鼻子显然没有多大用处。我们大多无法获得第一手的数据，因此只能依靠报纸、行业期刊或行业分析师获取信息。虽然最初的时候，这些信息源也许较为有用，但是高风险决策需要更为深入的研究。

无论是出于错误、误解，还是有意捏造，虚假信息永远是准确预测之路上的拦路虎。开始分析信息之前，我们需要问问自己关于信息来源的一些基本问题：

- 创造或传播信息一方的目标和利益是什么？
- 该方的关注点是什么，会不会产生盲点？
- 是否有可能因为偏见、技术挑战或仅仅是能力不足而出现信息遗漏或不准确的情况？

最高质量的信息往往来自学术论文和对源数据的直接分析。此类信息通常比专业服务机构（如高德纳）或出版物（如《连线》或《纽约时报》）的一般报告更加可靠、公正与均衡。不是这些组织的分析质量不高，而是它们有着不同的目标与证明标准。

我最近参与的一个研究项目中的一例有助于说明为何根据项目的目标与证明标准来选择信息源至关重要。我们的研究团队必须撰写一份关于中国人口老龄化及其对一家大型科技公司市场前景的影响的报告。

主流媒体经常发表关于"中国老龄化问题"的新闻报道、博文与评论文章。例如，2019年1月，《纽约时报》就刊登了一篇题为《中国迫在眉睫的危机：人口萎缩》的专题文章。[10] 文章列举了大量图表，还引用了各种来源可靠的数据，指出中国的生育率下降意味着其经济和社会结构将面临挑战。

与《泰晤士报》一样，美国战略与国际研究中心旗下的非同行评审期刊《中国力量》也在一篇题为《中国存在老龄化问题吗？》[11]的文章中指出，中国的劳动力市场和税收基础将受到独生子女政策的持续负面影响。但它还讨论了如何化解这些影响，研究了日本和德国等先于中国步入老龄化时代的国家所采取的措施。

胡佛研究所出版的经评审的学术会议论文集则提供了一份更加复杂与细致的评估。这份题为《2040年中国的人口前景：机遇、制约因素及潜在的政策应对》[12]一并考虑了生育率下降、人口老龄化与其他人口问题（如国内人口流动和人口年龄地理分布不均衡）。他们还研究了中国政府业已出台的政策，如户口制度（规定了社会服务的对象和地点）、大众教育和社会信用体系。这些政策和其他许多政策正在成功地将年轻人推向经济生产率更高的大城市，并将老年人转移到生活成本较低的农村地区。

由此，我们得出了两个主要结论：

• 中国政府正在实施长期的缓和战略，到目前为止，这些战略相当有效。

• 很难预测人们所关心的长期生育率趋势。

值得注意的是，这三个来源——《纽约时报》、美国战略与国际研究中心、胡佛研究所——都具有很高的标准，也提供了可靠的信息。但这并不意味着它们提供的见解同样有用。

信息科学家经常谈论信息集的结构，它不同于信息的规模或准确性。《纽约时报》文章的所有信息都是准确的，并且来自可靠的大型数据集。但是对我们的团队来说，它的信息结构没有什么用处。判断信息源是否具备解决某个问题的正确结构取决于以下

第二部分：行为转变

三个因素：

1. 重点：数据衡量的内容是否定义明确并局限于我们所研究的问题？例如，如果我们想了解休斯敦的交通模式，那么整个美国的数据对我们就没有什么用处。

2. 给定性：信息是否足够不明显，以至于能够给问题带来新的启示？旨在证明休斯敦大多数司机都年满18岁的研究可能既严谨又准确，但它仍然没有什么用处。

3. 相关性：信息是否与问题相关并能产生新的见解？即使有人对休斯敦的司机驾驶习惯展开了高质量研究，但是它的焦点可能是通勤行为，而我们的兴趣点是人们在购物时的驾驶习惯。同样的城市、同样的人口、同样的活动，但仍然不相关。

在"中国的老龄化问题"的案例中，我们看到了很多低关注度信息（关于整个中国的信息）、很多给定的信息（生育率下降），以及很多与我们客户产品的目标市场规模无关的非明显信息。

事实上，主要城市的人口趋势——客户公司的目标市场——与中国的整体情况并不相同。这表明，研究小组其实可以进一步缩小研究重点。在根据牛津经济研究院与哈沃分析[1]的数据进行了5分钟的调查后，我们发现了一些几乎与《纽约时报》所做的结论完全相反的东西。预计在经济发达的城市，当地收入相当于35000~100000美元的家庭数量会增加。与可能根据一般报道得出的结论相反，需求指标表明客户的产品在其市场上有望出现爆炸性增长。

---

[1] 知名的经济金融数据库服务商。——编者注

除此之外，中国的"一带一路"倡议寻求从其他亚洲国家积极引进劳动力。如果这一政策能够有效推行，将使客户的产品类别市场出现进一步增长。

此前提到的三个来源有其各自的动机和背景。学术论文是由中国专家为其政策制定者撰写、编辑的，较好的一些经过了同行评审或评委会评选。《纽约时报》的文章则是以前一周发表的一项研究为基础。这篇文章出自一位不熟悉中国现状的记者之手，他的任务是在千字内为半个地球以外的普通观众报道整个中国的发展情况。

通过深入挖掘，我们对手头的问题有了更为深入的了解。一些人能够自然而然地对信息来源进行批判性思考，然而发现真相却不是一种与生俱来的技能。就像证明标准一样，如果你能在做出决策之前先确定重点、给定性和相关性的标准，就会有所帮助。

形成现实理论

与夏洛克·福尔摩斯不同，企业通常不会花大力气去弄清"谁是凶手"。我们为客户调研的目的是弄清下一步该做什么，而不是上一步发生了什么。这往往促使决策者直接跳到未来，关注趋势和预测，而不是试图全面了解当前发生的事情。

这个问题通常由几个原因造成。一个原因是，了解今天正在发生的事情往往是做出明智决策的基础。现代史上许多伟大的创新故事都始于对当前可能性的洞察。例如，弗雷德·史密斯之所以在1971年创立联邦快递（它于1973年4月17日正式对外营业），是因为他意识到借助正确的辐轴式运输模式，次日达航空件已经可以大规模推广。其他公司原本也可以做到这一点，但它们没能像弗雷德那样彻底了解当前的形势。

了解过去和现在之间的差异也很重要，因为它将趋势置于背景之中。一旦知晓事情的进展，未来变化的影响就会更加清晰。例如，你可能知晓晶体管密度和处理器速度正在以缓慢且不太稳定的速度增长。但如果你能意识到，根据摩尔定律，其增长速度应该更快，这些知识就变得更加重要。历史上，晶体管密度每18~24个月就会翻一番。中国大陆正在大力投资半导体技术，因为中国大陆的企业认为，这一趋势为它们提供了一个赶超目前的行业领导台积电和英特尔的机会。[13] 如果它们能够创建新的标准，在自己的芯片上应用自己的应用程序，就将获得竞争优势。

也许找出"凶手"的最大价值就在于，它是一个强大的差异化因素。然而，很少有组织会在做决策时耗费时间以正确的方式去做这件事。这就把我们带到了现实测试过程的下一步，在这个过程中，我们利用收集到的信息，塑造现实理论。

现实理论只是一种简明、准确地描述当前状况，以便日后为决策提供信息的方式：我们对5W和1H了解多少，这对我们接下来的工作有什么启示？

即便形成了错误的现实理论，科学方法并没有错。更多的时候，是我们的执行步骤出现了错误（表3.4）。我们在尚未收集到所有相关信息的情况下就开始建立假设，在不确定的情况下进行推测，或者是过于重视支持性证据，对伪造证据关注不够。

想象力是我们最大的优势，因为它使我们能够设想尚未发生的事情，然而，一旦我们开始设想那些在情感上令人安心的事情，然后开始相信它们，想象力就成了我们的弱点。这会导致无意识的认知偏差，引发上述所有问题。克服这种倾向的方法只有一个：正确排序的系统。

表 3.4 以正确的顺序测试实际情况

边界	界定搜索区域的边界
证据标准	确定你的证据收集标准和有效性的基线
搜索树	设计一个搜索过程，以最有用的方式缩小你的搜索范围
推理	考虑归纳法、演绎法和溯因法在哪里最合适
直接与间接	通过直接调查和间接调查的结合来收集证据
可靠性	在分析数据之前评估你的数据来源并收集你的数据
先调查后判断	在权衡之前分析你的数据

替代分析

与政治家一样，我靠说服他人为生。我在演讲时所说的每一个字都是为了引导人们走向一个预定的结论。这是让听众集中注意力、说服陪审团、赢得连任或向客户推销的好方法，但它却与公正地寻求真相背道而驰。要了解当前现实，就必须以开放的心态面对它。你所依赖的证据可能不完整或不准确。这就是在模棱两可与纷繁复杂的情况下，你的第一个结论也许并不正确的原因。应对不确定性的最好方法就是系统地考虑替代方案。

大多数人认为这就是考虑事情的两面性。奇普·希斯和丹·希斯在畅销书《决断力》中提到了他们对一家德国公司的研究。他们写到，每当这家公司开始考虑两个及以上的替代方案时，"就能做出六倍于以往的'极为优秀'的决定"。[14]

通过开发替代方案克服认知偏见

侍酒师最关键的技能不是收集数据，而是通过流程避免偏见。

很多人拥有极其灵敏的嗅觉与味觉，也有许多人阅读了《葡萄酒观察家》(Wine Spectator)杂志并前往伯恩学习。然而，研究表明，其中有许多葡萄酒爱好者无法在盲测中区分红葡萄酒和白葡萄酒。[15] 尽管他们也许能够享受一瓶好酒，但是他们对品质的感觉仅仅基于除味道之外的其他指标——一些可以伪造的指标：商标、酒瓶、颜色和价格标签。

与夏洛克·福尔摩斯一样，侍酒师在分析信息并得出结论之前会先收集信息。只有在收集完信息之后，他们才会考虑哪些理论得到了数据支持。在这两种情况下，将收集与分析分开可以减少偏见的影响，而偏见是所有商业决策者的大敌。

心理学家丹尼尔·卡尼曼（Daniel Kahneman）一生都在研究这些偏见以及它们是如何发生的。他与已故的阿莫斯·特沃斯基（Amos Tversky）共同撰写的巨作《思考，快与慢》也许是对我们在做决策时会使用的三段论与逻辑谬误的最好总结。除了定义有效的谬误，卡尼曼还指出了12种使我们特别容易受谬误影响的认知偏见。在这十几种认知偏见中，有几种经常出现。幸运的是，有一些策略可以帮助我们解决这一问题。

易得性偏见

易得性偏见是人类用来决定相信哪些信息的一种心理捷径。从进化的角度来看，它的存在十分合理。对以狩猎、采集为生的祖先来说，看到很多鹿的足迹就说明附近有鹿。在现代社会，我们面临的主要挑战不再是信息太少，而是信息太多，易得性偏见会导致我们相信可能错误的信息。

第二次世界大战期间，美国统计学家亚伯拉罕·瓦尔德（Abraham Wald）受命为在战斗中受损的飞机推荐升级方案。他看似荒谬的回答令将军们大感震惊。统计了受损飞机各部位中弹的概率之后，他建议在机身中弹概率最小的地方——引擎——增加装甲。这是因为他看到了别人未能发现的东西：军官们只看到了幸存下来的飞机，而没有看到那些被击落的飞机——引擎中弹的飞机往往飞不回来。

瓦尔德意识到，尽管他看到很多飞机某个部位有弹孔，但这并不意味着这些部位被击中是致命性的。

他敏锐地想到了那些因为无法获取而未能呈现在他面前的关键信息。未知信息透露的内容往往比已知信息更多。

阿瑟·柯南·道尔的《银色马》中也出现了类似的场景：

格雷戈里探长："你是否有什么地方要请我注意？"

夏洛克·福尔摩斯："夜间狗的奇怪表现。"

格雷戈里探长："那条狗在夜里什么也没做。"

夏洛克·福尔摩斯："这一点就很奇怪。"

两个案例都使用了类似的技巧来应对易得性偏见。实践者从具有高优先级的证据中后退一步，并询问：

1. 评估的大数据集是什么？（所有飞机的机身，而不仅仅是那些幸存的飞机。）

2. 关于这个集合，什么是可知的，什么是已知的？（可知：子弹击中和未击中幸存飞机机身的地方。不可知：子弹击中的未能幸存的飞机机身的位置。）

3. 是否考虑了所有选择？（子弹只击中了幸存飞机的这些部位与子弹只击中飞机的这些部位。）

有几个技巧可以确保你能够将所有信息考虑在内。

• 质疑假设：退后一两步，确保当前的假设成立。

- 强化初学者心态：确保未知事项清单与已知事项清单一样完整。
- 考虑未知的事情：列出假设，无论可能性有多小，如果它们是真的，就会改变你的分析。

代表性偏见

人类的天性就是用情感和故事，而非数学和概率思考问题。营销人员和政客利用这一点操纵你的倾向，让你相信某个现象的例子代表了整个现象。但是，一个事物与属于某一类别的事物相似这一事实并不总是意味着它就属于那个类别。例如，"十个牙医中有九个"可能会同意某件事情，但是这十个牙医真的就能代表美国的二十万个牙医吗？如果猫有四条腿，而另一种动物，比如说狗，也有四条腿，那它就是猫吗？

克服这种认知错觉的方法是问一问自己：

1. 确定我评估的是正确的集合吗？（四条腿的动物还是会喵喵叫的四条腿动物？）
2. 这个集合有多大？（猫和狗还是所有四条腿的动物？）
3. 这些集合是否相互嵌套？（例如，杂食动物和食肉动物不是嵌套的集合。）
4. 为何这个例子能代表整个集合？（猫。）

与我这样的业余爱好者相比，侍酒师的一个优势是他们对市场的了解。了解一个地区白葡萄酒与红葡萄酒的产量、霞多丽与长相思的产量，以及新西兰与澳大利亚的霞多丽种植量，可以帮助他们排除或增加一些可能性。

这样，他们就能考虑包括分母和分子在内的整个等式。他们考虑到了一种葡萄酒可能的酒窖，以及它在每个酒窖内存在的可能性。权衡证据与可能性是在不确定的情况下做出决定的关键。

证实性偏见

证实我们相信的东西是我们的天性。在1891年发表的故事《波希米亚丑闻》中，夏洛克·福尔摩斯非常清楚地指出了这一点。他说："没有数据就建立理论是一个致命错误。人们会不自觉地开始扭曲事实以适应理论，而不是让理论适应事实。"包括商业在内的所有人类事务都沐浴在证实性偏见之中。决策科学家发现这尤其有害。[16] 歪曲自己根深蒂固的信念是一种不自然的行为，我们中很少有人有自制力去尝试。侍酒师会盲品，以避免对自己产生偏见。但正如股神沃伦·巴菲特所言，"人类最擅长的是解释所有新信息，以使他们之前的结论保持不变"。

即使我们想根除和消除我们的偏见，可能也不知道它们究竟是什么。一个更好的方法是建立多个互斥的假设，然后逐一推翻它们。

侍酒师在评价一款葡萄酒时会说："它可能是这样……它可能是那样……它在……范围内。我的初步结论是……我的最终结论是……"他们会大声说出来，而不是在心里默念。第一次看到这种情况时，你会觉得很奇怪，但你很快就会意识到他们是有意为之，这种现象在专业侍酒师中普遍存在。

故意摇摆不定使他们能够避免决策者容易陷入的许多常见陷阱，迫使他们能够充分意识到各种可能性以及他们感受到的每个变量的确切不确定性。

许多看起来最果断的企业家也会使用这种方法。正如杰夫·贝佐斯所言："犹疑是效率的重要制衡力。你需要同时采用这两种方法。巨大的发现——'非线性的发现'——极有可能需要犹疑。"

侍酒师在从感知到分析的过程中不断徘徊，测试他们的逻辑，以确保整条逻辑线保持一致。

邀请他人提出批评

未知可能是一片漆黑，一个人探索很容易迷失。如果你只做一件事来改善你在不确定情况下的决定，那就一定要以团队的形式开展工作，严格按照待办事项清单行事。这是确保你保持开放心态的一种好方法。

埃隆·马斯克建议："要真正关注负面反馈，征求别人的意见，尤其是来自朋友的反馈……但几乎没有人这样做，这种做法极其有用。"[17] 我们只知道我们所知道的东西，而从另一个角度重新审视一个复杂问题总是好的。

从航空到品酒，各个领域的研究都证明了这一点。[18] 认真的侍酒师会在既能获得高度支持又能得到高度批评的同行团队中备考侍酒师资格考试，挑战彼此的假设，以磨炼自己的调查本能。同样，如果批评十分严格并能针对具体问题进行测试，双人合作可以显著提高决策的准确性和果断性。

国际象棋锦标赛

泰德·塞尔克（Ted Selker）是美国一个多产的发明家。自从20年前我们在麻省理工学院的媒体实验室相遇，我们一直在使用一种现实测试法，我们称之为"国际象棋锦标赛"。它提高了我们从医疗诊断、个人计算机、暖通空调系统到办公家具、建筑系统和选举安全等在内的各个领域的调查质量。

我们会在处理一个新问题时确定四个相互竞争的假设（称作"棋盘"），并花十五分钟共同尝试确认每个假设。在第二个小时里，我们中的一个人会花十五分钟尝试证明为何每个解决方案都行不通，而另一个人则试图为这些方案辩护。一旦某个潜在的解决方案失败，我们就会在锦标赛中增加一个新的解决方案，这样我们就不会只认可某一种解决方案，而且总有更多的选择在发挥作用，远超我们能够记住的范围。

虽然这种方法对我们两人十分奏效，但其他方法可能对你更有效。关键是要开发一个流程来抵消屈从于偏见的可能性。如果你想开发自己的方法，可以参考以下国际象棋锦标赛成功的原因：

- 我们使用的结构化头脑风暴会计算易得性偏见出现的次数，扩大可能的选择范围，使之超出我们的记忆能力。这会迫使我们做笔记，猜测我们的结论，并反复检查我们的假设。对一系列的假设进行测试，可以使我们更客观地了解什么永远是真实的，什么有时是真实的，以及什么无法根据证据得到证明。
- 使用对抗性测试来检查代表性偏见，迫使我们对关于集合的大小及其范围的假设进行严格的审视。
- 通过让我们就正反两方面展开辩论来对抗证实性偏见。这限制了我们对单一观点的依赖，迫使我们不断测试新的选择，拓宽我们的思维。

可能现实

> 如果你不知道自己要去往哪里，任何道路都会将你带往那里。
>
> ——刘易斯·卡罗尔（Lewis Karroll）

我们对过去和未来的一些假设可以通过高标准的证据来证明：如果我们有某人的犯罪视频，通常认为坏事就是他干的。如果我们知道一列火车从芝加哥出发时的速度，并且知道它不会改变速度，那就可以准确地预测它何时会到达德卢斯。但是当情况变得更加复杂和多变时，就需要进行概率性思考。我们必须权衡这种或那种情况发生的可能性，并据此下注。我们需要把可信的东西与可能的东西分开。

信心标记：开发可能性语言

我们都知道如何表达可能性：把它写下来或给它分配一个数字。例如，这件事极有可能发生，它的可能性是 9 分（满分 10 分）。但是如果你身处团队之中，就很难做到这一点。人们可能会用同样的词语来表达不同的含义，或者这些词语的含义可能随着时间的推移而发生改变。一套可以描述概率的共同词语，有助于确定我们的看法存在什么分歧。在跟踪认知是否随时间而变时，写下团队共识也很重要。人类有一种强大的能力，可以在适合的时候改写历史。正如查理·芒格所言："当你的声誉受到记忆的威胁时，你往往会忘记自己的错误。"

这种基于已知信息评估概率的过程称为信心标记。在考虑模棱两可的情况时，这一点至关重要，因为共识往往比个人的观点更值得信赖。例如，在猜测罐子里有多少枚硬币时，群体平均数往往出奇的准确。

在数据可能会随时间推移逐渐增加的情况下，信心标记，尤其是通过秘密民意调查进行的信心标记，可以提供一个参考和范围。了解你的信心范围是在增加还是减少，往往十分有用。

如果你仔细听新闻，就会听到安全官员和警方调查人员在推测结果时会使用精确而有分寸的语言。美国中央情报局公布了一份美国情报机构内部用来表示可能性的常用术语排名表（表3.5）。[19] 这里的经验是，如果你从事的是揭开谜团和评估谜团的工作，就需要一种通用的概率语言……而我们都在从事这项工作。

表 3.5　信心标记

信心标记术语	可能性
是，会	90%~100%
几乎肯定，毫无疑问	80%~100%
极有可能	75%~95%
可能，将会	70%~90%
很有可能，似乎很有可能	60%~80%
高于平均	50%~70%
可能	40%~60%
不太可能，不可能	10%~30%
一点点可能	0~20%

在与团队讨论某个事件发生的可能性或估计某事的成功程度时，确保使用相同的尺度和术语至关重要。在许多公司的文化中，一屋子的人都点头表示同意并说"我们意见一致"之类的话，而事实上，他们每个人对讨论的内容都有不同的看法，这种场景极为常见。避免灾难性误解的一种很简单的方法就是明确术语的含义，并要求团队成员具体描述他们认为将会发生什么。在根据可能性做出决定时，尤其是当可能性会随着时间变化时，设定基线就显得更为关键。

专家能够和无法告诉你的未来

信心标记在与领域专家合作时特别有用。在评估可能导致变化的历史基线或事件类别时，信心标记通常相当准确。它们可以帮助你更好地理解什么力量可以使当前现实保持不变，以及系统中的哪些 5W（谁、什么、何时、何地、为何）和 1H（如何）会导致变化加快、减慢或停止。

然而，众所周知，领域专家并不擅长抽象地预测未来。他们无法告诉你 2070 年整个世界可能是什么样子。他们在预测高影响、低概率事件发生的时机方面也表现得不尽如人意。这是因为他们的专业知识通常只局限于一个领域。但是，正如我们所看到的，多种潜流相互作用时，常常会出现疯狗浪。

如果你想知道五年后日本青少年通过无线方式播放的付费韩语流行歌曲的平均数量，可以从咨询索尼音乐 A&R 高管的专家意见入手。他们对日本人的喜好了如指掌，所以他们的洞察力远胜抛硬币。但是，如果你在调查中加入了一些 A&R 高管手头可能没有的最基础的信息，就能得到更有用的信息，比如说：

- 日本青少年的空闲时间；
- 日本青少年的消费能力；
- 在日本流传的歌曲总数；
- 全球青少年喜爱的歌曲组合；
- 五年内无线流媒体的带宽成本。

综合各领域的信息，就能得到更准确的未来模型。

评估不可避免事件的可能性

领导者认为，许多导致业务中断的主要原因不会对他们造成影响。一是暴力冲突，无论是"阿拉伯之春"之类的自发抗议、美国国会大厦暴动、"9·11"袭击之类的国际恐怖主义,还是国家暴力。

1914年7月23日周四的《纽约时报》在头版刊登了以下内容:

- 杂志编辑、法国总理夫人卡约女士谋杀案开庭审判;
- 皇室婚礼;
- 爱尔兰国内纠纷。

报纸对欧洲大陆的金融报道只有四句话,指出巴黎和柏林的股市表现良好,但尾盘交易有点疲软。[20]

1914年7月25日周六,英军预备役周刊《英国陆海军公报》(British Army and Navy Gazette)用整个头版报道了射击比赛。[21]

7月27日周一,巴黎和柏林股市相继崩盘,伦敦证券交易所出现了二三十年来的最大跌幅。随后在7月28日周二,第一次世界大战爆发。

所有的信息都是已知的。所有的因果关系都是公开的。大国之间的力量平衡确保了和平,但是根据客观计算,数据表明,爆发战争的可能性实际上正在增大,因为技术和地缘政治已经削弱了贸易作为战争抑制因素的力量。问题不在于是否会爆发战争,而在于何时会爆发。

一位将军能够在研究过去40年来欧洲大国之间的外交联盟网络之后发现,只要战争威胁到任何一个大国的边界,"纸牌屋"就会倒塌。铁路公司的高管也许无法预测1914年将爆发一场世界大战,但他们可以告诉你,欧洲的将军们对现在其他国家能够集结起来发动战争的速度感到寝食难安。政治家只需翻开1913年的《简氏战舰年鉴》(Jane's Fighting Ships)就会发现,德国不断增强的海军实力越来越令英国人担忧。人人都知道，一旦爆发大战，德国与英国这两个地区大国将会站在对立面。军事理论家让·德·布洛赫（Jean de Bloch）精确地预测了西线旷日持久的战争。[22]

然而，商业、军事和政治领导人却没有看到这些信号，市场也是如此，因为他们只关注自己的生活经验，而不是当前形势：过去，而非现在或是未来的情况。他们没有做任何真正的现实测试，因此根本看不到一个完全合理的场景，其中的最后一根稻草会压垮骆驼。

为何每个人都与现实如此脱节？因为他们受到了三种偏见的蒙蔽。他们认为，无论是国内政治、外交还是国防，他们所在地域的现状就是整个欧洲的现状（易得性偏见）。他们认为和平是常态，虽然这与几个世纪的历史完全相反（代表性偏见），因为过去二三十年间，他们并未经历任何大规模的大陆战争。他们还认为，此前对他们有利的制度将在未来继续对他们有利（证实性偏见）。

他们也没有提出关于因果关系、概率和完备性这三个最重要的问题。其中，完备性问题可能最为重要：他们没有寻找其他可能与自己存在冲突的观点。将军没有与外交官沟通，政治家也没有与将军交流。哪怕他们只是简单地问对方一个问题——哪些仍然不为人知的关键数据会引发一场大战？——历史的进程也许就会改写。

思考下列因素可以帮助你避免许多灾难性后果：

- 因果关系：是否存在明确的因果关系？
- 概率：是否在大小适当的集合中考虑了概率？
- 完备性：哪些其他类别的数据和选项可能值得花时间和成本

进行分析？

对一家企业来说，有一个类似的问题也值得一问：你的基本假设是什么，什么会颠覆这些假设？马卡尼电力公司的团队十分擅长提出这个问题。这一点从前文描述的他们处理风筝式动力系统的方式中便可见一斑。面对一种独特的能源技术，他们没有急于做出任何快速的判断。相反，他们通过一个系统的过程以收集决策所需的信息，确保自己不会被偏见误导。事实上，实时观察这个过程是启发我编写 REAL 框架的部分原因。

• 调研：从产品的角度来看，马卡尼团队寻找该项目最可能失败的原因，结果发现是飞控系统。通过首先关注风险最大的部件，他们能够迅速缩小搜索范围，并转到风险较低的问题。

• 证据：像马卡尼这样的项目通常是分阶段获得投资，从让他们创建原型进行评估的种子股份开始。这使马卡尼的投资者有时间在购买更多股权之前，搜集更多关于市场和系统优缺点的证据。该项目最终被谷歌（现在的 Alphabet）完全收购。

• 替代方案：从事该项目的分析师和工程师采取了多种方法应对系统的技术挑战，并全程跟踪替代解决方案。

• 可能性：维持替代方案的痛苦现实之一是，你最终不得不下定决心。2020 年，当 Alphabet 审查其投资组合时，马卡尼没有入选，尽管该项目的技术已经得到了证实。Alphabet 持续跟踪该项目与其他技术和市场的表现，在意识到未来已经发生改变，其他投资更具吸引力的时候，他们迅速采取了行动。

如果所有这些研究、验证、阶段性投资和犹豫不决听起来像是胆怯的行为，那么想一想马卡尼公司试图做的一些激进的事情：通过发射一种均未曾尝试的类型与尺寸的大型风筝，彻底改变世界的发电方式。

对决策进行系统化使得优先处理这种高风险项目成为可能。如果马卡尼公司只是让他们早期的决定不受质疑与制约，他们永远不可能生存到创造出如此非凡的发明的那一天。

有效进行现实测试的关键是列好清单

验证假设的一种很有效的方法是列出清单。无论是间谍、科学家、企业家还是投资者，成功的调查者都能够有效地使用清单。侍酒师会大声地反复念诵自己的清单，强迫自己不断测试自己的假设。

大量证据表明，清单在医学和航空等领域得到了应用。20世纪70年代，飞机失事造成人员伤亡之后，航空业引入了清单，极大地提高了飞行安全。事实证明，自医院正确使用清单之后，患者的死亡率降低了一半。[23]

查理·芒格是这样说的：

> 一般来说，我认为你需要思维模型——以及我所说的清单流程——根据一份有价值的模型清单，逐项核对："这项完成了吗？这项呢？……"如果有两三项非常重要的项目不在清单上——如果你是一名飞行员，可能就会坠机。同样，如果在试图分析一家公司时使用的清单不够完备，那么你可能会做出非常糟糕的投资决定。

在一个经济、技术和社会变革加速的世界里，能够花时间评估实际情况的领导者将比那些认为情况没有变化的人拥有巨大的战略优势。

你可以利用下面的这份清单，来确保你的决定建立在现实世界而非你心目中的理想世界之上。

小结

进行现实测试

1. 确定侦查方式。
   - 列出已知、未知以及不可知的东西。
   - 确定最能有效减少重要未知项的搜索树。
   - 评估通过归纳、演绎和溯因推理得到最充分探索的分支。
2. 评估数据的有用性。
   - 在开始收集任何证据之前，确定证据标准。
   - 设定标准以了解你所收集的信息是否准确。
3. 发展多种理论并检验其有效性。
   - 找到如果为真，就将使你的理论失效的事件，无论它们看起来多么不可能发生。
   - 确定如果你的理论无效会造成什么影响。
   - 了解最常见的偏见，尤其是易得性偏见、代表性偏见和证实性偏见，创建能够将其影响降至最低的流程。
   - 如果找不到某些关键证据，考虑其不可得意味着什么。
4. 确保你已根据现有证据水平，探索了所有选择。
   - 考虑你所调查的未知因素是否真的可以预测。

- 确认你已经对所有可能的理论进行了同等程度的逻辑审查。
- 诚实地评估你对所做的结论抱有多大的信心，并对它们进行排序。

为了迎接明天的挑战，今天需要完成的任务

- **教导团队。** 与你的团队讨论现实测试的重要性以及你用来分析模糊信息的过程。
- **利用现实测试定期对你的假设进行重新评估。** 确定并加强组织借以识别和挑战信念的机制，且确保经常这样做。
- **为增加重要知识准备预算。** 你的研究和咨询预算中的哪一部分支持对盲点和未知领域的定向调查？
- **将现实测试纳入培训项目。** 核实你的学习和发展、培训和招聘计划均侧重的基本的调查技能与针对特定项目的能力。指派一名资深发起人为这些技能提供支持。
- **优先培训最能从现实测试中受益的团队。** 评估不良的调查环境在哪些方面影响了你的决策。

4

观察系统

对维持当前系统稳定的力量进行建模，以确定可能导致其发生改变以及崩溃的因素。

2020年4月10日，玛格丽特·麦克唐纳（Marguerite McDonald）与世长辞，成为美国第一批死于新冠肺炎的病例之一。与疫情暴发早期的许多病例一样，她住在一家养老院中。

从许多方面来说，她所居住的地方本应是大流行病暴发期间地球上比较安全的地方之一。养老院是一个近乎自给自足的环境，卫生条件良好，配备现场医疗服务，而且居民们很少外出。几个月来，人们已经逐渐了解了新冠肺炎的存在与危险性。美国的医学研究水平处于世界顶尖水平，美国疾病控制与预防中心（下文简称"疾控中心"）也是世界上受人尊敬的公共卫生机构。

然而，一个又一个可以保护玛格丽特以及其他居民的机会都被错过了。这些失误注定了成千上万处于她这个年龄段的美国人难逃厄运。一个失误是个人防护设备（PPE）短缺。像N95型口罩这样的关键装备供应不足，不仅是居民，甚至连一些工作人员都买不到口罩。另一个失误是缺乏足够的测试能力。在许多亚洲国家，接触者追踪在控制感染方面起着至关重要的作用，但在美国，这种追踪几乎在一开始就已经崩溃了。呼吸机很难买到，合格的操作人员的缺口也很大。

这些问题都是由几个明确的直接原因造成的。个人防护设备和呼吸机储备不足，接触者追踪工作的推广进展太慢，根本赶不上急剧上升的感染率。研究人员很早就开发出了有效的新冠病毒测试工具，但是由于沟通不畅和监管失误，大多数医生和公共卫生机构根本拿不到检测试剂。

然而，在美国，真正的问题在更早的时候就出现了。美国最大的医用口罩制造商 Prestige Ameritech 决定关闭国内四条无利可图的生产线，让成本效益更高的海外工厂来填补这一空缺。当地医疗用品经销商决定通过精简库存来最大限度地降低间接成本。多年来，地方卫生部门一直处于资金不足的困境，与此同时，疾控中心内部的决策链日益集中化、政治化。这些注定了测试将遭遇失败。大学和医院因此无法扩大研究规模并发放自己的试剂。由于多年来公众对政府机构的信任度一直在下降，以及对隐私的担忧日益加剧，接触者追踪工作基本上已经夭折。

所有人都清楚大流行病的危险：养老院、Prestige Ameritech、地方公共卫生部门，尤其是疾控中心，白宫也是如此。2020 年 1 月，疫情已经在武汉暴发，而当时美国卫生与公众服务部负责准备和响应的助理部长罗伯特·卡德莱克（Robert Kadlec）似乎已经决定不必储备医用口罩。[1] 养老院已经有一些防护设备，必要时他们还可以加购，毕竟以前似乎从来没有用完过。

我们依赖日益复杂且相互关联的系统来交付商品和服务。这些系统一旦发生故障，就会给人们带来不便。但有时，它们也会夺去人们的生命。夺走玛格丽特生命的不是短缺的口罩、呼吸机或测试能力，也不是疫情，而是一系列相互影响的小决定——这些决定看似无关紧要，甚至在做出决定时是有益的——因为没有人关注更大的系统。

玛格丽特既是我的岳母，也是我的朋友，她是某种系统的受害者。在这个系统中，每个人都以为只要管好自己的一亩三分地就可以了，没有人有勇气喊出"天要塌了"，即使事实确实如此。没有人为迎接一个与他们已知的过去不同的未来做好了准备。

关于未来

关于未来，我们需要明白的是，未来不止一个。总存在一系列可能的未来，以及一系列它们可能出现的时间线。

默认的预测明天的做法是根据过去进行推断，但这会带来一个问题。线性外推法很少能够预见到会带来最大危险和机遇的重大转变。过去70年间，股市一直是一项不错的投资，但这并不能保证明年依然如此。事实上，如果你在1930年投资了一个主要股票的投资组合，就能够享受15年的优质增长。然而，如果你在1928年进行了投资，那么自1929年的金融风暴之后，你要等到第二次世界大战结束后才能恢复元气。[2]

为接下来发生的事情做好准备的关键是，根据现在所发生的事情，弄清楚什么有可能发生，什么很可能发生。即使无法预测具体的未来，许多决定未来的动因也是明显且可靠的。其中最可靠的就是熵，或者说是无序状态：宇宙中的所有系统都处于衰变过程。有时这种无序会突然加速，就像新冠肺炎疫情之后的社会经济体系。有时它的发展非常缓慢，就像恒星需要经历数百万年才会死亡一样。但是，所有封闭系统都趋向于越来越无序。这就是热力学第二定律。

然而，外部组织力量可以使混乱得到控制，而且这样的力量有很多。基于人口统计学的可预测消费需求增长就是其中之一。稳定的监管框架也是如此。任何推动可靠供应或需求的进程都可以带来秩序。本书第 2 章描述的十种潜流能够可靠地预示未来，因为数百万致力于延续这些潜流的人和系统在组织和维护它们。

熵、惯性与控制

所有动力系统都存在两种对立的趋势：

- 熵：越来越无序；
- 惯性：抗拒变化。

如果没有外力作用于系统，那么熵最终会战胜惯性，不过取胜的速度在很大程度上取决于它的力量。摩擦是一种强大的熵效应，它会将有序的定向运动转化为无序的热量。这就是刹车片在长时间使用后会发热的原因。

在一个稳定的系统中，熵会被某种外力进一步抵消，就如喷气式发动机与空气阻力之间的较量一样。飞机就是这样飞行的。升力与重力、推力和阻力实现了平衡，使其能够保持在空中飞行。

一旦力发生变化，系统就会变得不稳定。例如，如果飞机突然失去推力就会从空中坠落。

市场同样存在这类均衡与例外。推动房屋所有权的法规导致需求的可靠趋势，而投资者往往认为房屋是安全的投资。然而，一旦经济衰退来袭，许多新房主违约，系统就会失去平衡。2008

年金融危机之前，由抵押贷款与抵押贷款保险单等看似安全的投资组成的衍生品风险投资组合就已经失去了平衡。几个月后，全球金融系统变得支离破碎。这是一波疯狗浪：具体情况不可预测，但终究无法避免。

纳西姆·塔勒布在《黑天鹅：如何应对不可预知的未来》一书中写道，欧洲人在澳大利亚见到黑天鹅时感到十分惊讶，尽管这种天鹅在那里随处可见。这是一本伟大的书，但是它导致企业领导者在长达十年的时间里一直在进行无意义的讨论，而"黑天鹅"也已成为不可预测事件的简称。这种做法忽略了塔勒布的一个主要观点：如果掌握了更丰富的背景知识，大多数"黑天鹅"——包括澳大利亚的那些黑色天鹅——都是可知的。真正令人惊讶的不是黑天鹅，而是很少有人愿意费心去考虑大局。

二阶效应

在 2006 年和 2007 年，我当时的女朋友正在美国国家金融服务公司（Countrywide）等做房屋抵押贷款中介。她很清楚，房地产价格的上涨与收入的增长不符。伪豪宅（McMansion）[①]被卖给了那些一旦遇到金融风暴便会丧失支付能力的买家。市场充满泡沫。内部人士很清楚这一点，但却一直在喂养这头野兽。

大多数投资者并未探究背后的真相，结果就被骗了。他们认为市场会日益繁荣，仅仅是因为它一直十分繁荣。他们认为，债务的增加将不可避免地带来更多的增长。这就是一阶思维，A 导致

---

① 指的是过于庞大和富丽堂皇的大规模建造的住宅，它们缺乏建筑的真实性或档次。——译者注

B，没有必要深入研究。

但在任何复杂的系统中，A 会间接导致除 B 之外的许多事情。这些二阶效应不太明显，但由于它们经常被忽视，待到发现时往往为时已晚，因此它们可能更为重要。债务可以推动增长，但从长远来看，它也可以导致破产增加、投资降低。

考虑二阶效应的做法有违直觉，但如果你考虑的是你的基本原则，并且能够提出"如果举债人没有支付能力与动机会怎样"之类的"如果……会怎样"系列问题，就更容易做到这一点。从大衰退中获利的投资者就提出了这个具体问题。瑞·达利欧就是其中之一。他是桥水对冲基金公司（Bridgewater Associates）创始人，也是关于债务问题的基础性著作《债务危机：我的应对原则》的作者。达利欧的基本原则（与夏洛克·福尔摩斯倡导的原则类似）是有果必有因。

通常，你可以通过反向思考失败的流程来识别危险信号。例如，一旦增长放缓、利率为零，央行就不得不通过印钞来回补政府债务，刺激经济。这会拉大贫富差距，[3] 因为投资者利用债务购买了贬值的资产，而获得资本的机会较少的工人阶级则变得相对更穷。最终，偿债额度的增长甚至超过了富人能够承受的程度，于是泡沫随之破灭。这种因果关系不仅可以预测，而且历史上发生过无数次。

瑞·达利欧并没有什么内部消息。他研究了历史——不是为了预测未来，而是为了了解他没有亲身经历过的那些不可避免事件的警示信号。然后，他遵循了曾在 1929 年的股市崩盘中做空获利的伯纳德·巴鲁克（Bernard Baruch）在回忆录《巴鲁克自传》（*My Own Story*）中提出的逻辑：

1. 定期对你的所有投资进行重新评估，看看不断变化的发展是否改变了它们的前景；

2. 始终将大部分资本放在现金储备中，永远不要把所有资金都用于投资。

与大多数投资者不同的是，达利欧研究了市场背后的真相。然后，他评估了不断变化的发展，考虑了它们可能造成的一阶和二阶效应，并相应地改变了自己的投资组合。

黑天鹅并不是对2008年金融危机的最佳比喻。这场危机更像是一只把头埋在沙子里的鸵鸟。

了解你的系统

19世纪中叶，在达尔文发表《物种起源》之前，格雷戈尔·孟德尔（Gregor Mendel）[4]正忙于弄清遗传基因学的基本原理。[5]在人们对基因，更不用说DNA，一无所知的情况下，他只用一支铅笔、一张纸和一块豌豆田就做到了。

生物课上经常会教授他的实验与观察的细节。但是现在从现代预测与模式识别的角度来看，他拥有几乎神奇的洞察力。

孟德尔的实验始于一块豌豆田，他用七种特征对这些豌豆进行了分类：花朵的颜色、花朵的位置、种子的颜色、种子的形状、豆荚的形状、豆荚的颜色以及豆茎的长度。他不知道植物内部发生了什么变化，但他能够通过让豌豆以特定的方式进行杂交并且从这七个方面观察试验结果来进行归纳评估。

经过多年的育种和细致地记录结果，他编制了一份包含超过29000个杂交品种的清单。他在仔细研究后发现明显的模式，这些模式最终成为以他的名字命名的定律：

·孟德尔的分离定律：定义了父母如何将各自的性状分配给直系后代。

·孟德尔的显性定律：预测了显性和隐性性状在连续几代中的分配。

·孟德尔的自由组合定律：继承某种性状不会对另一种性状的遗传方式造成影响。

孟德尔并不了解遗传学的内部运作机制，但他却能提出一个被科学家沿用至今的精确且高度发达的遗传模型。

对我们这些需要应对商业世界不确定性的人来说，孟德尔的例子为我们带来了希望。通过密切关注系统元素之间的联系，就有可能了解系统是如何运作的，即使我们不知道为何这种运作方式能够奏效。这使得创建可靠的预测成为可能，即使数据中存在大量的随机性。

不过，要做到这一点，你需要一丝不苟地对待自己的观察结果与建模方式。此外，你还需要敏锐的溯因推理意识。否则，你很容易会在拿到29000个实验数据之后，不知道如何将豌豆从豆荚中分离出来。

建立模型来理解系统

究其本质，系统建模仅仅意味着将因果联系起来。你把一个苹果从树上摇下来之后，重力会使它落到地上。如果一个组织花的比赚的多，它的现金储备就会耗尽。这些都是不可抗拒的直接的一阶效应。在一个定义明确的系统中，一阶效应是可以预测的，几乎没有什么随机性。

一旦加入了多重因果、可变性或随机性（这些在人类系统中是不可避免的），因果关系就变得更加复杂。与孟德尔的豌豆实验不同，一个组织、一个市场或一个金融系统的特征通常不是独立的，它们会相互影响。例如，通货膨胀和利率波动对现金流具有足够大的影响，因此必须与直接成本和收入一同考虑。

随着这些复杂因素的不断累积，人们和组织往往会做两件事中的一件。他们可能会使用一阶思维，希望那些不太可预测的部分不会对结果产生太大影响。他们可能还会认命地表示："如果我都觉得建模太复杂，那么其他人也会觉得太复杂，所以何必费这个劲儿呢？"

因此，这些组织几乎总是有可能开发出一个聊胜于无的模型。如果无法创建任何类型的模型，你就容易遭到能够成功建模的人的攻击。这就是为何具有抗风险能力的组织往往热衷于建模。你能猜到美国招募经济学博士人数最多的私营公司是哪一家吗？答案是亚马逊。这些经济学家几乎完全专注于对可能的未来进行建模。

从金融业到制造业再到交通管理，许多领域都出现了系统模型。虽然使用的术语不同，但它们或多或少都包含相同的要素。本书将其称作：节点、链路、输入、输出、速率和频率（表 4.1）。

表 4.1 系统模型要素

要素	功能
节点	系统内可以相互连接，可以存储库存或潜力的位置 以道路系统来打个比方： 汽车停在哪里？
链路	系统将库存从一个节点转移到另一个节点的能力 泥路还是高速公路？

续表

要　素	功　能
输入	系统增加了多少潜力 人们多久买一次新车？
输出	多久从系统中减去潜力 人们多久报废一次旧车？
速率	库存从一个节点移动到另一个节点的速度 从家到公司需要多长时间？
频率	库存从节点进入链路或是从链路进入节点的频率 你是每天都开车去上班，还是只在周一和周四开车上班？

换一个比喻，人类的循环系统包括：

- 一个心脏（节点）；
- 通过血管（链路）输送血液；
- 每分钟搏动60次（频率）；
- 每分钟有5品脱①的血液在系统中流动（速率）；
- 输送到其他器官（其他节点）。

循环系统还有一个通常十分重要的特征——方向：

- 血液从心脏流向肺部，从那里获得供给器官的氧气，然后流回心脏（方向）。

逐渐变小的子系统嵌套在这些节点中。例如，心脏包括左、右心室，每一个心室之中都嵌套着更小的子系统，如本身就由细胞组成的肌肉群和神经。

各种控制系统都是用这种方法设计的，商业领域尤其如此。分销链就是一个常见的例子：

---

① 1品脱约为0.57升。——编者注

第二部分：行为转变

- 工厂将新产品运至分销链中（输入）；
- 位于分销链不同位置的多个仓库储存库存（节点）；
- 车辆沿着供给线运输产品（链路）；
- 根据所需的速率与频率，选择适当的运输工具，如飞机、火车、船只等；
- 产品到达最终目的地（输出）时，卖家获得报酬。

这种方法，我们称之为系统模型，其威力未必是它的预测能力，而是清晰度。你可以在笔记本或电子表格中列出各种要素，在餐巾纸上画出模型。就采取何种控制措施而言，仍需要做出许多决定。但是在这个结构中列出变量，可以帮助你把注意力集中在能产生最大影响的微小变化上。

所有需要弄清楚复杂性的地方几乎都会出现系统模型。这就是科学家模拟气候变化的方式、情报分析人员确定本·拉登驻地位置的方式，也是埃隆·马斯克决定他可以通过建造火箭来获利的方式。

在所有输入均已知的情况下，这些模型是有效的。当一系列的理论数值被输入系统时，它们也能发挥作用。如果统计学家想要了解可能出现的结果范围，他们会将所有可能的变量组合都输入模型（蒙特卡洛模拟）。

然而，随着系统变得越来越复杂，这种方法可能会耗费大量时间和计算，最终得到一个糟糕的结果。道格拉斯·亚当斯（Douglas Adams）的科幻小说《银河系搭车客指南》中就有一个特别令人震惊的例子：一台名为"深思"的超级计算机用了750万年来计算生命、宇宙和万物的终极答案，结果是42。

因此，尽管系统模型的底层结构非常有用，但它也存在一些真正的局限性。我们将在下一节中了解到，"远见"与"实用"思维模式之间常见的冲突往往可以归结为尽管存在这些限制，有远见的人仍然能够创建一个可理解的有用模型。

适应不确定性

寻找"因为A，所以B"的简单的线性模型是人类的天性。我们倾向于将组织视作组织结构图，将项目视作关键路径图。我们坚持这样做，因为它们既熟悉又可预测。但是，许多商业决策都是递归的：不仅改变了结果，还改变了过程本身。这就是我们需要更先进的模型来理解商业决策的原因。

随着数据经济的不断发展，人们将根据更多的信息（其中一些甚至相互矛盾）做出更多决策。其结果就是，关键决策会变得更加随机，确定性更低。A不再导致B，所有事物都会影响其他事物，使其变得复杂且难以映射。这与许多组织的文化产生了冲突。商业的自然趋势是试图迫使事物形成线性关系。

那么，如何理解带有一系列答案的问题，或者答案改变了问题本身的循环问题？如果不是"先有鸡还是先有蛋"，而是"鸡与蛋"呢？

好消息是，有更好的方法来规划和理解复杂的递归系统。生物学、情报学、金融学和人工智能等领域研究复杂性的研究人员都使用概念上类似的工具对系统进行建模。人工智能专家使用他们所谓的"有限状态机"来预测接下来可能发生的事情，金融分析师的工作站上建有"股票流动模型"，生物学家使用一种名为"因果循环图"的类似技术在白板上探索整个生态系统，如亚马孙河流域。

关于未来,真正棘手的问题并不是它完全不可预测,而是我们通常只知道一些问题的答案(5W 和 1H),或者只知道特定时间或特定情况下的答案。

发射了一百多枚火箭的电子表格

吉姆·坎特雷尔(Jim Cantrell)是世界上非常熟练、成功的机械工程师之一。2001 年,他与马斯克等人共同创立了太空探索技术公司(SpaceX),但是由于他认为 SpaceX 不可能取得成功,便于一年后退出了公司。坎特雷尔这样描述自己的决定:

> 我坐在那里,环顾周围这群快乐但不合群的工程师和设计师。我们原先在美国各大企业混得都不太好,比穿着普通的海滩游客好不到哪里去。我想:"我们真的能彻底改变太空运输业???"当时,我觉得前途未卜……我很快意识到,我可能会留下来的唯一原因就是赚钱。但坦率地说,我看不到任何技术或财务上的成功,所以我离开了。[6]

坎特雷尔试图解构这个问题,而不是修改整个系统。他采用演绎式的思维方式对各部分进行分类,却没有看到它们作为一个整体是如何运作的,以及这种运作方式可以如何带来改变。而埃隆·马斯克使用的则是溯因法,因此他看到了整个系统,包括他不了解或者所知不准确的部分。这使他能够估计成功的概率,并确定需要改变什么来提高成功率。

根据阿什利·万斯(Ashlee Vance)撰写的《硅谷钢铁侠:埃

隆·马斯克的冒险人生》(Elon Musk)，事情是这样的：

"我们想，做你的春秋大梦吧。"坎特雷尔说。但埃隆却说："不，我是认真的，你们看这张表格。"马斯克把笔记本电脑递给格里芬和坎特雷尔后，两人都傻眼了。这张表格中详细列出了建造、组装和发射火箭所需的材料成本。

根据马斯克的计算，他可以建造一枚中等大小的火箭来满足那些运送小型卫星和研究有效载荷的细分市场的需求，从而在价格上胜过现有的火箭发射公司。这张表格还相当详细地列出了火箭的假设性能特征。[7]

马斯克的方法取决于未来会发生什么与可能发生什么之间的比较。人类最终将走向可持续能源，否则，能源终将耗尽或使城市不再适合居住。另一方面，太空移民并非不可避免。随后，他从最终目标往回推进，在这一过程中绘制了一棵概率树。通过加速或放缓某些趋势，他利用这棵树来确定可以采取的行动，以使所需树枝更有可能出现。

SpaceX以一种奇特的魅力起步。作为一位新晋的硅谷亿万富翁，马斯克想做一些与众不同的事情。他喜欢火箭，也喜欢科幻小说。他与坎特雷尔等各类"太空极客"交谈，晚上阅读火箭科学教科书。据报道，他最初的计划是利用俄罗斯淘汰的洲际弹道导弹将老鼠送上火星。

但是在孵化这个十分疯狂的计划时，他对火箭和航天工业产生了一些自己的见解。在2013年可汗学院的一次谈话中，他是这样解释自己的思维过程的：

制造一枚火箭到底有多难？从历史上看，所有的火箭都很昂贵，因此所有的火箭都将十分昂贵。但事实并非如此。如果你提出一个问题"火箭由什么组成？"，然后回答："它由铝、钛、一些铜和碳纤维组成，如果你想问的是这个问题。"然后你把问题分解，问一问："所有部件的原材料成本是多少？"如果这些材料都堆在地板上，而你只需挥动魔杖，重新排列所有原子，那么火箭的成本是多少？我就这样做了，然后发现成本真的很低，大约只占火箭成本的2%。因此，我们必须弄清楚如何才能更有效地使原子正确排列。

周六，我和一些人开了一系列会议——其中一些人仍在大型航天公司工作——我只想弄清楚，这里是否有一些我没有意识到的陷阱。似乎没有什么陷阱，所以我创办了 SpaceX。

……我们能够以现有火箭四分之一的成本制造我们的第一批火箭……如果我们的火箭可以重复使用，就可以使其便宜两个数量级（价格的百分之一）。

……我们的"猎鹰9号"火箭的成本约为6000万美元，但推进剂的成本，主要是氧气（三分之二的氧气、三分之一的燃料）的成本只有20万美元左右……为我们的火箭加油的费用与为一架747飞机加油的费用差不多。[8]

通过这个过程，马斯克发现了一些非同寻常的东西：火箭可以商品化。如果火箭可以重复使用，成本将进一步下降，这为全新的市场开辟了空间。

虽然马斯克永远不会承认，但把老鼠送上火星很可能是一种从潜在客户那里套取信息的伎俩。一个拥有如此疯狂想法的硅谷明星打来的电话，你怎么能不接呢？事实上，就在马斯克公开请求俄罗斯军方就洲际弹道导弹报价的时候，他也在建立一个火箭工业的模型，来扰乱这个定价。

马斯克有可能（尽管不确定）明确地使用系统模型来实现这一目标。但是使用这种结构很容易就能证明他的推理。以下是对于其火箭业务要素的分解：

- 节点是火箭的主要供应商。就该行业而言，只有美国和欧洲少数几家私人制造商，再加上其他几个国家的政府（尤其是俄罗斯）。
- 链路主要存在于政府和军事承包商之间。很多私营公司想发射卫星，但只有政府拥有足够的资金与动力资助新发射平台的开发。
- 速率是指开发和建造新发射平台所需的时间，大约为十年。
- 频率是指每年的发射次数。自冷战结束，火箭的发射数量已经减少了一半，因此没有足够的需求来证明存在可以改善频率的系统性方法。
- 输入是指实际制造火箭所需的东西：劳动力、燃料和材料。
- 输出是发射到轨道的有效载荷的磅数。

每一条信息本身并不十分引人注目，就像孟德尔试验田里的任何一株豌豆都只是一株豌豆。可是一旦将它们联系在一起，就会形成某些见解。

其中最重要的一点就是，材料和燃料的成本只占火箭发射成本的一小部分。另一点是，如果能够降低成本，火箭发射的市场可能会更大。整个市场建立在一次性重型航天器上，冷战结束后，这些航天器的升空频率越来越低，从而导致成本增高，国防承包商兴趣下降。马斯克意识到，他可以围绕硅谷式的敏捷方法和更频繁的发射计划来创建一家公司。

第三点是，由于发射需求极其低迷，这个行业几乎不存在创新。主要的竞争对手是美国政府供应商和俄罗斯军方。两者都不想采用敏捷方法，尽管他们掌握着制造优质火箭的技术。马斯克可以通过内包或从行业外招募供应商的方式来扰乱供应网络。这三种联系构成了一种无法摆脱的困境。没有人创新是因为没有需求，而需求低是因为成本太高。然而，创新可以降低成本。马斯克利用这些见解找到了发展SpaceX的思路，招募了一支团队，并最终将这个概念卖给了投资者。

未知全貌，但知其模式

随着全球各个体系变得越来越复杂，越来越多的决策会产生不确定的结果。从乔布斯到达利欧再到马斯克，过去30年间涌现的伟大决策者都拥有一项共同的关键技能，就是敢于大胆下注。这是因为他们非常善于理解概率和塑造环境，以使这些赌注不会落空。

飓风、恐怖分子和其他不可预知的威胁

如果手上有合适的工具，即使是最复杂的动力系统，如飓风，也可以在一定的概率范围内进行预测。与过去不同的是，我们拥有的数据超出了我们的计算能力，但很多看似重要的数据其实并不具备预测价值。因此我们需要知道应该关注哪些信息。这不是

直觉。在许多情况下，速率、流量和频率与被观察系统的结构一样重要。事实上，链路上发生的事情所透露出的信息往往多于节点上发生的事情。

例如，厄尔尼诺现象（气候事件）是根据海洋温度数据的变化来判断的周期性趋势。然而，它的存在以及对全球天气的影响，并不是通过观察具体的温度测量数据而发现的。相反，人们发现某些天气事件发生的速率与某些海洋温度读数变化的速率之间存在关联。厄尔尼诺现象的发现取决于发现一个反复出现的大规模模式，而不是特定的温度读数与特定风暴之间的联系。

帕兰提尔科技（Palantir）等公司所拥有的技术通过发现数据生产中的模式成功预测了恐怖主义行动。恐怖分子避免在电话中说"我有炸弹"之类的话很容易。但是，要掩盖一个显示由符合特定年龄、性别和收入范围的人于白天或晚上的特定时段，在特定地点之间反复通话的移动电话数据模式，则要困难得多。如果模式的变化足够罕见、具体，并与过去的事件相关，即使不知道通话的内容，也足以发出可靠的警报。

这些技术最初是由军事情报部门开发的，用于从噪声中分离信号。如今，它们被用于许多领域。脸书和谷歌等公司应用这些技术处理庞大的数据集以定位广告，联邦调查局用它们来跟踪洗钱行为。直到最近，只有政府、大学和少数非常复杂的公司掌握收集如此庞大的数据并发现其中所隐藏的模式所需的技术。这项技术正在迅速向下游发展，其潜在的应用非常广泛。

数据越多并不意味着能够获得越多洞察力

随着所收集的数据量不断增加，噪声也在增加。其结果就是，大多数数据对指导决策没有用处，但是最近分析工具方面的改善，无论是否由人工智能驱动，都使得区分信号和噪声变得容易得多。只有知道了怎样的信号才算是有用的信号，即一组信息是否具有解释力，自动分析才是实用的。那么，它是否允许我们建立一个可以用来评估当前行为和预测未来行为可能性的模型呢？

在现实世界中，大多数数据集并不完整。例如，我们无法完美地预测天气，因为我们无法建立一个完整的模型：我们无法知晓地球上每一点空气和水的确切温度，也无法知晓每一阵风的速度，因此无法为大气中每个分子的运动建模。相反，我们使用不完整的数据集来做出不完美的预测。随着数据的完善，预测结果也随之改善。但预测模型也是如此：模型越好（即一套规则），可以产生的洞察力就越准确，即使使用的是同一组不完整的数据集。

例如，流体动力学模型基于对数十亿分子相互碰撞的一般观察。我们永远不可能对整个系统建模。但是，如果我们在足够多的情况下观察足够多的流体，就能找到反复出现的模式。对这些模式的了解可以帮助我们构建适用于低分辨率数据的模型。在气象学中，粒度观测往往被推广到更大的范围。例如，空气在风洞中的运动可以告诉我们很多关于空气如何在山脉上移动的信息。

这种归纳模型具有概率性，意味着它被用来预测一系列潜在的结果。如果你不知道系统的规则，或是试图在噪声中寻找模式，它就十分有用。这种归纳模型以概率的形式给出输出结果，因为它假设系统内部与输入中的随机性会引发可变性。

概率模型可用于确定：

- 相对频率：一副牌中，下一张牌是 A 的可能性有多大？

- 等概率结果：轮盘赌获胜的可能性有多大？

矛盾的是，预测可能性的能力的增强反而会导致决策失误。更多、更好的信息可以减少人类的偏见，但也有可能增加偏见。这种情况在一种叫作"静态风险"的概率测量中尤为明显。对乳腺癌和前列腺癌越来越敏感地检测，虽然让人们提前了解了癌变的风险，但也导致了不必要的侵入性手术的增加。有时，手术的某些危险甚至超过了疾病本身的风险。对许多老年患者来说，这些疾病的缓慢进展意味着他们往往死于其他原因。因此，仅仅掌握了更多的信息，并不意味着你就处于更大的危险之中。你需要了解动态风险，了解概率如何随时间变化。如果不了解向你袭来的波浪的类型（见表1.2），你最终只能一无所获。

寻找高阶效应

经得起未来考验的业务意味着，制定战略来识别并利用将改变你所在行业的二阶和三阶效应。正如卡尔·萨根（Carl Sagan）曾经说的："汽车发明之后，很容易就能预测到高速公路的发展。然而，预测沃尔玛的发展则要难得多。"

在接下来的一个小时里，美国将有人死于酒后驾驶事故。[9]当多个通常不耦合的系统重叠时，就会发生这种悲剧。酒保在激励机制下会向某人提供过量的酒水；有人做出了酒后驾驶的错误决定，而他的朋友却没有阻止；警察发现某个车辆在行驶过程中左右摇晃，却懒得把它拦下来；两辆汽车同时在深夜出现在同一条道路上……这些事件中的任何一个都会产生微不足道的一阶影响。然而，一旦这些微不足道的影响相互交织，就会造成一场可以预防的灾难。

通常，罪魁祸首并不是你以为的那一个。就车祸而言，产生"气隙"（信息技术人员在把不安全的计算机与易受攻击的网络隔开时使用的术语）最有效的场所是酒吧。也许你需要用取消小费来改变酒保提供过多酒水的动机。

系统崩溃往往在崩溃真正发生很久之前就出现了。个人防护设备、测试和接触者追踪也许可以保护我的岳母免受新冠病毒的侵害；导致心脏病发作的罪魁祸首可能是生活方式或遗传造成的胆固醇的长期积累；杠杆率最高、成本效益最高的干预措施不是支架、除颤器，也不是冠脉搭桥，而是饮食和运动，也许还有他汀类药物。一旦躺在医院的床上，治疗费用往往十分高昂，而且往往为时已晚。

你要警惕的不是疯狗浪。因为它一旦形成，就已经出现在你的头顶上了。你要留意的是形成它的相互交织的二阶和三阶效应。

有三种典型的系统需要密切关注：紧耦合、松耦合和非耦合。（表 4.2）

表 4.2 三种系统耦合

类型	特征
紧耦合	系统中没有用以抵消变化影响的机制。 例如：因多喝了一杯鸡尾酒而导致了一场灾难的醉酒司机。
松耦合	系统中的变化被释放或储备所抵消。一旦变化压倒系统，结果的概率会发生变化。 例如：由大量的随着时间的推移而增加的小因素引起的心脏病发作。
非耦合	系统内部的变化不影响结果。 例如：扑克脸在轮盘赌桌上不起作用，因为每位赌客都独立做出决策。

你可以通过弄清如何将所在的行业从一个原型转变为另一个原型来发现机会。以 iPhone 为例，竞争对手花了数年时间复制苹果公司的紧耦合的传感器技术、无线标准及其应用商店体系。

网飞在创立之初开展的是在线影碟租赁业务，为它的实体竞争对手百视达不屑一顾的市场服务。百视达没有注意到的是，网飞使影碟租赁业务与零售场所脱钩之后所产生的影响。在线网络视频流成为可能之后，网飞的服务对象从小众客户转向百视达的核心受众。[10] 它将百视达的价值主张——视频租赁——与零售店脱钩，并以卓越的客户体验和成本结构做到了这一点。

网飞成了视频界的沃尔玛，利用信息高速公路向 1.95 亿用户提供流媒体电影。[11] 百视达则破产了。

因果循环图

尽管复杂、详细的系统模型十分有用，但它们需要高度的确定性和完整性，否则你就无法填写所有的节点和链路、已知和未知的输入、确定性和概率性的关系，以及二阶和三阶效应。因果循环图是一个可视化工具，它足够灵活，可以从更少的信息和确定性中获得洞察力。因果循环图虽然看似简单，但它可以预测二阶和三阶效应，并适应确定性和概率性关系。要建立因果循环，你只需写下系统中的不同节点，然后画上箭头指示连接的方向。

极其有限的单向系统（如自行车打气筒）的图是最小的，与图 4.1 类似。

按下手柄 → 活塞压缩空气 → 压缩空气进入轮胎

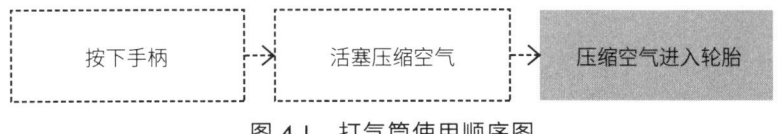

图 4.1 打气筒使用顺序图

这张图很简单，因为其中的因果关系一目了然——我们知道什么导致了什么。它之所以简单，还因为每个事件只有一个原因，而且因果关系是单向的：活塞压缩空气并不会导致你按下手柄。

当然，这张图跳过了很多步骤。工程师可能会指出，手施加的力必须先通过泵轴传递到活塞头，然后才能压缩空气。物理学家可能会指出，事实上这一过程存在反向因果关系：轮胎中的压力上升时，打气筒中的压力也会上升。此外，这张图还省略了连接打气筒和轮胎的软管和阀门，等等。尽管没有列出系统中的所有要素，但这张图确实展示了足够的细节，使每一步都具备了意义。

因果循环图有利于展示我们知道的东西，这样就可以开始理解我们所不知道的东西。例如，如果我们对打气筒的设计一无所知，那么空气的压缩就是一个"未知框"：当我们以某种方式对其进行操作时，总会发生一些事情，但我们并不确定它们为何会发生。

系统越复杂，就越有必要将其明确地绘制出来。因果关系不那么确定或可靠之时，就是因果循环图真正发挥作用之时。例如，增加销售人员的培训预算也许能够增加收入，也可能无法增加收入。我们仍然可以在图表中描绘出这一点，但是我们需要明白，某些因果关系不会自动出现，它们只是概率。就销售人员培训而言，从花钱到衡量收入变化之间存在几个步骤（图 4.2）。

```
花钱培训 → 培训公司创建课程 → 员工参加培训
                                          ↓
         员工使用新技能 → 客户购买量增加 → 销售收入增加
```

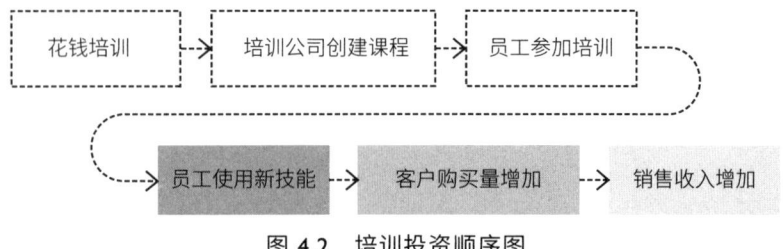

图 4.2　培训投资顺序图

仔细观察，我们可能会发现这里存在两种关系。前两个箭头具有确定性（基于规则）：我们可以假设只要我们支付了培训费，员工就会参加培训（如果他们不参加，我们就发现了我们最大的问题）。最后一个箭头也具有确定性：销售收入的变动与购买率直接相关。

但第三和第四个箭头则代表概率性关系。我们无法保证某位员工一定能够掌握新技能或是在工作中使用这些技能，也无法保证这些技能会影响客户行为。但是在一个庞大的样本量中，可以肯定的是，至少有一些人会这样做。所以理论上，我们应该能够通过这些影响发生的可能性来量化它们。换句话说，我们不能用这些关系来计算一个具体、可靠的结果，但可以利用它们的概率来帮助我们做出决定，帮助我们决定把精力集中在哪里。

我们可以从以下几个方面来看培训投资顺序图：

• 如果只看前三个框，就会得到一个确定性模型，因为它完全基于确定性关系；

• 如果只看中间部分（员工参加培训→员工使用新技能→客户购买量增加），就会得到一个概率模型，因为它基于两个概率关系；

• 包含所有节点的完整模型属于混合模型，因为它涉及两种关系。

在现实世界既庞大又复杂的系统中，一个事件往往由多重原因造成，也会产生多重影响。此时，即使是一个简单的可视化工具也具有令人难以置信的力量。人类大脑很擅长发现个别的因果关系，但却很难同时发现多个因果关系。图表可以解决这个问题，对一群人来说尤其如此。

图 4.3 是一个简单的图，显示了一段时间内资产负债表上的资本流动情况。

两个循环表明，投资回报率与折旧率之间是平衡的。箭头的方向表明，加大投资可以增加资本（＋），资产折旧会减少资本（－）。结论就是，要使资本随时间增长，就要考虑这些节点之间的流动。

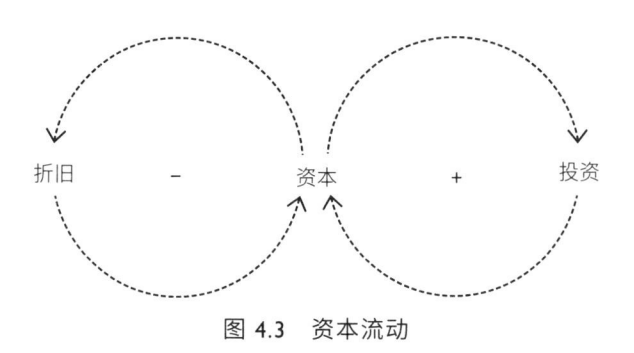

图 4.3　资本流动

图 4.4 是一个更复杂的因果循环图，描述了生物燃料行业的动态。你没有必要深入研究并完全理解这张图，重点是它展示了递归：一个进程如何改变其他几个进程，然后这些进程又如何循环回去改变第一个进程。通常，这些反馈回路相互制衡，以保持系统稳定。系统极客将这些进程进一步细分为平衡循环和强化循环。

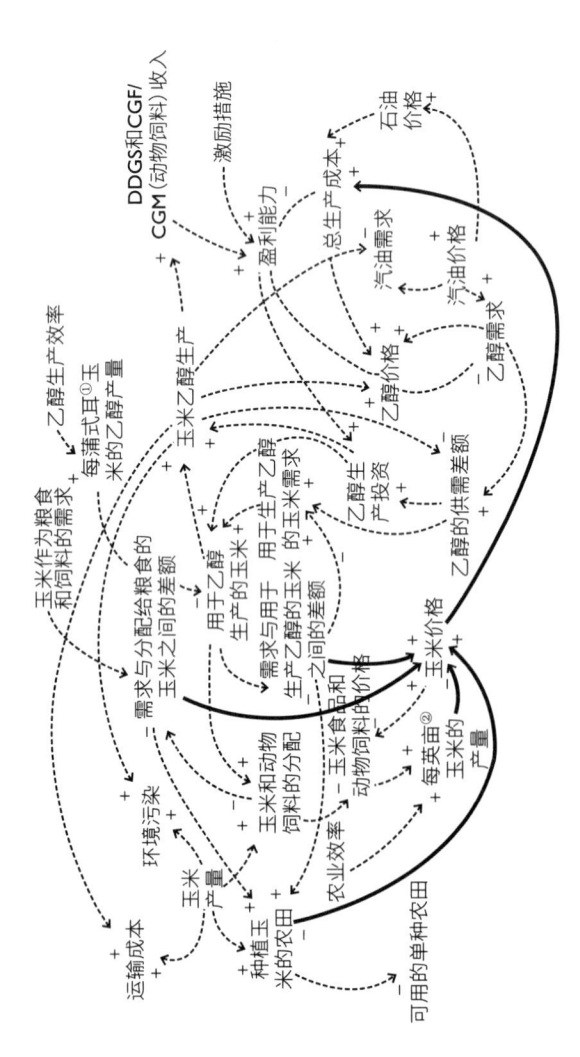

图 4.4　生物燃料行业动态

资料来源：Enze Jin and John W. Sutherland, "A Proposed Integrated Sustainability Model for a Bioenergy System," *Procedia CIRP* 48（2016），358–363, doi: 10.1016/j.procir.2016.03.159.

---

① 1 蒲式耳约为 27.2 千克。——编者注
② 1 英亩约 0.4 公顷。——编者注

使系统变慢的循环称为平衡循环，用减号（-）表示。例如，汽油的价格和乙醇的价格受供求关系制约，但它们也相互影响对方的需求。尽管存在很多可移动的部分，但是你能想到的任何保持相对稳定的动力系统，一定包含一个或多个平衡循环。

强化循环的作用正好相反，它能够放大微小的变化从而使系统以越来越快的速度摆脱停滞状态。强化循环用加号（+）表示。

虽然这个例子乍一看很复杂，但它可以让你，更重要的是可以让一群人看到全局，也能帮助所有人追踪其中的细节。例如，如果你将与玉米价格相关的图放大（图 4.5），大图很清晰地显示出受其影响的不仅仅是生产成本，从而让大家思考二阶和三阶驱动因素。放大也有助于你跟踪细节。

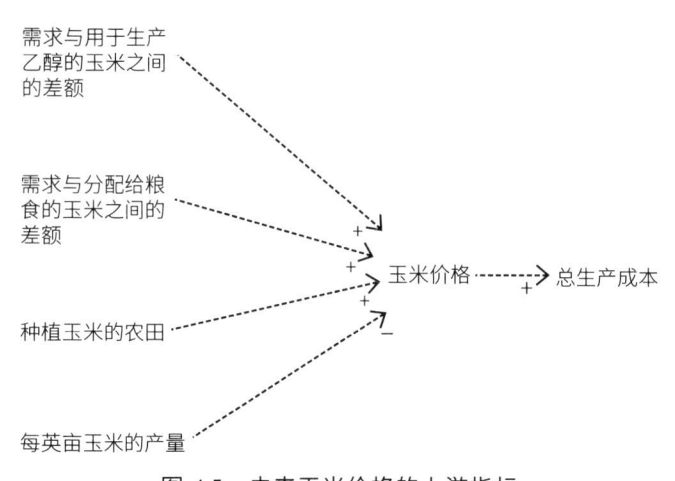

图 4.5　未来玉米价格的上游指标

通过关注这些上下游指标，你通常可以获得早期预警或创造不相称的变化。例如，你也许只能通过观察一阶驱动因素（如玉米价格）来获得关于总生产成本的短期预测。但是你可以看得更远，并通过监测每英亩玉米的产量等来获得更准确的预测。也许你还可以通过增加上游节点来压低价格，比如游说政府同时增加玉米补贴和减少人们对玉米糖浆的消费。

在全球气候变化图中（图4.6），当更高的碳排放加强了强化循环时，系统就会脱离惯性而走向熵化。融化的永久冻土（之前冻结的有机物质）开始腐烂，释放甲烷，进一步升高了全球温度。如果不加以控制，一个强化的循环会导致指数级增长。这是识别威胁与机会最大化的核心概念，我们将在后面探讨。

因果循环帮助你从定性的角度迅速了解一个系统，并确定哪些信息和哪些关系仍然未知，还可以指出需要跟踪哪些指标以量化系统的变化。这些都可以帮助你找到系统直觉中的缺陷——何时、何地以及你的成功概率是如何变化的——以便解决这些问题。因果循环图是揭示非直观但极其可信的未来的有力工具。也许，同样重要的是，它们可以帮助你识别触发点。在这些触发点上，一个小小的变化就能导致一种未来而非另一种未来。

创建因果循环图会迫使你系统地思考塑造企业的社会、经济和技术潜流。尽管这个图乍一看十分混乱，但它可以迅速调整团体思维。它以组成部分呈现，然后作为一个整体汇集在一起时，恰恰达到了它的目的：为一支分散的团队制定逻辑和目标。团队背景意识的提高与管理策略的转变使速度得到了显著提高。

第二部分：行为转变 135

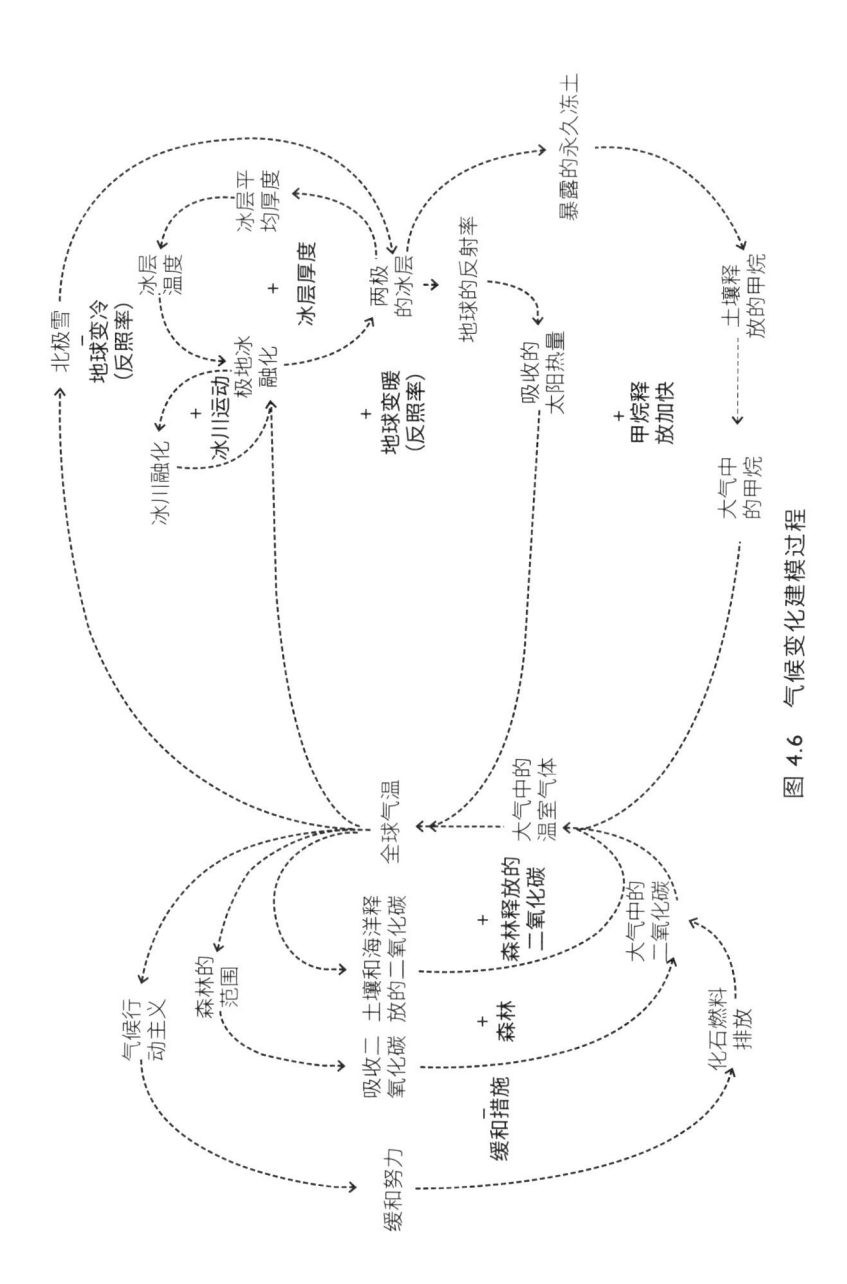

图 4.6 气候变化建模过程

你也可以建立系统模型

孟德尔的豌豆、埃隆的火箭、帕兰提尔科技的关联……虽然这些例子分属人类智慧的不同领域，但它们都是系统的结果，多种元素由因果相连。它们都可以建模，虽然这些模型可能不完整，但却仍然有用。

那么，这与你面临的挑战有什么关系？简略版的答案是：如果你不了解又需要了解某个系统的输出，那就应该建立一个模型。较长的答案是：可以通过几种不同的方法建立系统模型，而掌握这一过程离不开努力和实践。

但是你可以做到这一点。无论你是在应对不确定的供应链、不稳定的政治局势，还是在应对公共健康问题网络，第一步都要列出所有部分。系统模型的要素列表（见表 4.1）是一个不错的开始，让你考虑：节点是什么？链路是什么？输入是什么？等等。

下一步是画出依赖关系，确定哪些是确定性的（如果 A，那么 B），哪些是概率性的。即使是这种水平的建模（通常也可以在几小时或几分钟内完成），也可以使事情变得惊人地清晰，并揭示出你需要解决的二阶或三阶效应与沉默参与者的证据。在 SpaceX 的例子中，仅仅了解发射成本就发现了一个巨大的机会。

模型可以做更多事情。预测可能的未来是其主要用途之一，可以让你确定哪些地方的气隙可以消除威胁，哪些地方改变决策的时机将改变未来。下一个十年的赢家将是那些了解何时何地的微小变化可以产生指数级影响的组织。在接下来的几章中，我们将掌握实现这一目标的技巧。

小结

找到未来的范围

1. 绘制系统图。
   - 确定你所工作的系统的边界。
   - 确定你所了解的节点、链路、输入和输出,并在还不了解的地方放置"未知框"。
   - 确定能使系统处于均衡状态的平衡循环和强化循环。
   - 确定哪些子系统是紧耦合、松耦合和非耦合的。
2. 确定值得研究的子系统。
   - 隔离每个未知框周围的子系统。
   - 尽可能进行直接调查(如第3章所述)。
   - 在无法直接调查的子系统中,通过观察整个系统的速率和频率来推断其内部发生了什么。
3. 想象可能导致干扰的原因。
   - 考虑什么会导致强化循环或平衡循环加速、减速、反向或断裂。
   - 绘制出十种潜流(如第2章所述)后,思考它们对系统的影响。
4. 确定哪些不确定因素对理解和管理最为重要。
   - 考虑在你所关注的时间线内未来可能的范围。
   - 确定系统中既有效又实用的要素。

为了迎接明天的挑战，今天需要完成的任务

- **找到不必要的脆弱性和冗余。** 指派一名监督员，去评估哪些地方因战术决策没有考虑系统影响，而出现了不正常或问题。
- **加强组织对系统的关注。** 列出可以采取的行动，以建立对系统运作方式的共同意识，以及讨论系统的共同语言。
- **对比目标与预算。** 将整个组织的系统建模目标与用于信息技术、培训和信息收集能力的资金进行比较，看它们是否一致。
- **协调组织中的建模。** 确定组织中具有建模技能的人员。这些人和数据往往被孤立在业务职能中，这限制了他们的影响力。鼓励他们研究通用模型，协调商业信息数据，并指导其他人。

5

创造未来

构建能够探索所有可能的未来场景——
而不仅仅是你想要的未来。

我在一个废弃的海军基地住过。我在太平洋司令部的旧大楼周围散步,第二次世界大战中美军的大部分作战计划都是在这里诞生的。我的办公室所在的仓库在建成时是世界上最大的净跨度机库之一。

岛屿的另一边有一些插入云霄的奇怪的钢结构,它们看起来就像是有人组装好了航空母舰的内部结构,但却忘了建造船体。(图5.1)事实上它们就是船舱的内部结构。这曾是美国海军的消防学校。他们每天早上都会点燃大楼,这样一代又一代身穿石棉服的孩子们就能在不断上升的冰冷海水漫到腰部时把火扑灭。这种演习使水手们做好了应对极端情况的准备,这样,就算所有事情都乱了套,他们依然成竹在胸。这就是"压力测试"的本质。

几个世纪以来,一旦极端未知势力抬头,军方领导人就会通过类似的模拟项目来提高团队表现与生存能力。

事实证明,这种方法在其他领域也是有效的。20世纪80年代初,为应对一连串的飞机失事事件,美国联合航空公司建立了机员

图 5.1　美国海军消防模拟设施

资源管理[1]（CRM）系统，极大地提高了商业航空旅行的安全性。其核心是一套迫使机组人员在承受压力的环境下更加公开地沟通的协议。有关风险管理的书籍通常都会重点介绍 CRM，[2] 而且将它称为拯救了成千上万人生命的创新。这不是那个时代唯一的安全创新。同一时期，飞行模拟器也成为航空训练的主要组成部分。今天，商用喷气式飞机飞行员第一次真正上天飞行之前，几乎完全在超现实模拟器中接受训练。

这场革命的引领者是每年培训 13.5 万名飞行员的加拿大航空电子设备公司（CAE）。[3] 他们既授课也提供测试，但是他们从根本上认为，保证乘客安全的最佳方式是让飞行员进入"汗蒸箱"——价值数百万美元的飞行模拟器，让他们投入到现实世界中极其困难和危险的环境中。[4]

模拟可以让你探索不同的行动如何影响各种假设情景，以帮助你识别更多可能的未来。应用于商业时，模拟可以迅速加速组织的学习、发现不太可能的机会，并在部署计划之前防止威胁的出现。

它们还可以帮助你更好地融合战略与执行。

大型组织一直在进行这类战略建模、模拟和风险管理。例如，私募股权巨头贝莱德（BlackRock）通过实时统计模型来评估风险，这有助于确保他们的交易策略在顺境和逆境中都能赚钱。[5] 良好的建模可以帮助领导者降低风险，并揭示三个问题的答案：

- 不确定性：事件发生的可能性有多大？
- 影响：如果事件发生了，其影响有多大？
- 时间线：不确定性和潜在影响是否与正在考虑的时间线有关？

只有同时提出这三个问题才能获得有用的洞察力，了解应该抓住哪些机会，管理哪些风险。例如，我们几乎可以百分之百地肯定，一块大陨石将在某一时刻撞击地球并产生巨大影响。这种情况已经多次发生，并且夺走了地球上的大部分生命。但是在人的一生中，发生这一事件的可能性非常小，更不用说在你目前的工作岗位上发生的概率了。这就是问题所在：一场灾难性的流星撞击，在你一生中发生的可能性和其他人的一样大。这个概率是静态，而非动态的。

除了会夺走人命，即使是一次小撞击也会对全球经济产生灾难性的影响，因此在行星防御上投入有限但有意义的时间和精力是值得的。美国宇航局每年花费 1.5 亿美元——约占其预算的 0.45%——为应对这种情况做好准备。一些世界上非常聪明的人，包括弗里曼·戴森（Freeman Dyson）、彼得·诺维格（Peter Norvig）和马丁·里斯（Martin Rees），都为此贡献了一份力量。[6]

另一方面，频繁发生但影响较小的高度不确定事件其实可能风险更大。社交网络服务鼻祖 Friendster 的成立早于脸书，然而它最终未能取得成功，因为它优先考虑的是进入市场的速度，而不是效率和可扩展性。当它突然在全球火起来，用户数量从数千人激增到数百万人时，日渐积累的效率低下的问题就开始显现出来。[7] 单独来看，每一个问题都微不足道，但是累积在一起就会造成服务崩溃。这实际上扼杀了企业的发展。

在现实世界中，青少年能够提高其获得财务成功的机会的一种非常好的方法是贷款 30 万美元，然后依靠这笔钱拿到名牌大学的 STEM[①] 学位。但是，如果你 18 岁时手头已经有了 30 万美元，那么你最好把这笔钱投入一只保税的指数基金，然后找一份稳定的低薪工作。我们无法根据过去预测未来，但在过去 75 年间，指数基金年均盈利 7%。假设这种情况还能持续 50 年（此时，你正好年满 68 岁退休），这笔投资将获得约 800 万美元的收益。虽然收益的数额可能有所不同，但这远远超过了名牌大学 STEM 毕业生终身收入的平均增幅。我有一位朋友就是这样做的，他找了一份捕狗员的工作。如今，他已经十分富有了。

名牌大学的学位未必是一项糟糕的投资。但是考虑教育的经济性，投资顾问现在质疑的是，它是不是我们长期以来认为的具有普适性的好选择。大多数规划了教育和职业道路的年轻人甚至根本没有考虑过我朋友所采用的方法。即便对所有选项进行建模，大多数人仍然会投资教育，但其实许多人应该走捕狗员这条路。

建立系统模型并进行模拟是纠正会导致错误决策的偏见的好方法。源于认知错觉的一些最常见的错误包括：

未能对概率进行计时。"百年一遇的风暴"并不是每百年发生一次。与轮盘赌一样，除非环境发生变化，否则每年都有百分之一

[①] 指科学（Science）、技术（Technology）、工程（Engineering）、数学（Mathematics）四门学科。——编者注

的概率会发生，不会仅仅因为去年发生了一次，今年就会更加安全。依靠测序来降低静态风险是一种十分普遍的认知偏差。

未能理解概率会随时间而变。在像"战争"[①]和"21点"这样的纸牌游戏中，如果庄家在每手牌后都会洗牌，那么特定一手牌的概率会在游戏过程中发生巨大的变化。例如，算牌基本上变得毫无意义。

未能理解影响会随时间而变。正如你所见，那30万美元在18岁时有着更大的潜力。即便当时投资失败，你依然有更多的机会来挽回。即使你对市场时机的把握十分糟糕，你依然能够在几十年里表现得相当出色。但是如果你在55岁才开始投资，你从亏损中恢复的时间就会少得多。之前，我提到了在1929年股市崩盘之前和之后投资股市的影响。

长期以来，投资机构一直通过建模来为各种情况做准备，但是随着数据和数据分析的蓬勃发展，其他企业也开始采用这种做法。亚马逊在电子商务领域的独特优势就在于它能够不断地收集有关其客户、供应商、产品以及你能想到的任何其他方面的有用数据。其麾下大批的经济学家将这些数据输入复杂的计算机程序，这些程序实际上是企业的飞行模拟器，这种迷人、有趣又昂贵的电子游戏，需要大量的博士才能加以充分利用。向左转动旋钮，看看会发生什么；向右转动旋钮，看看会产生什么影响。亚马逊利用它们不断改善用户体验，降低成本，增加销量。他们通过运行模拟器将令人不快的意外降到最低。这有助于他们探索什么是可能的，并确保上线前大部分问题已经得到了解决。

[①] 玩家和庄家各获发一张牌比较点数，点数大的为胜方，扑克牌的花色与牌的大小无关。——译者注

在许多情况下，你不需要亚马逊或贝莱德那样的资源来回答各类"假设"问题。正如本书介绍的许多方法一样，模拟遵循80/20法则：通过20%"恰当的"努力可以实现80%的价值。然而，由于模拟被视作一种昂贵且专业的业务，很少有组织会费心去做这件事。

在新的情况下，大多数人都会根据简单的线性预测或（往往仅凭）直觉来做决定。在已知的情况下，经验和专家可以帮助你专注于最常见的问题，忽略异常值。但是在一个全新的情况下，他们无法告诉你哪些属于异常值。他们一成不变的假设同样有可能无视了关键的洞察力。这就是为何即便只是对可能的未来进行粗略的模拟，你也能比竞争对手更胜一筹。

模拟可以只是需要用到笔和纸、一些侦查与讨论，可能还有一两份电子表格的简单的脑力锻炼。重要的是要以适当的方式构建模拟，提出恰当的问题，并严格遵守逻辑。

可能性之树

开发未来情景的显而易见的方法是列出你对当前情况的所有了解并据此进行推断。在很大程度上，这就是我们在前几章中进行侦查、创建系统模型和绘制因果循环图时所做的。这种方法可以帮助你理解系统中的当前关系，以及会导致它们改变的事件类别。

然而，一旦需要细致研究未来的可能性，更好的方法是向后看。如果你从未来入手，再回溯到现在，那么制订最佳行动方案的能力就会提高。一些决策科学研究者认为，以未来为先的方法的成功率比从现在推断的方法高30%。[8]

从终点入手需要你能够精确地定义自己的目标。几乎每个组织都会忽略这件事,但事实上,这应该作为一种习惯。创建一个明确的目标可以迫使人们提出重要的问题,而每个问题都代表了不同的路径:

- 我们的目标是提升销量吗?
- 是提高价格或利润率吗?
- 是大赚一笔之后退出市场吗?

也没有必要只选择一个目标。飞行学员不会总在同样的机场、同样的紧急情况或同样的天气中模拟。他们会换着花样,让自己经历各种各样的场景——有好也有坏——来测试技能,改善沟通情况。这有助于他们更早发现危险,并在现实生活中出现危险时更有效地应对。在商业领域,这意味着创建我们所说的可能性之树(图 5.2)。

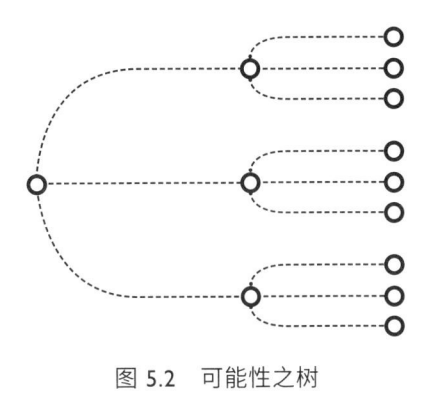

图 5.2　可能性之树

这种做法之所以有效,是因为它增加了你的可能性,呈现了从最佳的成功到彻底的灾难等一系列合理的结果,具体取决于你的供应链、客户或竞争格局的重大转变。当根据目前的情况进行预测时,你更有可能沿用之前的办法。但是当从理想的未来或可能的灾难回溯,反思走到这一步的原因时,你就会从更广泛和更具体的角度思考新的行事方式。

可能性之树的有用性还源自其可扩展性。一旦组织中的一个人描绘出一幅可能的场景，其他人就可以相对容易地在此基础上进一步发展，每个人都会代入自己独特的视角。由首席执行官来规划如何应对中美贸易战当然很有用，但如果产品和供应链经理也能这样做，那就更有用了。在组织内共享一个未来的情景，不可避免地会引发有力的讨论和反馈。如果管理得当，就会带来一个更好的计划，并在未来的发展与想象不同时有能力做出明智的反应。

设想极端情况

> 如果你想了解某件事情，就把它推向极端，或是研究它的对立面。
>
> ——约翰·博伊德（John Boyd）上校，美国空军

过去十年左右的时间里，有一种稳定的趋势是将失败视为一种学习经历。商业书籍告诫我们要"快速失败""转败为胜"，要有成长的心态，要将失误视为我们正在超越可能边界的一种迹象。这些都没有错，但也都是浪费精力的常见借口。

模拟降低了失败的成本，因为它让我们可以从错误中吸取教训，而不必承担后果。但要充分享受其价值，我们需要做两件事：

1. 想象最极端的失败。"挑战者号"之所以会爆炸，并不是因为某个特定的 O 型圈有缺陷，而是因为助推器所依赖的 O 型圈无法在寒冷的天气中工作。这个缺陷是系统性的。一场灾难之所以发生，是因为为发射开绿灯的人认为最糟糕的情况就是数百万学生错

过电视上的发射转播造成的政治影响。正如我与"挑战者号"宇航员克里斯塔·麦考利夫（Christa McAuliffe）的母亲聊了一个下午之后所发现的那样，事情总是可以变得糟糕得多。彻底分析之后会发现，事实证明，许多（就算不是大多数）失败的根源早在失败发生很久之前就已经出现了。

2. 想象最极致的成功。想象一个积极的结果相当简单——大多数人都知道自己所在的组织想要努力实现的目标，即便只是隐约地有所了解。然而，引人注目的成功也未必不可能。压根儿就没有设想过这种成功的组织很少能取得这样的成功。Friendster的疯狂增长给它带来了厄运。

我们倾向于将现在与过去进行比较——与已经发生的事情而不是可能发生的事情相比较，与我们见过的最大浪潮而不是将会见到的最大浪潮相比较。这就是为何定义超越我们生活经验的广泛的可能性是如此具有变革性——它给了我们能够利用它的心理框架。

思考最好和最坏的极端情况也有助于我们确定应该注意什么。如果某个威胁或机会在一系列可能的未来中反复出现，就表明它值得被关注。我将在后面的章节中讨论优先考虑和减轻不确定性，并将它们作为创新的来源。

但是在本章中，让我们来看看可能性：如何定义可能性，如何估计可能性有多大，以及如何确保我们考虑的范围足够广泛。我们将使用的方法考虑了最佳结果、可能的结果，以及可怕的、几乎无法想象的结果。换句话说，让我们看看好的、坏的和可怕的。

好的

你可能对公司的目标有一个合理的想法。在许多情况下，这纯粹是财务方面的想法，所呈现的形式是收入或利润目标或成功退出。它也可能是更抽象的东西，如市场份额、可持续性或创新水平。

然而，在大多数情况下，我们为自己设定的目标远远不够好。硅谷的雅虎人喜欢谈论数量级的改进，或"10倍的成果"，这是一种很好的初始心态。但在许多类别中，即使是10倍的目标也不够远大，尤其是你正在创建一个新产品或平台的时候。许多领域的现实是，一个新品类产品从创意到规模化需要5~7年的时间。一旦考虑到现有的竞争以及这一时期的资本成本，10倍的改进几乎不足以保持竞争力。真正的突破远不止这些。

100倍的成果

30年前，人们觉得截肢之后根本不可能跑步。从那时起，假体科学有了长足进步，安装了定制假肢的截肢者甚至比没有任何辅助设备的顶级运动员跑得还要快。包括奥运会在内的许多比赛都禁止运动员使用仿生假肢参赛，因为假肢会令使用者获得不公平的优势。

这似乎是一个10倍的未来：一款能让截肢者在特定情况下表现优异的设备。在2014年遇见世界顶尖的仿生假肢专家休·赫尔（Hugh Herr）之前，我也是这么想的。他因在假肢中安装了发动机而闻名。这些假肢大大改善了使用者的行动能力。[9]由于休本人失去了双腿，他个人十分关注这些发展。

我第一次见到他时，他走路的步态有点不正常。他虽然可以控制自己的双脚，但感觉不到它们在做什么。2019年，我们在一次会议上再次相遇，当时他把我介绍给他的大学室友吉姆·尤因（Jim Ewing）。吉姆也在几年前的一次登山意外中失去了一条腿。休把吉姆当作是个人的救赎之路，确保吉姆能够获得地球上最先进的假肢、外科医生和治疗。吉姆的步态与5年前的他并不相同。事实上，当他掏出手机，给我看他在开曼群岛攀岩的视频时，我才发现他是一名截肢者。[10]他悬在加勒比海海边数百英尺高的悬崖之上，就像汤姆·克鲁斯在《碟中谍》电影中所做的那样。这也是几年前吉姆受伤的地方。视频中，他优雅而干练地抬起头，支撑他的就是他给我看视频时穿在西装下面的假肢。

多亏了最近的一次手术，吉姆终于能够感受来自假肢的力反馈了。当他想要移动身体时，他能够像正常人一样实实在在地感觉到腿在按他的意图移动。[11]这些假肢的创新不仅仅让吉姆能再次行走，而且使他几乎完全恢复了移动能力。这种进步改变了人们对假肢可能性的整体想法：它至少是100倍的成果，甚至更多。

模拟100倍成果的策略成就了现代一些伟大的成功故事。

20世纪80年代，实体专卖店的存货周转率通常为一年一次或两次。亚马逊的周转率则是一年9次，着实令人印象深刻。而中国版亚马逊——京东的周转率几乎达到了12次。[12]尽管这些结果引人瞩目，但是易贝的库存几乎分分钟都在翻转，因为它根本就没有库存。创始人皮埃尔·奥米迪亚（Pierre Omidyar）冲破了实体商店的局限，直接看向了未来。

1981年，航天飞机将一千克有效载荷送入近地轨道的成本是85216美元。如今，SpaceX只需要花费这个价格的百分之几就能做到同样的事情（图5.3），但它的最终目标更加大胆。SpaceX的星舰项目旨在通过加大发射量并且使用完全可重复使用的火箭，到2025年将成本降至每千克22美元。[13]埃隆·马斯克雄心勃勃的计划表人所共知，他的预测比一些分析师的预测早了几十年。但鉴于SpaceX迄今为止的成就，这样的转变似乎是可行的，即使无法保证。

图 5.3　空间探索成本下降

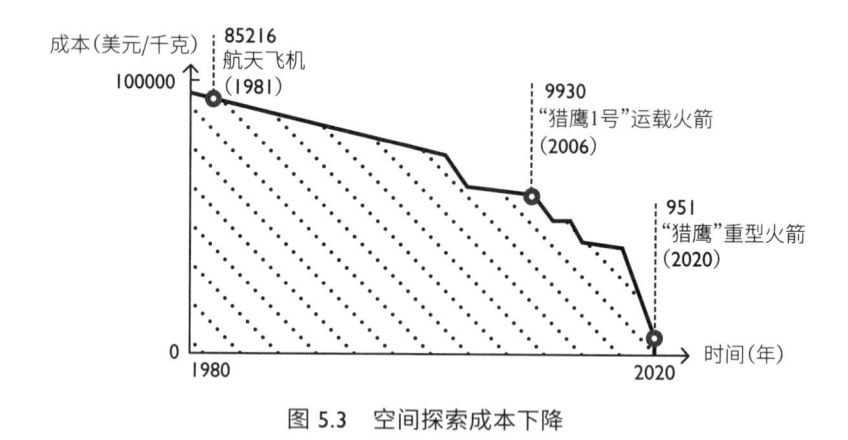

资料来源："Launch Costs to Low Earth Orbit, 1980—2100," *Future Timeline*, September 1, 2018, https://www.futuretimeline.net/data-trends/6.htm.

你需要多少奇迹？

巨大的改善始于设想 100 倍的成果：利用你已经做到的，来设想未来的情景，而不是从现在开始、从你要做的事情开始。下一步是从未来开始回溯这一结果，直至今天，看看要实现这个结果需要发生什么。

吉姆的身上需要发生一连串不太可能发生的事件，但是没有一件是完全不合乎情理的。他需要在最初的事故中幸存下来，而且必须和休是好朋友。发动机和锂离子电池必须体积足够小、动力足够强、安全性足够高，才能装入假肢并为其提供动力。他需要足够健康才能挺过多场手术，并且找到一位能够实施此类手术的外科医生。

如果把这些"奇迹"都列出来，就能发现我们要做的事情和面临的潜在风险。需要提出的问题包括：

1. 每种情况的可能性有多大？
2. 如何让每种情况更有可能发生？
3. 我们需要它们在何时何地发生？

4. 如何知晓它们是否已经发生？
5. 如果它们没有发生，我们应该如何回应？

最近，一家信息技术硬件初创公司的首席执行官请我的团队看一看他们的产品渠道。他知道他们的增强现实产品的规划出了问题。他们的头戴式视图器是市场上最好、最高端的设备，但是有些东西不对劲，他又说不出来。

他的团队正在寻找一款生命周期为18个月的产品，他们有信心能够收回1000万美元的投资。问题是，投资者并不希望得到这个回报。投资者评估了公司的增长潜力，预计估值将达到10亿美元。这就要求公司在第五年时年净利润达到1亿美元。

我们用一幅因果循环图来研究这个行业将如何随时间而变化。图中显示，它们的第三代头戴式视图器（五年后上市的产品）很可能会失败，因为届时这个行业肯定已经发生了变化。五年后，5G技术将会普及，从而颠覆AR行业，尤其是高端AR领域。像亚马逊这样的大型云计算供应商将进军内容市场，而像华为这样的网络设备制造商将销售针对其网络客户端的优化了的设备。与此同时，像T-Mobile、康卡斯特和威瑞森这样的服务供应商将为了自己的利益推动低成本的硬件解决方案。

这些竞争者都将从苹果公司对于封闭的硬件或软件生态系统的使用中学到如何主导移动市场。每个人都将通过销售尽可能多的设备，在建立自己的围墙花园的过程中获得既得利益。竞争将是激烈的，为了锁定客户，一些主要参与者可能会亏本出售他们的设备。因此，为了避免被挤出市场，需要发生两个关键的奇迹：

1. 初创公司必须在一段时间内保持其定价权；
2. 它必须克服来自更大企业的直接竞争。

这项工作可以彻底改变这家初创公司构建新平台的方式。具体的产品并没有什么变化，但在列出并分析了它所需要的奇迹数量后，我们改变了从定价策略到营销计划的一切。最终，这家公司为了在充满敌意的市场中保持可持续性，从头开始进行了设计，虽然目标有所不同，但生存的机会大大增加。

对SpaceX而言，100倍的问题是"要在火星上建立一个殖民地，需要发生什么奇迹"，这绝对是私人公司梦想过的一个极为疯狂的任务。21世纪初的分析家觉得他们是疯子。尽管遭到了反对，但马斯克公司还是找到了实现这一目标的关键因素。他们对必须取得的胜利和实现的变化进行了细化：市场需求、技术、公众认知、政府政策和产业结构。这种细化使他们能够专注于服务不足的市场，这为他们最初的火箭设计提供了信息，也推动了他们对可重复使用发射平台的追求。如果没有一个100倍的目标，他们就不太可能坚持十年（经历几十次失败）来实现这个目标。

很多时候，管理层，尤其是中层管理人员，会避免提出100倍的想法，因为他们知道这些想法与公司的运营模式或短期战略不符。我曾经听到一位《财富》世界100强企业的首席执行官斥责一位初级主管，叫他"离开对流层"。这一刻对初级主管职业发展很不利，但是这位初级主管的判断是正确的：公司太过沉迷于渐进主义，它所需要的是做出重大改变。此后不久，这家公司的高管和首席执行官相继遭到解雇，公司被恶意收购公司收购并且遭到分拆出售。尽管初级主管的想法未必能够保证企业的最终结局会比现在更好，但这确实值得考虑。

大胆思考，然后将其具体化，这样可以拓宽选择的范围，也降低了正常标准下的失败风险。这是因为它将问题分解，暴露了核心问题，并且明确了优先事项。即使SpaceX永远也没有机会登上火星，他们也已经建立了一家非常成功的企业，他们的利润牢牢地植根于地球上。

坏的和可怕的

> 一个简单的事实是，除非将所有可能的负面因素考虑在内，否则你无法判断一个想法是否可行。
>
> ——查理·芒格

"你需要多少奇迹？"的方法也适用于负面结果。如果系统崩溃，通常是因为我们未能正确预测到将会面临的威胁，或者没有采取措施来管理这些威胁。通常，这些措施是显而易见的。把钱放进保险箱，在十字路口安装红绿灯，大声读出一份清单，亲自传递重要消息，而不是通过邮件来传达，等等。

一旦出现不太明显的问题，大的机会和风险就会出现。几年前，我曾在一个研究数据中心故障的团队工作。毫不奇怪，我们遇到的大多数故障都是多个人为错误叠加所造成的。在一个案例中，管理层没有考虑以下内容：

- 清洁工人可能会使用清洁液；
- 采购部门在安全设备上偷工减料；
- 某个关键部件会被溅上清洁液；
- 该部件会短路；
- 不可能及时更换该部件。

由于不得不停止处理交易，一家大型公司因此损失了数千万美元。

更常见的情况是，故障是由系统的内部连接造成的。节点（服务器、工程团队、财务系统）通常能够得到更好的保护。权宜之计和强力胶带就能让它们继续运行，即使运行效率低下。但是，节点之间的通信链路却未能得到很好的保护，因为没有任何激励机制促使人们去保持它们的畅通，或是能够留意到它们的抗风险能力正在下降。

与此同时，领导掩耳盗铃，认为数量恰好的奇迹会在正确的时间以正确的顺序不断出现。奇迹的问题在于，除非你能够让这些奇迹发生，否则它们很难预测。而当错误的奇迹发生时，你需要为它们做好准备。

谁击沉了我的战舰？——从另一面看问题

陆军中将 B. B. 贝尔（B. B. Bell）望向波光粼粼的海面。他惊呆了。就在 10 分钟前，他还在指挥波斯湾最强大的战斗力量。可是现在，他的战舰被击沉了，2 万名军人葬身鱼腹。他审视着这场屠杀的现场，心中浮现出一个疑问：刚刚到底发生了什么？

如果你想看看一个奇迹有多脆弱，那就尽你所能去攻击它。在工作中处理系统性风险的人通常会模拟对手的行动对自己的计划进行压力测试，这些人包括公共卫生专业人员和企业风险经理，当然还有军队。

2002 年，就在伊拉克战争爆发前几个月，美国国防部联合部队司令部（JFCOM）决定测试一个入侵与伊拉克极为相似的虚构国家的计划。他们已经有几十年没有测试过美国航母打击群的威力了，这个打击群是一个由舰艇、飞机和突击车组成的规模犹如一座城市的系统，火力足以摧毁一个小国的空军。"千年挑战 2002"（MC02）

是美国军事史上最公开、最复杂、最昂贵的军事演习。国会为此拨款 2.5 亿美元。

美国国防部长唐纳德·拉姆斯菲尔德认为它"将帮助我们创建一支既有配合度、反应性、敏捷性和致命性，又能利用信息革命和当今的先进技术的军事力量"。[14] 由于预见到会发生战争，所以他希望确保军队能够抵御"疯狗浪"的侵袭。

这场演习令人极其尴尬。[15] 350 人参与制定了美国军方此次复杂、详细且具有前瞻性的模拟战略。然而，一个写在餐巾纸背面的应对策略轻而易举地化解了这个战略。[16]

在本应为期两周的演习中，假想敌由退役的海军陆战队中将保罗·范里佩尔（Paul K. Van Riper）领导。他的任务是利用一个乌合之众国家的有限资源来攻击地球上最强大的战斗系统，一座名副其实的铁山。他没有驱逐舰，几乎没有重型飞机，也没有对手的隐形装备。他的手上只有一支由快艇组成的舰队和一盒装满了的冷战时期留下来的几十年前的巡航导弹。

保罗·范里佩尔既认识到己方的局限性，也了解对手的局限性，因此他让自己的部队先下手。这一举动出乎了联合部队司令部的意料。假想敌同时发射了几十枚导弹，紧接着派出了一批运载炸弹的快艇，打得美军舰队措手不及。面对如此多快速移动的小型目标，舰队的指挥和控制系统无法迅速跟踪并拦截它们。几十艘快艇突破了舰队的防线，不等联合舰队司令部将其精心策划的战略付诸实施，就令其遭受了巨大的损失。袭击的时机也使冲突的地点更接近演习区域的边缘——周边布满了航道和商业航空的航线。和平时期政治的现实限制了袭击小组的行动。

短短几分钟内，假想敌就成功击沉了 16 艘主要战舰，其中包括一艘航空母舰、10艘巡洋舰和6艘两栖登陆艇中的5艘。这是美国有史以来最惨痛的海上失利——如果这是一场真实的战争。

虽然我们中很少有人从事击沉船只的工作，但我们所在的企业都需要挺过意外的威胁。这并不是说联合部队司令部对假想敌发起的袭击束手无策，而是他们根本没有考虑这种可能性。如果联合部队司令部中有范里佩尔这样的人才，结局也可能会有所不同，即使在同样的情况下拥有相同的资源。

那么，你的组织如何才能做好应对意外的准备呢？关于联合部队司令部在"千年挑战2002"期间所犯错误的文章已经有很多，它们大多可以归结为以下三点：

• 他们没有考虑更大的背景；

• 他们没有充分探究自己的弱点；

• 他们没有充分考虑一个掌握了他们信息的对手可能会如何攻击——就联合部队司令部而言，针对一个分散的网络发起分散的攻击。

每项原因都能找到一个补救措施：

• 查看所有数据；

• 找到可能会令情况恶化的意外漏洞；

• 不要认为只要使用分散的网络就能使你更具抗风险能力。

这些补救措施在很多情况下都非常有用，因此每一项都值得仔细研究。

审视所有数据

在准备应对突发事件时，采用范里佩尔的观点，看看更大的系统，考虑知情的对手可能会如何发挥自己的优势，有助于确定哪些类型的威胁与机遇值得关注。

例如，在新冠肺炎疫情暴发之前，大流行病并不在大多数美国企业的关注范围之内,它只会在科幻电影中出现,或是与非洲或亚洲的遥远地区相关。与大多数大规模危机一样,直接原因(病毒本身)并不是真正的问题。世界上有很多可以造成大规模伤害的东西——包括病毒——但大多数都受到其所处系统的限制。

我们很容易把新冠病毒想成是一只黑天鹅,但事实并非如此。看看一个新的病毒演变为一场大流行病所需要发生的奇迹,很明显,阻止它们的制约因素正在被逐渐消除:

• 动物的栖息地被广泛破坏使得病毒更容易从野生动物传播到人类身上;

• 国际航空旅行的增加加速了全球传播的速度;

• 流动性增强通常意味着不可能立即锁定受影响地区;

• 城市化的发展意味着城市内的传播速度加快;

• 人口老龄化意味着易受感染的人口更多。

甚至在新冠肺炎出现之前,小流行病(SARS、MERS)和大流行病(HIV、流感、脊髓灰质炎)浪潮就已在过去的百年间不断上升。

人类文明在加快检测感染、研发疫苗和寻找治疗方法方面取得了巨大的进步,但致命的大流行病终会暴发,而现实的应对计划却并不存在。

企业领导者未能在风险评估中意识到的是,过去每 50 年或 100 年发生一次的事件,现在每 10 年或 20 年就会发生。随着航空旅行量增加,加上生物群落栖息地不断缩小,使得一种新的昆虫从野外飞到世界所有主要城市的可能性和速度增大——而这一切都未曾被人察觉。

但是,我们在第 1 章说过,大流行病是动态、对称和同步的疯狗浪。世界大战或扰乱全球电子设备的太阳耀斑也属于这一类。在任何一年中，大规模出现太阳耀斑的概率都不到1%。[17]但在20世纪，美国企业在某一年中遭遇疯狗浪袭击的概率超过了20%。如果企业能够幸存下来，通常需要几年的时间才能摆脱困境。虽然特定的浪潮也许不太可能出现，但疯狗浪却并非如此。

亚马逊具备足够的抗风险能力，可以充分利用大流行病引发的不稳定。在对亚马逊领导者的采访中，他们明确表示，亚马逊没有任何预先制定好的"疯狗浪"游戏手册来告诉他们应该转动哪些旋钮。然而，疫情发生时，他们却能做到一马当先。为了应对日益增长的需求，他们在大约90天内增聘了17.5万名工人——相当于福特汽车公司的劳动力规模。[18]因此，他们成为2020年为数不多的真正赢家之一。

亚马逊的敏捷性并不是为这一事件制订了规划的结果。与其他零售商一样，亚马逊也经历了变革的阵痛，但它从长远的角度看待潜在威胁，并将公司设计为能够抵御各种疯狗浪的组织。它的领导者很快就知道该怎么做，因为他们有一个详细的组织系统模型（还记得他们雇用的那些经济学家吗？）。他们已经知道如何重新连接链路和扩展节点的容量。通过建模，他们确切地知道在系统崩溃前，可以把系统推到何种程度。

这是一家大企业的例子，小公司也能用同样的思维应对同样范围的威胁。我最近与一家向高端餐厅出售松露的企业合作。新冠疫情之前，他们会收到厨师的订单并在第二天交货。由于豪华餐饮与消费者的信心密切相关，这家公司能够查看订单，确定处于焦虑状态的人们的邮编。曼哈顿下城的订单减少，这表明股市即将陷入低迷。

结合这一观点与公开的疫情信息，我们建议他们开始做空酒店业股票。我们的计算表明，随后也证明，他们从投机中赚到的钱会比平时的业务盈利更多。这将为他们提供急需的资金来度过这段低迷时期。

亚马逊和这家小企业都做了美国军方没有做的事情——他们超越了眼前的情况，着眼于更广泛的背景。亚马逊的季度业绩并不取决于其整个业务的细致模型与数百项应急预案，但是它的领导者明白，数年或数十年的成功意味着要处理那些并非传统意义上的"业务"问题：外部事件，如大流行病、内乱、气候变化、人口变化，以及本书第二章讨论的其他潜流。

后者的领导者则认识到，他们正在参与一个庞大的生产和消费网络，这既给他们带来了风险，也带来了信息。他们看到，他们的"游戏"是一个更大系统的一部分，这为他们提供了机会——就像范里佩尔注意到航道会限制战争时所做的那样。

发现意想不到的漏洞

几乎每个系统都有关键节点：指挥、控制和通信这些流程经过的人员、地点或软件。这些节点起到过滤器的作用，有助于排除不良信息和决策，但它们也是一种阻塞点。我们称之为"重心"。一旦它们遭到破坏，坏事就会发生。

有两种基本策略可以使系统从重心受损中恢复过来：借助重心加速系统的运转或是直接更换重心。

亚马逊在新冠疫情时的战略展现了它世界一流的抗风险能力。但其领导者认为这个战略是一种十分明显的反应——只是在一个已被充分理解的系统中调整了变量。亚马逊在设计之初并未想到一个季度内会持续增加三分之一的出货量。虽然出现了短暂的停滞，但它能够通过迅速扩大仓储、加大设备运行力度，以及使用数字化招聘和入职系统来扩大规模，从而抓住这个机会。

历史上，重心运转失灵的一个知名例子就是"马其诺防线"。第一次世界大战后，法国战争部长安德烈·马其诺（André Maginot）指挥法军沿德国边境修建了一个巨大的防御工事，用混凝土掩体、路障和火炮设施阻止德国的入侵。该防线旨在抵御空中轰炸和坦克攻击，它甚至还有地下铁路来运送部队和物资。[19] 他认为，这样德国人就不会像第一次世界大战开始时那样偷偷进入法国。冲突一定会发生在比利时边境。

尽管马其诺防线的确不可逾越，但是马其诺的战略缺乏抗风险性。法国人的节点分布虽广泛，却都散落在其部分边界上，因为他们认为比利时阿登高地的崎岖地形可以保护他们的北翼。[20] 不幸的是，法国人没有密切留意德国在空中力量、无线电通信和快速部署浮桥方面的进展——现实与他们的想象完全不同。

1940年，入侵波兰后不久，德军开始向西进入比利时，绕过马其诺防线进入法国北部。德军和步兵只用了4天就穿越了原本需要10天才能走完的崎岖的阿登高地。这是现代军事史上最为惨痛的失败之一。几天后，英军从法国撤离时，在敦刻尔克的海滩上抛弃了80%的物资：700辆坦克、20000辆摩托车和45000辆汽车。[21] 不久之后，法国人接受现实，选择了投降。

这条防线拥有先进的通信手段，部队可以通过地下铁路迅速移动，并集中到需要增援的地方。但是，由于防线集中在德国边境，整体防御缺乏更多的余地。法国没有认真考虑过德军会如此轻易地穿越不同的地形，从而使防线失去意义的可能性。结果，盟军在战争开始后不久就几乎输掉了战争。

这个故事表明，制订计划时，你要做的不仅仅是考虑最坏的情况。法国人一定讨论过德军翻越阿登山脉的可能性，但是他们认为这件事不可能发生。即使有些事情看起来难以置信，你也不能仅仅承认存在这种可能性，然后将其排除在外。你必须坚持到底，就当作它会发生，看看你能学到什么。只有到那时，才能驳回这种可能性。换句话说，你要把 B 计划当作可能发生的事情来对待。A 计划通常都是有效的，但竞争越是激烈或者环境越是未知，就越有可能出现一些意想不到的事情，使情况超出你的掌控。

负面的奇迹

成就非凡需要积极的奇迹，这些奇迹可以规划并纳入战略计划。但是奇迹可以造成或好或坏的结果。这往往是一个视角问题，也是我们同样需要关注负面奇迹的原因。

我们已经讨论了想象 100 倍成果的重要性，在想象灾难性结果时也应做出同样的努力。德国翻越阿登山脉，一场大流行病扰乱了全球经济，一家自动化初创公司削弱了你的市场，等等。对这些结果进行考虑，意味着确定你现在可以采取哪些措施来减少其发生的可能性、从其影响中恢复，或是将其转化为你的优势。

例如，法国人没有明确的方法来追踪德军在阿登高地的进展，没有减缓德军行军速度的应急预案，也没有开展突击行动。如果他们考虑到这一灾难性后果，也许会通过一个小小的转变彻底改变战争的进程，例如，将部队和防御工事集中在不同的阻塞点。

商业世界中的"负面奇迹"可以呈现为多种形式：破坏商业模式的新技术、扰乱市场或供应链的全球事件，或者比你做得更快、更便宜或更聪明的竞争对手。

一个强有力的问题是：可能发生的最糟糕的情况是什么？可怕的是，这通常是以玩笑的方式提出的。认真回答这个问题才是明智之举。

下一步是评估可能性和影响。这可以针对不同类别的事件进行。

大流行病和经济危机可能会使全球经济崩溃，因此它们的影响很大，而可能性很低（但不是零）。在较长的时间内，其他负面奇迹几乎肯定会发生。人工智能和数字货币绝对会扰乱你处理合同与财务的方式，所以需要问的重要问题是：在它影响业务之前，你需要多长时间才能做出反应？

一旦定义了这些情景，就可以开始发挥组织可能的反应能力，然后确定最佳行动方案。你可以将业务线多样化，这样对一项业务的负面影响反倒可以促进另一项业务。或者，像亚马逊那样建立系统，让你在面对变化时能够快速调整。组织如何应对将取决于企业的现状、现有的优势和劣势，以及可能的威胁。

实现去中心化的网络不是一个堡垒

> 避免死亡是最好也是最有力的建议。
>
> ——纳西姆·塔勒布

网络天生比僵化的等级制度更具弹性。给予单个单位更多的自主权是鼓励创新和加快反应速度的好方法。但是网络也有其弱点。

美国联合部队的打击群是一个非常分散的组织，每艘舰艇都有相当大的自主权。它们所依赖的"宙斯盾"信息系统分散在多艘巡洋舰上，舰队不会因为任何一艘舰船的沉没而瘫痪。因此，范里佩尔能够成功打败它就更令人印象深刻了。

具有讽刺意味的是，他的计划完全是教科书式的。美国军方有一本关于如何攻击网络的手册，[22] 其中推荐的策略与范里佩尔的计划和执行几乎完全吻合。手册重点介绍了五种相辅相成的战术，我称之为 5D：欺骗（Deceive）、扰乱（Disrupt）、削弱（Degrade）、拒绝（Deny）、摧毁（Destroy）（图 5.4）。假想敌的具体战术是非常规的，但它在实现 5D 方面做得比联合部队司令部更复杂的计划要好。

欺骗	假想敌使用光信号和摩托车送信等低技术通信方法来协调行动。联合部队司令部的监控系统如此先进，他们没有想到自己可能会遭遇如此大规模的通信中断。
扰乱	范里佩尔决定在联合部队司令部准备好之前先发制人，这使得假想敌能够攻击联合部队的内部连接，降低每艘船的战斗力。
削弱	我们已经讨论了假想敌如何利用周围的航道来夹攻联合部队司令部的军队。通过谨慎的操作，他们能够限制打击群的船只航行以及飞机安全飞行的地点。
拒绝	假想敌用陆基发射器、商业舰艇和低空飞行的飞机发射的大量导弹淹没了中心节点——在本例中是宙斯盾巡洋舰。结果，联合部队关键的信息、系统和服务被切断，削弱了其更强大的舰队。
摧毁	满载炸药的成群的快艇同时对多艘船只进行了"神风敢死队"式打击，压倒了节点。一次攻击通常会被击退，或者其伤害被吸收，但同步攻击会使对方崩溃。[23]

图 5.4　5D

领导蓝队（这次演习中的"好人"）的贝尔中将后来成为美国军方对此类模拟坚定的支持者之一。他称这是"一个具有分水岭意义的'尤里卡'时刻，因为它暴露了联合部队司令部许多未经测试的假设。在接下来的几年里，他命令进行了20多次类似的模拟。"[24]

在任何需要评估网络威胁的情况下，5D 都很有用。统计学家会使用类似的技术来了解公共卫生突发事件期间的政策影响；在银行和保险业，5D 可以用来对组织进行压力测试；互联网公司用 5D 来抵御竞争对手和网络攻击。5D 也可以用于进攻，通过评估竞争或现有市场领导者面对不同类型挑战时的脆弱性来开发病毒式商业模式，或者用于寻找客户尚未意识到的痛点。

最好的组织会同时考虑 5D 的防御性和进攻性。例如，如何利用 5D 来改变浪潮的特征（表 1.2）？如何才能破坏增长的四大风险（表 1.1 和表 5.1）？5D 能带来什么机会？

表 5.1 使用 5D 来识别彻底变革的影响

	财务风险	运营风险	外部风险	战略风险
欺骗				
扰乱				
削弱				
拒绝				
摧毁				

如何在实战中取胜

很少有公司或国家会在实战演习上花费 2.5 亿美元。但是，即便没有宙斯盾巡洋舰，中小型企业也可以通过在房间里进行为期半天或一整天的演练得到同样的收获。关键是找到正确的人选，可让他们开诚布公地沟通，并且专注于制定一种明确且受限的未来可能性。如果你从未尝试过这种练习，下面就是你应该模拟未来的原因：

- 练习有效地团队合作与沟通；
- 寻找盲点；
- 考虑可知数据集，而不是只关注已知数据；
- 考虑积极和消极的极端情况，以及可以接受的结果。

组建团队

优秀的团队应尽可能囊括持不同视角的成员。财务部和法律部目标不同；对运营人员来说显而易见的挑战，首席执行官却往往看不见。考虑从组织外部引入参与者，无论他们是供应商、客户还是主题专家。范里佩尔中将已经退役，受邀加入演习后，他能在部署行动时跳出联合部队司令部当前的理论。此外，还应该包括在组织的多个层面上运作的人。聪明的实习生与冷酷的首席技术官交谈时，也能展现出非凡的见解。不要急于盲从资历和知识。正如杰夫·贝佐斯所指出的，创新既需要领域的专业知识，也需要避免为该领域的知识所干扰的能力。[25]

协作可能是多元化团队的一个挑战。当团队成员有明确的角色，却不受僵化的等级制度干扰时，可以工作得很好。这可能意味着让个人成为建设者、破坏者、连接者、悲观者等，这样他们就有更多机会来推动突破性发展。偶尔转换一下角色，就像我和泰德·塞尔克在"国际象棋锦标赛"中所做的那样，有助于实现思维的多样化并对政治做出限制。

如果不会因为担心失去工作或惹恼老板而能畅所欲言，你就能收集到更好的想法。为自由表达创造一个安全的空间是一项关键而困难的任务。作为一位领导者，如果你的目标与团队的相悖，就很容易具有胁迫性。可以考虑在陌生、中立的地方举行会议，以创造一种攻克问题而非团队成员的环境。提供具体的刺激来做出反应、提出问题来回答，让人们走出熟悉的等级制度，进入开放的思想流。理想的战争游戏环境有一种"沙盒"的感觉：每个人都需要明白，无论在房间里说什么，都不会对房间外产生负面影响。

设定基本规则

除明确的角色之外，任何试图为未来建模的团队都需要设定明确的目标和界限。目标应该具体，而且数量要少：贪多嚼不烂，试图实现太多目标的模拟，最终会一事无成。因此，应将注意力集中在一两个关键问题上。

也许你正在模拟一个特定的 100 倍成果，比如在最近新进入的一个品类占据主导地位。或者你需要了解自己对某一特定威胁的反应，例如，突然出现的劳动力短缺或大规模的新关税制度。不管目标是什么，都要清楚地表达出来并把它写下来，最好是用具体的术语说明如何才算"成功"。比如未来三年内，在不增加资本投资或获取新客户的情况下，将英国市场的利润率提高 40%。

然后确保房间里的每个人都知道这个目标是什么。最好是把它贴在墙上。

模拟的规则和界限应确定哪些是假设，哪些是禁区。如果你不愿意放弃某个特定的产品、流程、地点或原则，那就说出来。同样，如果你知道公司明年要上市，那就需要将其纳入所有场景。

当然，这些都不是什么新鲜的想法。20世纪50年代，兰德公司的赫尔曼·卡恩（Herman Kahn）首次提出了"情景规划"的概念，即从未来某人的角度撰写短篇故事（情景）的练习。每个故事都描绘了一个不一样的未来，其中的某个关键变量会以这样或那样的方式发展。

如果一家公司的成功取决于美国和中国之间的贸易，那么它可能会考虑以贸易紧张局势为变量的情景：一种情景可能会假设发生了贸易战，另一种则可能假设一方做出妥协并达成新的协议。通过为这两种极端情景制订规划，理论上，你已经为两者之间的大多数情况做好了准备。在中美贸易的例子中，该公司可以制订应急计划，最大限度地减少贸易战的负面影响（或利用贸易战），同时也可以建立能够在新贸易协议下蓬勃发展的体系。由于竞争对手同样会受到负面事件的影响，因此，即使遭遇灾难，更好的准备也能带来相对的优势。

不可能为所有情况都创建场景，所以你要确定哪些变量是稳定的，哪些变量是不太相关的。你可以假设全球中产阶级在不断壮大，如果你只在东南亚销售，那么南美的贸易模式就不那么重要了。这样，你就可以把注意力集中在那些概率足够高、影响足够大的相关变量上。

对于每一个场景，合适的团队都可以对未来环境以及组织如何在其中发展壮大做出合理的预测。通过创建详细的叙述，你可以确保自己考虑的是具体的现实，而不是抽象的可能性，从而揭示出可能被忽略的未来影响。

促进会议的进行

举办模拟或情景规划会议的具体细节可能会有很大不同，这取决于目标、组织的类型和参与者的情况。然而，有一些最佳做法值得遵循。

1. 确定讨论的方向：事先分发一份明确的议程，上面列出会议的目标、已经完成的工作，以及会议和其他流程的预期结果。

2. 在房间里转转。对于有多位与会人员的会议，最好在会议开始前让所有人都有机会发言。至少需要一个简单的自我介绍，但也应该介绍各自独特的技能和专长。这样做的目的是消除等级制度，同时将每个人都作为潜在的见解来源。这就是老板不应该坐在桌首的原因。

3. 安排一位主持人。以非正式、"无领导"的方式进行此类会议的想法十分吸引人，但是安排一位特定的主持人，最好是外部人员，总归是一个不错的主意。理想的情况是，这个人不属于房间里任何的权力体系，并且拥有在研讨会或协同创造环境中领导团队的经验（换句话说，不是老板）。主持人为练习设定目标和界限，并提供相关信息与刺激。

4. 紧扣主题。关于未来的思考可能令人兴奋且鼓舞人心，所以人们很容易跑题。主持人要把握进度，确保每个人都能坚持完成任务。

5. 增加一些结构。如果没有明确的预定计划，情景建设往往会沦为另一种会议，即人们围坐在桌子旁，聊着他们认为会发生的事情。虽然热烈的讨论对整个过程十分重要，但如果讨论只是流于表面，就无法取得多大的成就。有很多方法可以充实未来的情景，这在很大程度上取决于活动与目标以及团队的匹配度。像卡恩在兰德公司所做的那样，用第一人称进行书面叙述可能是一种有力的方法，但这取决于团队中是否有擅长撰写长篇小说的人。其他技巧包括：

1）写一篇来自未来的新闻报道或新闻稿，描述新产品、服务、业务发展或新闻事件；

2）对情景创意进行结构精良的头脑风暴，然后对它们进行评级和排名，以确定最有前途的创意；

3）根据当前业务流程在虚构的未来中创建一个熟悉的图景，可能包括组织结构图、项目计划、预算、商业计划或产品概念；

4）如前文所述，修改因果循环图，以反映未来的情景。

6. 安排充足的时间。由于许多人从未接触过情景构建，所以团队需要一段时间才能进入状态。许多最好的想法都是在会议快结束时，团队处于放松状态之后出现的。有必要多留一些时间，避免在人们意犹未尽的时候结束会议。

7. 指导而不是领导。如果你是老板，就请分享你的思考方式，而不是思考的结果。

1）写下你的想法，但先不要分享；

2）问问别人他们看到了什么你可能没有看到的东西；

3）然后分享你的观点；

4）也许最重要的是描述别人是如何转变你的想法的。

8. 寻找见解并与组织分享：未来情景的价值在于它将如何影响今天的工作。描绘了一幅未来的图景之后，任务远未结束。只有看到能够帮助你实现想要的未来的"奇迹"，并且确定需要采用什么原则来实现未来图景，任务才算完成。这可能是一项缓慢而艰巨的任务，但它极具价值，其结果应在整个组织内得到推广。

在下一章中，你将学习如何利用这些见解增强系统的抗风险能力、强化流程和管理方法，并最终改变旨在强化文化的激励机制。

描绘可能的未来蓝图

这些练习完成之后，每个人都应该对假设以及更大的可能性有了更好的理解。

记忆会随着时间的推移而发生改变，所以无论你是以个人还是团队的身份来做这件事，写下你从每个已经开发的情境中学到的东西总是有用的。

- 什么样的情景、哪些潜在的驱动因素能够创造出你的好的（100倍）、坏的和可怕的结果？
- 每种结果需要怎样的奇迹按怎样的顺序出现？
- 哪些触发因素会导致奇迹发生？
- 这些奇迹发生的确定性有多大？
- 奇迹发生或不发生会造成什么影响？
- 如果时间线或事件的顺序发生改变，结果会有什么变化？
- 可以采取什么行动来影响触发因素发生的可能性？
- 哪些指标会对可能性的变化发出预警？
- 根据你所确定的风险和机会，你将如何改变当前的计划和投资重点？

此外，想一想明天哪些事件的影响力可能突然由高变低，以及这种变化的可能性有多大，总是很有帮助的。例如，在没有疫苗的情况下，新冠肺炎病毒会对人类的生存造成巨大影响。一旦疫苗研制成功，可能就更容易应对这一病毒。

确保按照可能性和影响来比较你所确定的可能的未来。最好的工具就是一张简单的图表，你可以在上面描绘出未来的情景，并按这些指标对它们进行排名。这在进行初步评估时很有用，但是如果你能够定期检查，看看你的优先事项是否仍然与你所面临的可能的未来相一致，它就会变得更加有用（图 5.5）。

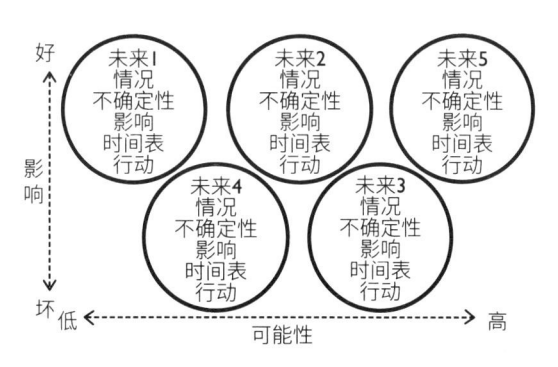

图 5.5　描绘可能的未来蓝图

小结

评估变化的影响

1. 创建你的可能性之树。
   - 好的：想象一个更大的变革性目标——100倍的成果。
   - 坏的：将当前目标重新设定为一个最低的可接受结果。
   - 可怕的：描绘出最坏的可能情况。
   - 通过列出财务、运营、外部和战略驱动因素，确定每种情况下需要出现的必要奇迹。
2. 让你的可能性之树生长，并衡量你对它的敏感度。
   - 考虑如何应用5D（欺骗、扰乱、削弱、拒绝、摧毁）来获得竞争优势。审视漏洞，如果有的话。

- 思考十种潜流（第2章）可以如何使你的假设失效或扩大。

3. 记录可能的未来范围。

- 对每种未来的可能性及其对组织可能产生的影响进行排序。
- 确定可能导致每种未来的事件，以及可以观察哪些指标来判断它们是否即将到来。
- 根据以下因素对现在可以采取的行动进行排序：

1) 能够改变未来，使其对你有利的潜力；

2) 需要完成的时间表；

3) 对你的财务、运营和战略地位的影响。

为了迎接明天的挑战，今天需要完成的任务

- **进行威胁—机会分析。** 在组织内部展开对话，讨论可以从哪些方面更好地管理未来，并对此进行投资。
- **提高模拟的频率。** 定期进行，或者在理想情况下，在协调者的带领下进行情景规划、运行模拟程序。测试所发现的关键威胁与机遇，并将这些见解传达到整个组织进行讨论。整理从做类似工作的其他团队那里学到的经验。
- **记录机会和威胁的排序表。** 根据其不确定性程度、影响和所需的准备时间来量化每个主要威胁与机遇。评估收益与支出的关系，每季度对投资进行一次重新评估。

6

从威胁中分离出机会

从潜在的未来回推，
以确定和利用关键决策与触发点。

　　1454年生于佛罗伦萨的亚美利哥·维斯普奇（Amerigo Vespucci）是一位学者和地理学家，也是一名商人。当时他曾为之效力的一位商人投资了1492年克里斯托弗·哥伦布的探险，并且赢得了为其第二次探险提供装备的机会。在相继为其他几次探索之旅提供装备之后，维斯普奇心痒难耐，也想向西航行去探险。他先是接受了别人的委托，后来自己出任船长。

　　那时，人们对大西洋彼岸知之甚少。哥伦布到过的最南端是现今哥伦比亚的北海岸。那里是像马达加斯加岛那样的大岛吗？是哥伦布至死都以为的亚洲西海岸，还是其他完全不同的地方？

　　维斯普奇的船队的任务是观察这片土地向南延伸的距离，以及西班牙可以从中获得什么财富或进行什么贸易。根据一系列教皇法令，这片未知的土地被子午线，一条连接南北两极的分界线，一分为二。这条线以东的土地属于葡萄牙，而以西的土地则属于西班牙。因此，海岸线究竟向东还是向西弯曲，还是能够通往亚洲，对这两个新兴帝国的财富和权力都有着巨大的影响。

哥伦布在哥伦比亚发现了淡水流,这表明哥伦比亚是一片大陆,而不是一座岛屿。维斯普奇在抵达亚马孙河口时证实了这一点。当他转向东方返回欧洲时,已经确信自己探索了比亚洲任何陆地都远的南方。这里不仅是一片大陆,而且是一个新世界。

从许多方面来说,维斯普奇都是这次探险最理想的船长。这次探险不仅最终目的地未知,船员们必须在怎样的条件下驾驶船只也是未知的。但有一位专业的运动用具商带队,就能确保船队可以为各种结果做好准备。

维斯普奇知道他们需要多少物资以及需要什么样的物资才能到达南美洲。但他也知道,在继续向南航行之前,他们必须进行补给。

在今天的布宜诺斯艾利斯附近,他又补充了六个月的食物和淡水——这是船队行至此处的总消耗——然后一路向东航行,发现了被认为是南乔治亚岛的地方,这是大西洋最南端的大块陆地。他从那里向北转向葡萄牙,沿途在塞拉利昂与亚速尔群岛停靠。[1]

与那个时代大多数向西航行的欧洲人一样,维斯普奇希望能够抵达印度。但与同时代的许多人不同的是,他并没有把这场探险当作孤注一掷的豪赌。他的计划有足够的灵活性。他知道,即便未能到达印度,沿途也有很多值得发现的东西。但最重要的是,他并未将这段旅程当作一次长途旅行,而是一系列相互关联的更小的旅行。每一阶段的旅程——沿着海岸线从里斯本到加那利群岛再到巴西,然后向东抵达南乔治亚岛——都比哥伦布的旅程短得多。他们每一次登陆都可以储备食物、水和木料,必要时可以返回欧洲。由于限定了将要承受的风险,维斯普奇能够比前人走得更远。

在具有不确定性的情况下制订计划时,瞄准一系列成功而不是单一结果的做法往往更胜一筹。如果维斯普奇一开始就抱着"不到印度就完蛋"的想法，也许根本不可能重返故乡，而且依然到不了印度。他意识到自己是在探索未知的世界，莽撞地怀着预定结果闯进这个世界是愚蠢的。

应对不确定性意味着不断测试你的假设——根据现有经验和既定原则确定下一个目标。也许你无法完全实现第一次出发时的目标，但你更有可能到达一个值得一去的地方。

利用模型改变世界

本书最后三章的重点是建模。我们将在本章学习如何利用从这些模型中获得的理解来塑造对我们有利的世界。就像维斯普奇只能使用不够精确的地图和简陋的仪器一样，我们为现在与将来所建的模型，永远也不可能如我们预期中那般有效。但是，只要能够以系统的方式建模，我们就能找到机会，通过改变环境来减少威胁，并最大限度地增加成功的机会。这使我们能够到达值得一去的地方，并在这一过程中完善我们的心理地图。

从长远来看，赌场永远是赢家，因为它已经构建了一个系统来确保自己稳赚不赔。要想稳赢，你必须与赌场博弈。这意味着你要发现它的弱点，并通过助推策略增加自己的赢面。本章将探讨实现这一目标的四种策略与经验法则：

- 确定触发点：系统中哪些部分对变化最敏感？
- 助推系统：组织应该如何调整触发点，使更大的系统对自己有利？
- 优先考虑机遇和威胁：组织应该如何减少每个机遇与威胁的

不确定性，以确定解决这些不确定性的最佳顺序与时间？

• 改变确定性和影响：如何建立和传达能够改变事件可能性及其影响程度的战略？

你无须按照任何特定的顺序使用这些策略。维斯普奇的经历表明，一次成功的远航由许多短途航行组成，而这些短途航行的航线会根据你掌握的新的知识不断地被审查和调整。这就是为何最好将这些策略视作迭代过程，以便以任何合理的顺序多次执行。

确定触发点

"在鲁布·戈德堡式[①]"的连锁反应中，一个动作引发下一个动作。倒下的多米诺骨牌击中锤子，锤子落在杠杆上，推动自行车车轮转动。孩子们很容易把它想象成一台永动机，其中少量的能量从一个步骤传递到下一个步骤。然而事实并非如此。

在这个过程中，每个动作都会释放储存的能量，通常是即将坠落的重物的势能。将这些动作连接在一起之后，一个动作中的少量能量可以释放储存在下一个动作中的势能，以此类推。

这种转移在现实世界中十分常见。我们称之为触发点：在这些互动中，少量的努力就可以释放大量被压抑的能量。我们所说的"点"，是指某一时刻的某种组合、多种元素的汇聚，以及可能的物理位置。就像鲁布·戈德堡机械[②]一样，触发点的主要作用不是转移能量，而是释放潜能。

---

① 鲁布·戈德堡（Rube Goldberg），美国著名漫画家，画了许多用极其复杂的方法完成简单小事的漫画，现多为"简单事情复杂化"的代名词。——译者注
② 一种被设计得过度复杂的，用以完成简单工作的机械组合。——编者注

斐迪南大公遇刺就是一个令人印象深刻的触发点。在这个例子中，一场死亡点燃了一场世界大战的导火索，从根本上重塑了半个地球。然而，斐迪南的死亡并未引发战争以及后来所发生的事情。它所释放的能量是在整个欧洲几十年的敌意、联盟、贸易协定和秘密条约中逐渐积累起来的。离开了这些因素，他的死亡不可能像如今这样重要。

同样，本书第 5 章提到的导致数据中心出现故障的短路问题是由一名清洁工在错误的地方使用了清洁液，公司因此损失了数百万美元。但是你不能责怪清洁工，一系列错误提供了火种，这个可怜的人只是擦亮了火柴。

找到周围系统中的触发点至关重要，原因有二。第一，它可以帮助你发现如何将触发器释放的力量集中到你想要的方向。在斐迪南遇刺的事件中，欧洲各大国之间以及各国内部更好的沟通渠道，本可以在炸弹爆炸前拆除它的引信（或者至少将其引向破坏性较小的方向）。而明确的应急计划与合适的备件原本可以让那名清洁工的失误变成一个小插曲。

第二个原因是，你可以利用触发点来发挥优势。最成功的企业不是从头开始创建整个行业的企业，也不是单枪匹马与老牌领军企业对抗的企业，而是能够看到被压抑的力量，并为驾驭它们所释放的浪潮做好准备的企业。这就是 20 世纪 50 年代麦当劳乘着依赖汽车的郊区化浪潮飞速发展时所做的。这也是 20 世纪 80 年代苹果公司帮助中小学校和大学提升它们的技术水平时所做的。

这里使用了多重比喻，但"冲浪"是一个有益的意象：如果能够摆正自己的位置，你就可以先划上几桨，然后乘风破浪；否则你就会错过这波浪潮，或是被浪头吞噬。

欢迎使用 VEGAS 法

> 我们所向披靡。我们是欣然雀跃的弄潮儿……所以，现在，不到五年之后，你可以登上拉斯韦加斯陡峭的山丘向西望，如果你有一双慧眼，便能看到曾经高耸的潮头——在推浪最终崩塌之后渐渐退去。
>
> ——亨特·S. 汤普森（Hunter S. Thompson），《恐惧拉斯韦加斯》（Fear and Loathing in Las Vegas）

我们在书中强调了很多不可预测性，但事实上多数事情不会失控。大多数流行病不会颠覆世界经济，大多数金融危机不会演变成 2008 年那样的全球危机，大多数商业危机也不会导致企业破产。世界上有很多系统原本有可能会变成非线性系统，却因外部控制措施的约束而没有发生这种变化。

那么，如何才能知道哪些限制器会起作用呢？有什么线索表明这个事件是会导致不可控的危机（或指数级机会）的触发点，而之前的十个事件不是？关键是要看到触发点背后的控件。正如你所期望的那样，本书提供了一个方法——可用一个缩写"VEGAS"表示，帮助你系统地识别这些控件。VEGAS 法代表的是可见性（Visibility）、效果（Effect）、酝酿（Gestation）、可及性（Accessibility）和安全性（Security）。（图 6.1）

理解 VEGAS 法最简单的方法就是举例子。第一个例子来自我在数据中心工作时的经历。那时，我们正在处理服务器阵列中的热管理这一严重问题。在计算机如汽车般大小的时代，空调［称作计算机机房空调装置（CRAC 机组）］将冷气吹到被架空的地板下，这

第二部分：行为转变

加大了电源及网络电缆所在分区的压力。人们在计算机前面的地板上挖一个送风孔，冷气通过送风孔冷却计算机。但是，随着服务器越来越密集，温度越来越高，空调的冷却效果开始大打折扣。

可见性
是否容易发现系统中存在的问题？

酝酿
极其糟糕的行为发生多久之后，其后果开始显现？

安全性
每个关键组件发生故障的可能性有多大？它们有什么自我纠正或是恢复的能力？

V E G A S

效果
普通事件将如何引发意想不到且会导致失败的二阶或三阶效应？

可及性
你能否触及故障点，以便修复它们？

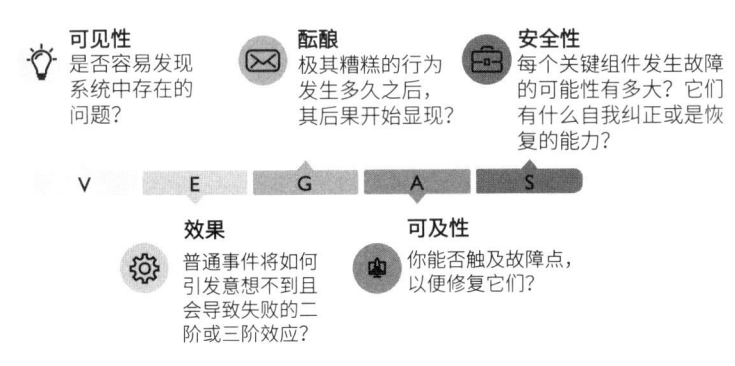

图 6.1 为何 VEGAS 法能够确定导致变化的因素

最简单的解决方案就是增加空调，但是考虑机械问题和所需的电力，散热成本大幅上升。另一种方案是将服务器隔开。同样，这种做法在经济上也不可行：减少服务器密度就需要建立更多的数据中心，从而会减少利润。实际上，采取第三种方法，即每隔几个月就烧坏一批服务器，成本更低。有一段时间，像谷歌这样的大公司把服务器当成频繁更换的一次性设备来使用（同时进行大量备份以避免数据丢失）。

面对三种糟糕的选择，我的团队绘制了一幅因果循环图来说明这些设施的工作原理。随后，我们建了一个专门的传感器，考察了不同的数据中心，绘制它们的气流图。我们发现，随着每平方英尺内服务器数量的增加，为了容纳更多的布线，地板上开孔的数量也相应增加，冷气也会通过这些开孔溢出。其结果就是，高达 80% 的冷气在到达计算机之前，就已经通过天花板上的管道实现了再循环。

我们意识到，这些开孔就是触发点，一个相对较小的努力就有可能产生较大的影响。我们从 VEGAS 法的五个问题确定了这一触发点：

可见性：是否容易发现系统中存在的问题？ 在数据中心，气流至关重要，却不可见。直到我们发明了可以在不同位置测量气流情况的工具，问题的真正根源才变得清晰起来。我们马上就会看到，解决气流问题相对简单，难的是发现这一问题。

效果：普通事件将如何引发意想不到且会导致失败的二阶或三阶效应？ 数据中心团队已经注意到，机房空调装置的规划性能与实际性能之间存在巨大差异，但是这种差异无法用我们能够直接测量的东西加以解释。为了将空气循环问题单列出来，我们必须通过因果循环图来观察更大的系统并找到故障点。

酝酿：极其糟糕的行为发生多久之后，其后果开始显现？ 自 20 世纪 90 年代末以来，数据处理已经从大型主机转为服务器，并在这一过程中逐渐改进。这种不温不火的进展无法刺激研发投资。因此，设备管理人员主要根据容易获得的设备进行短期投资，不会考虑长期成本与后果。相比之下，亚马逊知道自己将建立许多数据中心，它看到了低效冷却的负面影响，并积极主动地处理了这个问题。亚马逊从头开始设计自己的数据中心，并最终形成了云服务公司 AWS 的雏形。它不仅开创了解决冷却问题的新方法，而且通过重新思考给其竞争对手带来负担的低效遗留系统，重塑了数据中心的运行方式。

可及性：你能否触及故障点，以便修复它们？ 数据中心的冷却系统十分庞大且功能强大，对运营至关重要。因此，在不关闭整个系统的情况下更换某些部件的做法几乎不可能实现。虽然我们可以开发出更奇特的解决方案，但我们的团队意识到，能够让维护人员在系统运行时轻松进行改造的方法才是最好的方法。

安全性：每个关键组件发生故障的可能性有多大？它们有什么自我纠正或是恢复的能力？ 这一点排在最后，但实际上它是最根本的。如果数据中心的服务器无法冷却，那么就无法运行，进而会造成数百万美元的收入损失。这些冷却系统仍然是互联网的一种脆弱元素。它们促使脸书、微软和谷歌这样的巨头耗资数十亿美元，在遥远的地方（包括海底[2]）建立高度冗余的数据中心，而选择这些地方主要是出于气候与廉价电费的考虑。

心脏的VEGAS法

如果对你来说，数据中心的例子有些过于技术化，那就试着应用 VEGAS 法来理解更接近生活的疯狗浪风险：人体的循环系统。心脏病是美国人的头号杀手。发现和预防心脏问题对我们而言是一个很大的医学挑战。我们可以通过 VEGAS 法来更好地了解这一关键系统中的漏洞与可能的触发点。

可见性：与数据中心的基础设施一样，循环系统至关重要，却不可见。有大量仪器可以检查循环系统的健康状况，但你必须知道如何使用它们。减少致命性心脏病发作的最大障碍不是检查不准，而是人们根本没有意识到自己需要接受检查。

效果：我们无法直接评估心脏病发作的风险，但是可以对许多会增加风险的事情进行评估。这就是为何医生会关注患者的体重、年龄和遗传背景，以及血压和胆固醇水平。这些因素单独来看都不会导致心脏病发作，但几个因素的相互作用可能是有力的指标。

酝酿： 心脏病之所以如此难以预防，原因之一是不健康的行为，如不良的饮食习惯、吸烟、缺乏锻炼，与负面结果之间存在很长的滞后期。建立一个可以将今天的行为与 15 年后的心脏状况联系在一起的模型是预防中十分关键的一环。

可及性： 心内直视手术费用高昂，具有破坏性，并有可能危及生命。过去几十年间，低创手术技术日渐完善，使这一情况大为改观。但是没有什么能够改变这样一个事实，即人类大部分循环系统都不可替代，这就是心脏病仍然如此致命的原因。

安全性： 人类的心脏是一种非常可靠但也非常脆弱的器官。每个人都只有一个心脏，虽然它可以从轻微的损伤中恢复过来，但即便只是心脏瓣膜狭窄也可能导致人们猝死。尽管几十年来医学一直在进步，但美国每年仍有 35.6 万人死于心搏骤停[3]。

助推系统

一旦找到了触发点，你又应该怎么做？

有一个古老的思想实验叫作"麦克斯韦妖"（Maxwell's Daemon）。这个实验有助于说明，如果能够找到正确的时间点，小小的努力就能够产生大大的影响。想象一下，两个充满相同温度气体的盒子由一扇门连接。麦克斯韦妖是一个聪明的干预者，它会有选择地开门和关门，将运动速度较快的分子引入一个盒子，将速度较慢的分子留在另一个盒子中。这样一来，麦克斯韦妖升高了一个盒子的温度，同时降低了另一个盒子的温度。

在热力学领域，麦克斯韦妖可以帮助我们理解，为何如果不加干预，冷热事物接触后，两者的温度会最终达到平衡。如果把冰放入热水，冰会融化，水会冷却。如果没有麦克斯韦妖把守大门，分子的运动速度将达到平衡。由此产生了熵（或无序）和热力学第二定律（即如果没有外力作用，封闭系统不可能自发地变得更加有序）的概念。

但这里有一个更广泛的见解，有选择地应用少量的努力，可以改变一个系统。在现实世界中，热泵、空调和冰箱这类设备就像是麦克斯韦妖，它们使用电能来分离冷热。不论是哪一种设备，系统所做的工作可能都远超麦克斯韦妖的职责。热泵比简单的电暖器更有效，因为它本身不发热。它将现有的暖空气分离成较热和较冷的空气，然后将冷空气输送到外面。这也许是从整体上审视系统的最大价值：组织或释放现有能量通常比自己成为能量来源更加有效。

创建能够在系统触发点上助推系统的麦克斯韦妖是塑造对你有利的变化的有用方法。类似的麦克斯韦妖经常被用来助推金融、人口和政治制度系统。例如，德国政府补贴太阳能电池板的开发和制造，加速了太阳能电池板成本的下降。它突然增加了一些不可能发生的事情，增加了绿色能源革命的可能性。[4] 助推不一定非得令人印象深刻才能造成或抵消"疯狗浪"的影响，它只需要具备累积性。

我们团队针对数据中心的冷却问题发明了一种极其简单的产品——Koldlok。这是一种塑料插件，既可以让电缆通过地板上的送风口，又能够防止冷空气逸出。这是正中要害的小助推策略，它改变了一个行业。Koldlok问世之际，数据中心是美国电力需求增长最快的电力大户。这种对电力的需求触及了增长的四大风险（财务风险、运营风险、外部风险和战略风险）。一个成本只要几美元的塑料固定装置让数据中心在城市范围内节约电力，而且几十年后它依然在市场上有售。

有多少触发点，就有多少种助推系统的方法。哪种方法最有效，取决于具体情况。它可能是像 Koldlok 这样的产品，也可能是一项政府政策、一份清单或一项应急计划。

在研究 VEGAS 法以寻找触发点时，我的团队仔细关注了客户部署的各类解决方案，并将其归为五种最有效的助推策略（图 6.2）。

气隙　去中心化　带宽

延迟　可扩展性

图 6.2　五种助推策略

气隙

如果你想放手一试，又希望尽可能地减少失败后的损失，可以将实验对象与可能受到影响的事物分隔开。网络和软件开发人员经常创建"沙箱"，以便在将新功能接入现有系统之前先在封闭系统中对其进行测试。对组织来说，类似的方法是将高风险项目或部门与公司的其他项目或部门分隔开，给它们单独分配有限的资源和人手。这使它们能够更有效地工作，而不必太过担心失败的后果。另一方面，消除气隙可以将风险转移到对组织有利的方面，例如，向新的销售人员支付佣金而不是工资。也许你需要付给他们更多的钱，但你不必为任何低效行为买单。

去中心化

无论是信息、资源，还是许可，所有事情都包含若干关键节点。

设定此类节点可以创造一个控制点，但这也有可能使这些节点变得特别脆弱。将资源和决策权下放到网络的边缘，有助于确保即使在中央实体不堪重负的情况下，网络也能正常运转。从现代互联网到像基地组织这样的恐怖组织，这项策略推动了世界上最具弹性的网络的发展。这也是为何像麦当劳这样的跨国消费品牌在产品本地化方面（从日本的虾仁汉堡到缅因州的龙虾卷）投入了大量精力。另一方面，集中化往往能够提高严谨性和效率。惠普拆分为两家公司，这样一来，作为"摇钱树"的业务部门就可以更加专注于业绩。与施乐不同，惠普保持了多元化的投资组合，并没有削减过多部门，这让它挺过了新冠肺炎疫情的冲击。

带宽

此外，组织可以通过改变共享的信息量来创造优势。如果管理层和运营部门能够更加频繁地沟通，前面提到的数据中心故障就可以避免。如果各国的军队和外交使团能够更加清楚自己的对手，第一次世界大战也许就不会爆发。同时，减少带宽也很有用。例如，床垫商店为类似的产品起了不同的名称，这样顾客就无法进行比价。

延时

除增加网络各部分之间的通信之外，改变收集和分享信息之间的时间间隔通常也很有用。像急诊室和航管中心这类高风险环境拥有强大的实时信息系统，让所有人都能对正在发生的事情一目了然。一种很受欢迎的应对气候变化的策略，碳税，通过减少公司碳排放与感受碳排放影响之间的时间差来发挥作用。如果影响立竿见影（至少在财务上），因果之间的联系就更加清晰，从而鼓励了不同的投资决策。另一方面，房地产开发商往往选择前期价格较低，但在它们交付房产后，维护成本更高的材料。

可扩展性

网络中的某些链路和节点会比其他链路和节点更大、更快，这是很正常的。但是如果不加以控制，就会形成漏洞。权力下放之后，组织就必须扩大网络中被忽视部分的容量，以确保它们可以在必要时弥补不足。而且，至关重要的是，你需要研究扩大规模的过程，这样才能实现快速复制。例如，在新冠肺炎疫情期间，亚马逊网络服务系统为 Zoom 提供了其所需的基础设施，使其能够迅速扩大规模。[5] 另一方面，值得考虑缩减规模的挑战。新冠肺炎疫情暴发的第一年，嘉年华邮轮公司的运营费用是其收入的三倍，因为有 80 多艘船闲置。[6]

将发生在拉斯韦加斯的事情留在 VEGAS 法中

不管你是想破坏一个系统还是提高它的可靠性，从本质上来说，工具都是一样的。即通过 VEGAS 法研究优势和劣势，然后考虑能够以最小的努力创造出你想要的改变的助推策略组合（图 6.1）。

表 6.1　选择正确的助推策略组合来改变系统

	气　隙	去中心化	带　宽	延　时	可扩展性
可见性					
效　果					
酝　酿					
可及性					
安全性					

优先考虑机遇和威胁

发现触发点并了解系统中的哪一部分需要弹性，仅仅是完成了任务的前半部分。然后，你需要真正打造抗风险能力——通常情况下，不可能一蹴而就。这就引出了风险优先级的问题：首先需要处理哪些机遇和威胁？然后呢？再次呢？这不仅仅是效率的问题。随着浪潮的逼近，这可能是失败与成功之间的区别。

有一些策略可以帮助你将未来变得有利。

• 切开风险这颗洋葱：看看你将面临的所有挑战，而不仅仅是现在面临的挑战。

• 制订B计划：首先制订备用计划。

• 了解你的风险水平：考虑来自其他系统的系统性风险的影响。

• 提高你对不确定性的认识：利用技巧来提高你的背景意识。

• 发挥信息优势：基于你对系统的深刻理解，应用助推策略塑造系统，使之对你有利。

切开风险这颗洋葱

网景公司创始人马克·安德森（Marc Andreessen）现在已是一位多产的创业投资者，他将创业风险管理描述为"剥洋葱"。创业第一天，你将得到一颗充满各种可能风险的"洋葱"。然后你一层一层地把它剥开，一共有七层需要考虑。从创始团队开始，使其尽可能可靠、准备尽可能充分；验证产品概念；然后检查所需的技术，尽量减少对不确定突破的依赖。这种化解风险的做法还将延续到另外四个层面——产品发布、市场接受度、销售成本和增长成本——直至尽可能地将整个过程的风险降至最低。

只有做到了所有这些，创业才有可能成功。但在安德森的风险投资公司所投资的超速增长市场中，很少发生这种情况。一项对 350 家失败的科技初创企业的研究发现，70% 挺过了最初阶段的初创企业没能挺过 20 个月。其中：

- 42% 的公司之所以会破产，是因为它们没有做出人们想要的东西；
- 29% 的公司耗尽了资金（尽管平均每家公司都筹到了 130 万美元）；
- 23% 的公司选错了团队。[7]

Juicero 就是企业未能有效管理风险的典型例子。2017 年，冷榨果汁市场不断扩张，当时人们的想法是让冷榨果汁在家里或办公室按需供应。Juicero 公司的道格·埃文斯（Doug Evans）是一位很有魅力的首席执行官，在果汁行业拥有丰富的经验。世界上著名的两位产品设计师伊夫·贝哈尔（Yves Behar）和苹果公司的乔纳森·伊夫（Jonathan Ive）也参与其中。凯鹏华盈和红杉资本都对其进行了投资。就连金宝汤公司也为 Juicero 的发展提供了支持。[8]

尽管高达 97% 的硬件初创企业都失败了，[9] 但投资者却被这种产品吸引，就像醉酒的水手会被海妖的歌声吸引一样。"它是软件，是消费电子产品，是生产和包装。"谷歌风险投资公司的大卫·克莱恩（David Krane）说。[10] 这种高复杂性本该是一种警告，但金融家们对道格的果汁很感兴趣。他们看好团队和产品概念，而不是使其成功所必需的奇迹。

事实上，Juicero 要想成功需要很多奇迹：

- 门店所在的每座城市都必须建立一家价值数百万美元的"水果工厂"；
- 每个客户都必须花费 700 美元购买一台复杂的榨汁机，它可以对水果包施加相当于 8000 磅物质重力的压力；[11]

- 顾客必须通过移动应用程序下载和订购果汁；

- 最重要的是，顾客必须持续地想要订购每杯售价 8 美元的新鲜果汁。

随着洋葱不断被剥开，Juicero 显然注定无法获得成功。机器成功上市，但几乎没有销路。虽然人们喜欢冷榨果汁，但却不准备为此花费如此多的钱。一旦人们发现这台售价 700 美元的机器只能挤压一个果子——完全可以靠两只手完成这项工作——需求几乎就不复存在了。

"我太天真了。"埃文斯说，"我就像阿甘一样，不知道制造一件可以安全送到消费者手中的硬件需要什么。"[12] "剥洋葱"法的问题在于，它暗示你可以按照威胁和机遇出现的顺序逐一解决。Juicero 拥有一支伟大的创始团队、一款让评论家赞不绝口的产品，以及在每一个细节上都付出了努力的技术。但导致其失败的是最后几层：造价太高，不为市场所接受。

根据我的经验，更成功的风险管理策略是"切洋葱"而不是"剥洋葱"。在许多情况下，我们都是先做出决定，而决定的影响很久之后才会产生（这就是 VEGAS 法中的酝酿），进而导致最致命的风险。与此同时，许多早期已经规避了风险的因素在项目启动前会发生巨大的变化，因此必须重新加以审视。如果你是一位典型的科技初创公司的创始人，你可以设想一下项目推出时可能会出现的下列情况：

- 20%~50% 的创始团队成员离开；

- 产品交付时使用的技术与最初的原型不同；

- 在与客户交谈的过程中改变产品的概念；

- 转向不同于最初设想的销售渠道。

值得注意的是，安德森·霍洛维茨投资公司（Andreessen Horowitz）

并没有投资 Juicero。[13]

那么，你面临哪些风险层？它们是否值得一试？不论你在尝试什么，这些风险层可能都是可知的。即便你不知道，也可能有人知道并且愿意告诉你。更紧迫的问题是，你现在可以做些什么来抵消这些风险？大部分答案可以归结为开展正确的实验，制订正确的备用计划。

制订 B 计划

我职业生涯的大部分时间都在发明新事物，但是鲜有新事物能够立时奏效。拉尔夫·古根海姆（Ralph Guggenheim）是我早期的导师。他是皮克斯的创始人之一，也是第一部 3D 动画长片《玩具总动员》的执行制片人。拉尔夫教给了我早期职业生涯中最重要的一课，那就是制订 B 计划。

拍摄《玩具总动员》时，皮克斯遇到了两个危险的时刻。拍摄进行了四分之一的时候，他们意识到自己选错了角色。进行到四分之三的时候，他们又意识到故事线出了问题。

大多数情况下，上述任意一个问题都有可能令这部电影流产。但皮克斯团队早已预料到拍摄过程中会出现问题，毕竟，他们是在使用新技术拍摄一种从未有人尝试过的电影。因此，他们没有选择制订一项从头到尾的计划，而是构建了一个模块化的系统，如果需要，可以在以后重新组合。

在实践中，这意味着要独立创建每个电影角色，并为每个角色编排全方位的动作、手势和表情。环境和照明设置也是如此。因此，前期需要完成大量额外的工作，但是一旦危机来袭，模块化的设计使得调整角色和故事线以及"重新拍摄"变得更加容易，损失的时间也相对较少。如果无法在过程中进行调整，几乎可以肯定的是，即使使用了开创性的技术,《玩具总动员》也一定会成为票房"毒药"。更有可能的是,它根本无缘大银幕。

与维斯普奇的逐步探索策略类似,这种方法适用于各种项目。如果因为机会太大而无法避免承担风险,模块化就是一项很好的计划。无论你是在创立一家企业,研发一款产品,开展一个研究项目,还是制定一种投资策略,都是如此。当一个环节出了错,你可以将它隔离开来,进行修复。这是一个处于抗风险规划核心的概念。

了解你的风险水平

尽管"泰坦尼克号"的故事被过度渲染,但它仍然是代表不充分了解风险的后果的一个极佳案例之一。毕竟,"泰坦尼克号"号称"永不沉没之船",主要以安全性为卖点(此外还有其体积、豪华程度和现代性等)。这个故事中一个鲜为人知的因素是,运营"泰坦尼克号"的白星航运公司当时正在被竞争对手赶超。白星公司把这艘"永不沉没"的巨轮看作一次高调的投资与营销妙计,也是一个可能扭转其命运的机会。

"泰坦尼克号"在船体上的创新举世闻名。它拥有16个可以在船体破损的情况下密封的水密隔舱,相当于海上版的气隙策略。然而,灾难降临时,海水在顷刻间便灌满了6个隔舱,导致船头向下倾斜。[14]哈兰德与沃尔夫造船厂设计的舱壁虽然远远高出水线,但却未与隔舱天花板相连。因此,当船身向前倾斜时,水涌过舱壁,慢慢地将船头拖到水下,直到船身断成两截。

也许他们本该预见到这种灾难,但是导致船只沉没的原因林林总总,不一而足。他们真正的错误在于自以为掌握了所有可能出错的原因,从而导致他们在创新冗余方面十分吝啬,比如没有安装大容量的水泵。"泰坦尼克号"的设计标准很高,但这并未消除疯狗浪——或是相当于疯狗浪的冰山——所带来的危险。

风险经常遭到这样的误解,即便(也许尤其是)经验丰富、消息灵通的专业人士也未能幸免。他们认为,未来应与他们的生活经验相一致:

· 2001年9月11日之前,艺术品保险公司从未认真考虑过美国世贸中心被摧毁的可能性,尽管不到十年前,就有恐怖分子在那里引爆过炸弹。他们"根本没有想到",基地组织的袭击会令自己蒙受保险业历史上最大的损失。[15]

· 2020年夏末,加利福尼亚州山景城的一所蒙台梭利学校在新冠肺炎疫情暴发期间向学生们敞开了大门。他们阅读了关于儿童安全的最新研究,相信可以让孩子们戴好口罩并保持距离。他们打开窗户,在露天的院子里提供午餐。开学三天后,他们不得不关闭窗户,以阻挡由闪电引发的森林大火带来的烟雾。一道闪电就打乱了他们几个月来的计划和准备,学校不得不停止教学。[16]

· 20世纪90年代,长期资本管理公司利用50亿美元的资产,以超过1万亿美元的头寸借入1200亿美元。公司领导者是所罗门兄弟公司的前债券交易主管约翰·梅里韦瑟(John Meriwether)与诺贝尔经济学奖获得者迈伦·斯科尔斯(Myron Scholes)。[17] 借款方觉得梅里韦瑟和斯科尔斯是世界上最聪明的人,但是只要稍做调查,借款方就会意识到,只要市场发生变化,这家公司就会倒闭——在此例中,这个变化就是1998年俄罗斯政府的违约行为。

在这些例子中,专家们都解决了某个系统层面的风险,但也都没有从下一个层面审视这些风险。机械工程师也许了解钢铁,但不懂人事变动;设备工程师了解空调,但不懂森林火灾;对冲基金经理知道如何向投资者推销产品，但对地缘政治的理解也许并不可靠；优秀的运营主管也许知道如何服务于现有客户、如何优化劳动力，但却不知道如何通过创新技术赢得新市场。这些专家都了解风险，但是他们的知识仅仅局限于某个领域。在一个层面上显而易见的东西也许在另一个层面上并不透明，这就是你需要工具来看待处于不同规模上的相同挑战的原因。

提高你对不确定性的认识

在这一点上，应该明确的是，能否应对疯狗浪主要取决于你能否理解不确定性：它来自哪里？可能性有多大？会产生何种影响？也许，对于不确定性的误解同样无穷无尽。你可能会像Juicero那样，以错误的顺序处理风险；也可能以为自己最熟悉的可能性最后出现或是会造成最大的影响。既然落入这些陷阱的聪明人不计其数，那么你又该如何避免这些陷阱呢？

最佳的答案就是提高意识。听起来可能过于哲学化，但这是事实。本书所选的类比和例子分散在看似随机的领域之中，部分原因就是为了说明这一点。

到目前为止，你已经了解了品酒、石油钻井平台、海洋勘探、数据中心、发电风筝、世界大战、中国的人口统计、福尔摩斯、火箭、遗传学、飓风、自行车打气筒、失败的创业公司、恐怖袭击、假肢，以及其他十几件事情（后面还有更多例子！），每一个案例都在解释某个概念，没有任何一个案例可以单独撑起本书，但是将它们结合在一起，就可以讲述一个更大的故事。

这种案例与类比的特定组合并没有什么神奇之处，其他人也可以用一套完全不同的组合来阐述同样的观点。主题的种类与范围才是重中之重。一个不可避免的事实就是，没有人能够掌握所有的答案或是了解所有的替代方案，无论专家多么希望你相信这一点。你需要从多个角度进行分析和观察，才能对当下有准确、相关的了解，这样才能更好地为未来做好准备。

我没有惊人的智慧，也没有受过良好的教育，但我有着极强的好奇心，这可能是我作为一名顾问的最大财富。这意味着我必须比大多数同事收集更广泛的信息和观点。因此，如果你希望能从本书中学到什么，那就是要怀有更强的好奇心，相信它会帮助你更好地做出决定。

除此以外，你还可以通过下列步骤拓宽视野，从而提高对于可能面临的可能性、威胁与机遇的理解。

1. 与不同领域或资历的人交谈。原因显而易见，但在实践中却很少有人这样做：你上一次与收入只有你一半的人共进午餐，或是向一个你知之甚少的领域的专家提出有深度的问题是什么时候？与组织中呼叫中心的工作人员聊天，你就能了解很多有趣的逸事，其中的一两个可能会改变你的观点。

2. 阅读一些历史书，尤其是不熟悉的时代与地区的历史。大多数错误都有人犯过，大多数优秀的决定也都有人做过。观察一个不熟悉的时代或地区，有助于你消除一些因所处的时代或地域而产生的偏见，由此产生的见解也更容易给你带来惊喜。

3. 考虑其他领域的推论。这只是将上一个步骤付诸行动。当你面临不确定性或艰难决策时，寻找一个经常做出此类决定的领域。也许你不会经常处理快速的人员流动问题，但是麦当劳的经理会。那他们是如何处理的？评估风险可能不是你业务的核心，但对保险代理人或巡警来说却是如此。

还有第四步可走，就是学会如何从概率的角度思考问题。这一步与其他步骤不同，因为它不是在揭示未知的可能性，而是把被忽视的可能性推到聚光灯下，让你放弃那些有吸引力但牵强的替代方案。

仅仅意识到可能发生的事情是不够的。养成评估所有备选方案的可能性的习惯，或者请对该主题更为了解的人和你一起评估也很重要。你在书中遇到的许多伟大的投资者和企业家——杰夫·贝佐斯、查理·芒格、埃隆·马斯克、瑞·达利欧等——他们的成功大多建立在知道什么是可能的、什么是不可能的基础上，而在这些领域中，其他人都在盲目接受假设。

为了更好地解释这种方法的价值，我会再介绍一位投资者，也许你之前从未听说过他。

发挥信息优势

我的一位同事（我们叫他比尔）每年都能为一家大型投资财团找到数百个投资机会。大约千分之一的财团投资者能够押对宝，但比尔却几乎从未失手。他的做法有何不同呢？

这个由天使投资人组成的财团就像是吸引绝望的初创企业的鱼钩，而比尔为其提供的服务是研究这些初创企业并提出建议。他的办公室会收取相应的咨询费，但这不是他成功的主要原因。因为真正负责研究的人是他，而且他已经深耕这一领域多年，他的投资经验比其他天使投资人都要丰富。他借鉴了成千上万个案例，而其他人可能只参考了五六个。他的好奇心也很强，经常与来自不同领域的专家交谈。他相信，总有一天，这些知识能够为他所用。

通过收集所有信息并加以比较，比尔能够对所有初创企业的成功概率做出非常可信的评估。这使他能够将最好的投资机会留给自己。在一场回报率仅为百分之一的游戏中，这种做法可以将财团千分之一的成功率转变为比尔的十分之一。

当然，没有什么稳赚不赔的赌注，尤其是在风险投资的世界里。如果你读过纳西姆·塔勒布的《黑天鹅》，也许还记得他对于管理风险的建议：用大部分资金进行可靠的低风险投资，将一小部分资金投入具有巨大（甚至不可估量）风险的超高回报赌注，并购买保险或对冲下跌的风险。这是一条好建议。

可以用我们一直在使用的术语将这条建议归结为：

- 设计一个回报率较低但可靠的稳定系统；
- 使用影响力放大器和气隙将自己与主要威胁隔离开；
- 进行少量高影响、低概率的投资，如果有合适的疯狗浪来袭，这些投资将得到回报；
- 疯狗浪涌现时，通过助推策略来最大化杠杆作用。

在处理一个真正的随机系统时，这些建议十分合理，因为所有玩家都能获得相同的信息，而且猜中的概率相同。但是在许多情况下，如果你握有信息优势，就能提高这些概率，而这正是比尔所做的事情。

如果信息优势能够帮助你控制事件的时机、顺序或对冲，就能使未来对你有利。比尔通过三种方式做到了这一点：

1. 他做了别人不愿做的侦查与尽职调查工作，以便细化知识粒度。这使得他比大多数投资者更胜一等。

2. 有了这些知识，他就可以提前入场，为自己挑选最好的项目。

3. 比尔始终确保自己握有足够的自由资本储备，以便在看到优势或概率发生变化时能够加倍投资。

如果把投资以及其他商业决策看作是一家赌场，那么比尔的方法就相当于坐庄。某个情况的许多方面可能确实混乱不堪，但一定有些是可靠、可知的。任何商业决策都包含下列方面：

- 真正的混乱；
- 概率性；
- 可以预测；
- 可以在不同的规模上进行管理。

庄家和普通玩家的区别就在于是否了解这些方面的不同。

改变确定性和影响

从小到大，我非常喜欢的一首歌是肯尼·罗杰斯（Kenny Rogers）的《赌徒》（The Gambler）。许多人和我一样，因为这首歌是有史以来最畅销的乡村歌曲之一。也许是因为它讲述了一个简单的故事，或是因为它有一段美妙的旋律，或是因为"你得知道何时叫牌，何时弃牌"仍然是乡村音乐中一段非常好的副歌。但是最令我难忘的却是其中简单的真理："每一把都可能会赢，每一把也都可能会输"以及"生存的秘诀是知道什么该扔掉，什么该保留"。

在许多情况下，真正的游戏不在于手中的牌，而在于了解如何利用手中的牌，使牌局变得对自己有利。

生意场上，我们很容易坚持自己的信念，而不是怀疑自己对现实的理解。我们只看到自己手中的烂牌，却没有考虑到竞争对手面临的限制。我们关注的是我们对于这些牌的重视程度，而非这些牌本身。每个人都希望拿到"同花大顺"，但有时靠着"一对三"也能赢牌。在网络扑克的牌局中，平均而言，手气最好的玩家的赢率只有12%，而诈唬的玩家受到挑战的概率只有1/3。[18] 因此，如果你能在恰当的地方创造变化，即便只有一手烂牌，也能成为最终的赢家。

但是大多数没什么经验的玩家要么把把下注，要么一直等待同花顺的出现。

试图改变胜算时，你要掌握的一个很重要的技巧是知道要避开哪些变化。把注意力放在无法控制的重大系统性问题上很少能够获得回报。同样，专注于无法造成显著变化的小事可能也是在浪费精力。要确保治标也治本，这一点也很关键。

避免犯下这些错误的方法就是，在决定采用什么组合方式之前，先要诚实、准确地了解真正能够实现的改变，以及这些改变会产生多大的影响。要想有效地击败庄家，首先要（通过 VEGAS 法或类似的东西）确定触发点，然后通过制造空隙、改变带宽和延迟等推动系统。

选择正确的干预组合

如果想将本章介绍的各种技巧付诸实践，你首先需要列出能够最大限度地减少威胁或创造机遇的干预措施清单。根据这张清单将它们分别归为低影响、中影响、高影响干预措施，就能有效地确定优先级。

低影响：改变系统激励机制的变化。这些项目通常涉及标准和补贴，例如，向完成特定任务的员工与合作伙伴提供奖励。因为这些项目并未真正改变系统，每个人都会立即着手尝试。只要清楚你想让他们遵照怎样的游戏规则行事，这也许就能够成为非常强大的技巧。

中影响：调整系统内部概率的变化。通常，此类项目会通过助推策略改变系统的速率、频率和输入。SpaceX 就是一例。它在设计和生产过程中建立更快的反馈循环，从而加速了整个组织的发展。

高影响：针对系统基本结构的变化。这类项目通常通过助推策略和影响力放大器（时机、顺序和对冲）来完成，可以改变系统中各链路与节点之间的连接。例如，外科医生会在心脏病患者的心脏中安装新的静脉来绕过堵塞的静脉。在商业领域，结构性转变常常可以改变权力的分配与系统的目标。像推特和Parler这样的社交媒体软件已经改变了人们的思维方式与力量，所有人都能绕过旧体制的守门人，听到想听的声音。在欧洲势力范围内相对不为人知的亚美利哥·维斯普奇，却因为将自己对"新世界"的看法写进了地图，改变了欧洲探索（当时的高风险、高回报业务）的优先事项，并在这一过程中将自己的名字变成了美洲大陆的名字。

把握威胁与机遇的时机

大多数重大事件发生之前，总会出现一个或多个偏离正常数值的指标。如果你知道应该关注哪些指标，就能因此获得信息优势。例如，瑞·达利欧就讲述了自己追踪"抑郁指标"（Depression Indicator）的故事，该指标在2008年的经济危机之前就已消失了。[19] 本节后面所列的威胁与机遇表（表6.2）就是一个旨在识别与你最为相关的指标的类似工具。

不过，一定要记住，追踪一个指标并不意味着只要它发生变化，就必须做出反应：图表出现峰值不一定表明危机已经出现。如果它出现在遥远的未来，在统计学上就没有多大意义，因此往往可以忽略不计。太阳总有一天会变成超新星，但是，我们今天还不需要准备逃往另一个太阳系。

有时指标十分模糊。例如，气候建模师使用的技术与股票分析师类似，但他们预测的不是将在未来一天或一年，而是几十年或几个世纪内出现的气候变化，这就使得预测的可信度有所减弱。与此同时，过去20年的一贯趋势表明，气候正在变化。问题是这种变化究竟有多大？应该采取什么样的应对措施？何时采取措施？

模型不够完善或具有政治盲目性都会引起争论，平息此类争论的一个方法就是，明确哪些触发因素可以促使我们采取行动，以及何时采取行动：最晚何时需要做好准备，最早呢？

出于政治考量，领导者往往激励我们透过过去，展望未来。很少有人会因为预警了下一波浪潮可能比上一波更大而受到奖励，相反，他们会因为破坏了一派祥和的气氛而受到惩戒。巨轮沉没之后，他们与他们所做的警告都将被小心翼翼地从历史中抹去。

这就是创建一个旨在追踪威胁与机遇发生概率的表格十分有用的原因，这样，人人都能看到：

- 哪些威胁与机遇在增加；
- 哪些威胁与机遇在减少；
- 哪些触发因素可能导致事情加速、减速或中断。

这种方法不仅可以剔除对话中的政治考量，还允许团队在讨论需要重置的优先事项时，使用相同的环境战略信息。

创建威胁与机遇表

在与客户一起追踪威胁和机遇时，我们创建了两个表格，一个侧重于机会，另一个侧重于威胁（表 6.2）。

表 6.2　威胁与机遇表

彻底的变革	需要跟踪的潜流	变革的可能性			
		3 个月	6 个月	12 个月	24 个月
财务风险					
运营风险					
外部风险					

续表

彻底的变革	需要跟踪的潜流	变革的可能性		
战略风险				
需要关注的触发因素				
触发因素 1				
触发因素 2				
触发因素 3				
触发因素 4				

表格上半部分的最左侧一栏是可能改变企业生态系统的四大风险（财务风险、运营风险、外部风险和战略风险）事件清单，回顾本书第 1 章提出的四大风险，可以得到一张优秀的初始列表（见表 1.1）。第二栏列出了推动这一变化的潜流，本书第 2 章中的十种潜流（见表 2.1）就是一个不错的起点。其余各栏是对这些问题长期影响的评估。表格的下半部分是已知潜在触发因素的一览表。变化往往由贸易展、收益报表、选举、贸易谈判，以及圣诞节和春节等重大节日的节奏所驱动。一览表也许可以提示你何时、何处会有事情发生，即使你不清楚将发生何事。例如，我们能够充分了解到，各国将在 2021 年第一季度开始宣扬自己的权力，以测试拜登政府的反应；中国也有可能在之前几周大力推动欧盟贸易协议。

政府和对冲基金聘请了大批分析师来跟踪此类事情。此外，他们还会通过承包商寻求第二意见。但在大多数情况下，美国的未来并不会处于危险之中。我们的目标仅仅是在不付出巨大努力的情况下防止出现非受迫性失误。你可以从快速的头脑风暴会议和电子表格中获取所需要的大部分见解。关键是要从持有不同观点的人那里汲取信息，从而将其转化为你的优势，而这些人可能比你更了解不断演变的机遇、威胁、触发因素或技术。

彼得·德鲁克（Peter Drucker）说得很对：如果可以衡量，事情就能够顺利完成。对于以业绩为导向的组织来说尤其如此，这也是为何你应该持续评估机遇和威胁。除了可以帮助你应对未来的挑战，它还能帮助你确定优先事项。当地狱般的烈火从另一边向你袭来时，扑灭火苗的举动完全是在浪费时间。

考虑可逆性

领导者经常会患上分析瘫痪症，因而忘了在考虑问题之前，提出第一个也是最重要的一个问题：这个决定的可逆性如何？杰夫·贝佐斯在2016年致亚马逊股东的信中解释了他是如何优先考虑风险的：

> 有些决策会产生重要影响，这些影响就像一扇单向门，是不可逆或几乎不可逆的。只有在有条不紊、小心谨慎、不徐不疾地深思熟虑和协商之后才能做出这些决策。一旦推门而入，即便不喜欢门后的一切，你也无法再回到从前。这种决策被称为第一类决策。
>
> 但大多数决策并非如此，它们是可变且可逆的"双向门"。即便做了一个次优的第二类决策，你也无须长期忍受由此产生的后续影响。你可以打开门，回到原来的地方。第二类决策可以且理应由决断力强的个人或团体迅速做出。

哈兰德与沃尔夫造船厂的失败就在于，他们将第二类决策（如果不对"泰坦尼克号"进行大力营销，该季度的营收将惨不忍睹）置于第一类决策（如果"泰坦尼克号"在首航时沉没，就会有人丧生，而这将是我们的过错）之上。

因此，确定风险优先级的第一步是弄清哪些决策可以撤销，而哪些不能。维斯普奇精心设计了航线，使之成为第二类决策，因此他们才能沿着南美海岸相对快速地前进；皮克斯在制作《玩具总动员》时的大多数决策也都是精心设计的可逆决策。这是"可能性之树"的一种非常好的用途。它可以告诉你何处可以将威胁与机遇分开，从而增加第二类决策，减少第一类决策。

对于那些不可逆转的决策，你的主要任务是了解在不受不确定性影响的情况下，你能够接受怎样的后果并预先做好准备，以应对可能出现的糟糕结果。

决定采取什么行动

有四种方法可以改变不确定性的影响（图 6.3）。

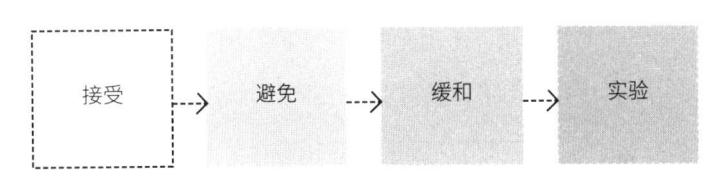

接受 → 避免 → 缓和 → 实验

图 6.3 行动轨迹

不同性格类型的人倾向于选择不同的应对方法。最大程度地减少偏见的一个方法是（再次）创建一个威胁与机遇表，在上面有意识地列出你将如何处理这个问题，并把重点放在与本能相悖的选项上。

避免还是接受？

有些威胁与机遇是你能够处理的，有些则不然。虽然需要避免的威胁显而易见，而且经常会让你恨得牙痒痒，但是应该避免的机遇却没有那么明显。

分享一个我在咨询工作中遇到的例子。我曾负责帮助一家服务公司发展壮大。正当我们在创造价值200万美元的服务时，公司得到了一笔1600万美元的投资。深思熟虑之后，我们拒绝了这笔投资。

为什么呢？因为即使公司成功落实了所需的各项性能，也没有办法始终维持同等规模的工作，来支付由此增加的基础设施、招聘和培训的费用。

缓和还是实验？

有时，你可以通过缓和措施来实现你的目标。缓和仅仅意味着应用已知工具最大限度地减少决策的负面影响，或者在某些情况下，最大限度地发挥其正面影响。在此前的三章中，你已经学会了如何为更美好的未来定位。我们讨论了如何通过减少延迟和空隙来助推系统，以及如何改善时机、顺序和对冲。归根结底，这些都是管理不确定性的工具。

这种思考非常实用。下面是我在咨询实践中遇到的一些例子：

• 一位客户希望我们能够创造一种可以收集包括指纹、照片和个人信息在内的一系列用户数据的应用程序。虽然客户的动机并无恶意，但潜在的信息泄露却有可能引爆问题。我们向客户明确说明了情况以及将用于减轻这一威胁的方法（我们将数据安全地存储在独立的安全隔离网络之中，而且尽可能快地删除了数据），并且解决了我们可能因合同而承担的任何潜在责任。最终，我们不仅拿下了一个重要项目，而且没有承担任何下行风险。

• 与我合作的一家信息技术公司使用成本波动很大的内存芯片。成本低的时候，它的产品可以盈利。一旦成本增加，该公司的发展就有可能受到限制。为了减轻这种威胁，该公司会在芯片价格较低的时候通过第三方购买并囤积芯片。这种VEGAS法对所有人都有好处：我的客户知道自己在芯片上的开支，因此可以锁定利润，而第三方则能够对像我的客户这样的一千名客户收取合理的费用。

我在本章中介绍的所有工具、技巧和方法都可以帮助你识别并优先考虑你需要做出的改变，以便将它们分解成可执行的小型助推因素。将一个问题分解成若干更容易处理的小问题可以最大限度地提高成功的概率，同时最大限度地减少失败的机会。也许你此前从未接触过这些方法，但是其实它们早已存在，成功的领导者及组织每天都在运用这些方法。

如果无法改变流程，或者改变流程无法解决问题，那么你往往可以创新方式，跳出思维框架的束缚。这就是下一章的主题。

小结

让未来对你有利

1. 确定需要管理的变化。
- 根据新威胁与新机遇的重要性对其进行管理，而不是根据它们出现的顺序。
- 确定会导致变化悄然而至的触发因素。
- 评估概率将如何随着时间和你的潜在反应而变，以及应该何时采取行动限制它。
- 创建机遇和威胁表。在时间轴上将机遇和威胁标注出来并加以跟踪。

2. 评估选择。
- 确定可以对系统进行调整的地方以及可以观察到的变化。

- 追踪机遇和威胁。
- 优先考虑可接受、避免、缓和与实验之处。
3. 将机会转移到对你有利之处。
- 确定能够改变系统的助推策略与影响力放大器组合。
- 决定如何安排时机、顺序并对冲你的反应。

为了迎接明天的挑战，今天需要完成的任务

- **从未来回溯规划**。教导团队思考项目风险，从项目的结果开始回溯，确定会导致失败的因素，然后进行流程调整，使概率向着有利于你的方向转变。
- **定期进行威胁与机遇评估**。指派一位引领者系统地评估威胁与机遇，并围绕威胁与机遇制定管理策略。注意，评估的水平和频率必须与组织的实际情况相符。
- **支持积极的机遇与威胁管理**。创建明确的预算来积极地改变成功的概率，调整项目规划以支持这项工作。
- **与基层管理人员交谈**。了解他们是否知道评估威胁与机遇的原因，以及他们需要什么才能更轻松地主动回应，并与高层领导者就模糊的问题展开讨论。

7

实验

创建能够使成功的益处最大化并且使失败
的影响最小化的实验组合。

我住在旧金山湾区的索萨利托小镇。我经常路过的一栋建筑前有一块生锈的牌子，上面写着"海湾模型"。多年来，我一直想知道它究竟指的是什么。大概是旧金山湾，可是水体模型要怎么制作？终于有一天，我趁着午休时间走了进去。眼前的一切令我大吃一惊。

那是占地128000平方英尺的整个旧金山湾区的水利模型。为了解海水如何进出海湾与萨克拉门托－圣华金河三角洲，美国陆军工程兵团在20世纪50年代建造了这个模型（图7.1）。它不仅是一种视觉呈现，实际上，模型中的水流会在模拟地块之间来回流动，穿过按比例缩小的航道、河流、小溪、入海口与三角洲上的运河。海浪与水流拍打着阻挡水流的主码头、突堤、船台、堤坝、桥梁与防波堤。该模型囊括了北美洲西海岸最大河口的整个系统中的所有重要节点和环节。[1]

图 7.1　海湾模型（局部）

图片来源：Cary Bass-Deschenes[2]

　　一个如此复杂的可见系统模型，不仅仅可以帮助工程师说明水流的变化，而且使那些可能不了解系统细节的人能够知晓它是如何运作的，并确定低影响、中影响、高影响干预措施的正确组合，以实现他们的目标。

　　和大多数技术人员一样，我并不知道旧金山湾区远不止是硅谷。它是金融中心、区域航运和造船中心，也是农业重镇。加利福尼亚州的中央山谷生产了美国 25% 的粮食，消耗了该州大约一半的水。为其供水的河流对维持生命至关重要。由于该地区的地下蓄水层已被抽干，部分谷底已经下降了 28 英尺。农民越来越依赖三角洲的水，否则这些水会通过旧金山湾流入海洋。[3] 自加利福尼亚成为一个州以来，城市和农村之间的冲突造成了政治与经济上的紧张。自 20 世纪 40 年代以来，城市居民一直在抱怨交通问题；早在此之前，农村居民就已经开始抱怨水权问题了。

　　早在 20 世纪 50 年代，约翰·雷伯（John Reber）就提出了一个宏伟的想法：用几百万块石头解决两大难题（交通和防洪）。他想用一条36车道的超级公路填平海湾，把海湾改造为两个淡水湖。[4] 政府认真考虑了雷伯的建议，也许是因为荷兰人当时正在做一件同样大胆的事情，即须德海与三角洲工程。这项工程有效地从海上筑起了莱茵河三角洲大坝，保护了荷兰700公里的海岸线免受洪水侵袭。

雷伯请美国顶尖的土木工程师设计并起草了方案，也请了当地颇具分量的报纸加以宣传。旧金山的市政主管称其为"命运"——雷伯甚至说服国会为"海湾模型"提供资金，以今天的美元购买力计算，该项目耗资约2500万美元。他希望这能使反对者闭嘴。

可惜最终适得其反。美国陆军工程兵团在其官方报告中称，"不论从何种参考框架来看"该计划"都不可行"。该模型揭示了一些不容忽视的二阶和三阶效应，如洪水、航运中断和水污染等。

有些伟大的想法奏效了，但这个想法却并不可行——至少，无法达到雷伯的预期。从疏浚航道到挖掘灌溉渠，半个世纪以来，"海湾模型"被用来测试各种项目。这个模型建成后获得了很好的经济效益，并使整个地区受益——规划者突然能够在投资大型公共工程之前进行模拟。

我们已经了解了模拟和建模的价值，但这里还有更深的一课要学。"海湾模型"并没有模拟任何单一的项目。在它投入使用的50多年里，它模拟了成百上千的潜在项目。通过提供一个可以真实预测成本和影响的"沙箱"，它降低了在那里测试的任何项目的失败成本。

它巨大的规模和包罗万象的性质也允许其同时对多个项目建模，规划者可以看到多条运河与填海工程工作将如何相互影响。多个事件的意外后果是本书反复出现的主题，而处理这些事件的最有效方法是同时建模。平行实验是实现这一点的有力工具，我们将对此进行更详细的讨论。

大规模建模平台的另一重效用往往没有得到重视，那就是它可以鼓励人们开展实验。想出可以尝试的想法十分容易，但觉得有理由去实现它们就要难得多了。大多数人天生厌恶风险。但是，如果失败的成本极低，你往往会尝试很多东西。而一旦尝试了很多事物，总有一些最终能够获得成功。

尝试更多创新未必总能让你更赚钱

如果已经不可能避免或减轻风险，你就需要创新应对方式。这意味着你要承担那些可以增添和测试知识或是将知识整合到更好的流程之中的任务。这些任务就是实验。

根据最近对103家公司23年来研发投资的跨部门研究，长期业绩与实验增加的多少相关。[5]尤其是，该研究发现研发与下列因素呈正相关关系：

- 未来收益的标准差；
- 后续的经营业绩；
- 盈利能力；
- 股票价值；
- 收入增长。

也许最重要的发现是，研发投资对市值的影响是有形资产类似投资的两倍。

正如杰夫·贝佐斯所言，"如果每年所做的实验数量能够翻倍，创造力就会翻倍"。一个显而易见的结论就是增加你的研发预算，对吧？

不幸的是，有大量其他研究表明，研发预算与增长之间的联系更加脆弱。例如，2014—2018年间，中国电子巨头华为每年的平均

第二部分：行为转变

研发回报率超过 10%，而其竞争对手小米公司却只有它的一半左右（图 7.2）。

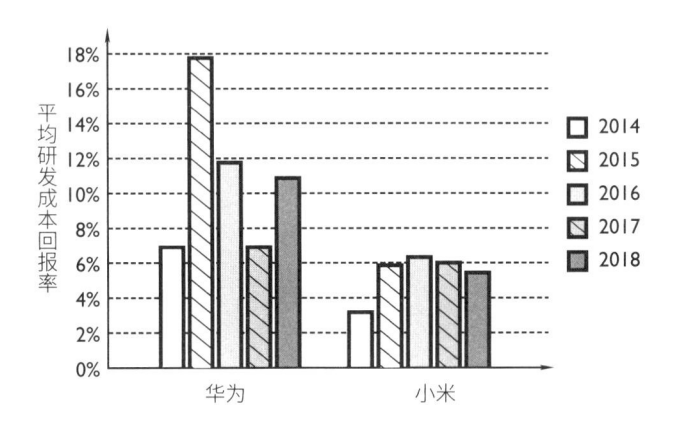

图 7.2 研发成本回报率

资料来源：Diego Santizo, "The Other War Between the US and China: Investment in Research and Development," UFM Market Trends, February 12, 2019, https://trends.ufm.edu/en/article/other-war-us-between-china/.

为何会有如此巨大的差异？

将实验视为投资确实有所裨益。有些会成功，有些会失败，不同的群体有不同的投资策略。愚蠢的投资者往往出于情感上的原因选择几个赌注，而不是将其作为针对增长的四大风险的战略反应的一部分。

就华为而言，从芯片组到操作系统，从手机到信号发射塔，它正试图控制全球 5G 无线生态系统。如果赢了，它就将占领整个市场。另一方面，小米公司专注于建立消费者忠诚度和始终如一的品牌体验。它与广泛的第三方创新者合作，定制现有技术，并不断推出新产品，以满足快速变化的消费者需求。

华为下了很大的赌注，因为潜在收入是长期和深入的。小米公司避免了研发的风险，因为消费者十分善变，技术变动十分迅速。这两种投资组合方式都是有效的，重要的是它们都是战略性投资。

投资组合方法不仅仅意味着投资许多不同的东西。投资组合必须经过精心设计。将鸡蛋全部放在一个篮子里是一个坏主意，但如果无法以协调或分配得当的方式将它们分散到众多篮子里，反而更糟。

你可以在股票市场上看到这一幕。我父亲投资了十几只他相信的股票。它们跨越了各个行业，但都是高风险股票，一旦出现金融危机就会下跌。2008年，这些股票的价值跌了70%。虽然我父亲认为自己拥有多元化的投资策略，但却没有考虑系统性风险。

一个好的投资组合要考虑投资的时机，从而使不同投资的上涨和下跌不同步，并且有一定的限制。这样一来，不可能所有事情都同时出错。投资者经常使用所谓的"杠铃策略"，如纳西姆·塔勒布的策略，以降低高增长投资的风险：

- 将大部分资金投入可靠的投资工具，如债券；
- 把一小部分资金放在有可能带来巨大变革的风险赌注中；
- 然后，对这些赌注可能出现的任何不可预见的负面影响进行对冲或投保。

同样的挑战也适用于创新投资组合。任何存在许多未知因素和高易变性的情况都有可能出错。创新领域的特征就是失败的可能性。不过，你可以通过排序和对冲来防止项目失败，以确保事情不会一下子出错，而且就算出错，也有时间和资源来恢复。

选择正确的实验

实验投资组合经常失败，因为它们的平衡性很差。这种缺乏平衡的情况通常来自对成功的渴望。试想一下，一位初级经理带着一个新计划来找你。虽然这个计划成功的概率只有 20%，但即使失败了，它也能给团队带来大量关于快速增长的新知识。你会应允吗？

聪明的经理会同意这个计划，在同事面前赞扬初级经理的大胆，然后给予加倍的鼓励，并在计划失败时对她加以保护。这项计划就是一个实验：是的，如果它能够证明你的直觉，当然是件好事，但从这个过程中获得最大的洞察力则更为重要。表面上听起来，这种方法有违直觉，如果你所有的实验都像这样，那就有问题了。但是，如果你把实验看成投资组合，这种高风险投资就会具有很大的意义。领导者需要奖励精心设计的实验和投资组合，而不是奖励它们取得的结果。否则，员工就会进行那些结果早已经注定的"科技展览会"上的示范一般的实验，而且他们会规避风险而不是管理风险。你会遇到棘手的难题，最重要的是，你把精力花在了没有回报的实验上。

我的团队在审核实验组合时发现，总体而言，它们不可避免地倾向于：

- 在风险管理方面与组织的文化信念保持一致；
- 与组织更大的风险战略不一致。

你可以将实验作为一个群体来看待，并提出以下问题来避免这种情况：

- 你的努力是否集中在你所发现的威胁与机遇上？（可以使用本书前一章的威胁与机遇表来评估这一点。）
- 实验是否符合你所制定的规避、缓和和创新战略的要求？

理想情况下，你可以与团队合作，询问实验的权重是否适当，以得到理想的结果。

实验类型

第一步是将你的投资组合分类（表7.1）。概括地说，共有三种类型的实验，我将从15世纪末西班牙和葡萄牙争夺亚洲的不同方面加以说明。它们的王室法庭是当时最大、最积极的风险资本投资者。

增长实验是通过促成100倍的成果推动你走向美好的情景的实验。西班牙君主在面对葡萄牙在非洲和亚洲的统治地位时决定资助哥伦布西行的做法就属于这一类。虽然极不可能成功，但仍然值得一搏。

持续性实验通过保护现有利益来减少出现坏结果的机会。多年来，葡萄牙人雇用哥伦布及其兄弟所做的事情就属于这一类。王室法庭阻碍了克里斯托瓦尔寻找另一位投资者的能力，同时为其自己的非洲探索提供了资金。

保险实验可以在糟糕或不好的未来发生时提高你的抗风险能力。当哥伦布宣布发现美洲时，葡萄牙人会见了西班牙外交官，以澄清他们在新大陆与大西洋的产权。结果两国签订了《托尔德西里亚斯条约》，将现有边界线向西移动了近1000英里（270里格）。一些学者认为，葡萄牙人希望保护他们的船只借助非洲周边信风航行的能力，但葡萄牙国王很可能已经了解到了巴西的存在，并希望阻止西班牙人进入任何通往亚洲的南方通道。[6]

一旦实验目标被适当地分散，就需要确保团队专注于实现正确的目标。在上述哥伦布的例子中，所有投资者都在推动实现不同类型的控制：

- 西班牙人试图重新连接系统；
- 葡萄牙人想减缓对通往亚洲的东部线路的探索，因为他们想增加自己的杠杆效果；

- 葡萄牙人还启动了《托尔德西里亚斯条约》，试图在现有系统中增加变量——换句话说，就是创造旋钮。

表 7.1　根据这些标准，你的投资组合的多元化程度如何？

	重新规划	杠　杆	旋　钮
增长实验			
持续性实验			
保险实验			

实验成本与其所产生的信息的价值并不一定相关。例如，伊莎贝拉女王为哥伦布首航所花的前期费用，经通货膨胀调整后不足 500 万美元。[7]这对一个民族国家来说也就是几分钱而已，尤其是与现代类似的重大事件（如登月旅行）相比。

对今天的组织来说，进行有价值的实验所需的工具正在不断变得更好、更便宜。这表明，你应该根据实验对目标的推动能力，而不是完成实验所花费的精力或金钱的多寡来确定其优先次序。

平行实验与系列实验

当我们考虑进行大量实验时，通常依次开展系列实验，就像维斯普奇在航行中所做的那样。但是今天世界的发展比 1501 年快得多，处理这个问题通常需要进行平行实验。

新冠肺炎疫苗的研发和分配就是平行实验的生动例子，也是回报往往值得进行成本更高、效率更低的实验的原因。

疫苗的研发通常需要十年或更长时间。新冠肺炎疫情之前，腮腺炎疫苗是研发时间最短的疫苗，只花了四年时间。研发速度的缓慢是有原因的。疫苗的研发始于大量的候选化合物，其中只有少数几款能够上市。人们会分阶段淘汰效率较低的化合物，然后花费大量时间进行测试。事实上，研发的大部分时间并没有花在确定疗效和安全性上，而是用于评估经济可行性。

美国政府为加速疫苗研发所开展的公私合作项目"光速行动"（Operation Warp Speed）彻底扭转了这一局面。政府决定承担实验室的研发成本，即使疫苗不成功，也会同时监测研发过程以确保安全性和有效性测试。政府还与制药公司合作，在几种候选疫苗完成试验之前就开始为它们建造生产线。这样一来，胜出者就可以加速落地。这意味着将花费数十亿美元在可能永远不会用到的基础设施上。但考虑到疫情造成了数万亿美元的经济损失，这是最明智的投资。

通过转变激励机制，光速行动能够通过招募通常专注于不同问题的合作伙伴，如初创企业、大学实验室和大型制药公司，来增加候选方案。其结果是，疫苗研发的速度从十年降至一年。虽然这推高了成本，但与整体经济效益相比，这点损失不值一提。

埃隆·马斯克采取了类似的投资组合策略，在四年内创办了SpaceX、特斯拉和太阳能发电公司SolarCity。起初，每家公司都是独立的公司，所以很容易减少损失。但随着市场逐渐成熟，它们开始整合。特斯拉收购了SolarCity，使美国各地配电和交通基础设施得以发展，而特斯拉的Cybertruck正在使用最初由SpaceX开发的技术进行生产。

我曾为一家《财富》世界500强的包装食品公司服务。该公司认为人口结构的变化正在削弱实体商店传统的"核心业务"，因为年迈的顾客和年轻的父母只会光顾店内的生鲜区域。这一趋势意味着他们现有的客户正在老化，而且没有被新的客户取代。该公司需要每年找到数十亿美元的新收入来抵消销售额的下滑。

当面临巨大的根本性威胁时，公司往往会寻求大型的基本反应。它们想要一个能让所有问题烟消云散的答案。这可能意味着推出一个新品牌或收购一家新公司。这些策略很有吸引力，因为它们听起来宏大而大胆。它们让你告诉你的老板或股东你在做什么，但它们也充满了不确定性和意想不到的潜在的二阶和三阶效应。

因此，我们转而采用投资组合的方法。我们建立了一支由厨师、食品科学家和市场研究员组成的团队，同时为客户的所有品牌开发新产品。在几个月的时间里，我们提出了一千多种新产品的概念，并将其细化为一百款可以制作原型和进行测试的产品。最终，我们为各种品牌推出了一系列新产品，所花费的时间是从零开始建立一个新品牌所花费时间的三分之一。

像这样的平行实验可以带来几个好处。平行实验给我们提供了额外的测试层：我们可以在最好的测试环境——市场中——比较不同产品的性能。平行实验分散了风险，所以即使多款产品失败，整个项目也能成功。而且，通过将一组产品和品牌的概念复制和组合到另一组产品和品牌上，平行实验降低了成本。它避免了与推出新品牌或收购公司相关的间接费用和营销成本。

最终的结果是改变了该组织的创新战略方法，使它能够在快速整合的市场中茁壮成长。

这种方法很像是放射疗法。放射疗法通过使用大量低强度能量束来治疗癌症，这些能量束从不同方向瞄准癌细胞。通过在适当的位置重叠，这些能量束在攻击癌变区域的同时不会对周围组织造成重大损害。你可能听说过"凌迟"，但在医学和商业领域，一千个微小的努力合在一起就可以解决一个大问题。

设计投资组合

如果持续努力，累积概率，那么几十个低影响实验叠加起来就可以产生一个高影响的结果。当投资组合不能实现其预期价值时，罪魁祸首通常是没有考虑它们试图克服的随机性的类型。

实验组合的成功取决于组织如何很好地交付和利用其结果。在许多情况下，这需要时间、顺序和对冲的结合（图7.3）。

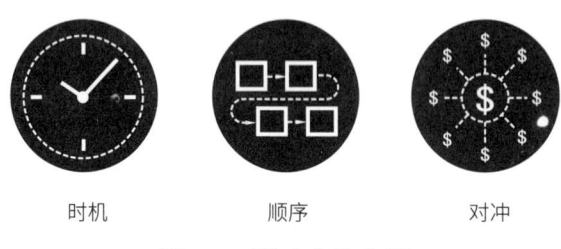

时机　　　　　顺序　　　　　对冲

图 7.3　影响力放大器

时机：孟德尔在植物遗传学方面的突破性工作几乎被遗忘，因为它领先于时代。当他开始做实验时，达尔文还没有提出自然选择理论，而改变生物学的数学和化学方法也还没有出现。在这一理论面世后的前35年里，只有3个人引用过它。[8]

类似的事情也可能发生在商业领域。20世纪90年代，摩托罗拉公司支持的通信公司铱星（Iridium）花费50亿美元向太空发射了66颗卫星。[9] 2021年，世界上的科技亿万富翁们正在争相建立自己的私人卫星通信网络。

顺序：现在看来，人类已经具备了制造廉价卫星、将其发射到太空，并建造价格合理的地面发射器的技术。埃隆·马斯克的SpaceX采取了与铱星不同的方法。SpaceX提高了发射能力，降低了火箭的成本，并等待卫星的成本下降。未来如何，我们拭目以待，但SpaceX认为，到2025年，其StarLink卫星通信业务的收入可能是火箭业务的6倍。[10]

对冲：SpaceX更进一步，通过允许包括铱星的NEXT卫星在内的StarLinks的竞争对手搭载SpaceX的火箭发射，来对冲它的赌注。[11]

时机实验

如果你去当铺当手表，你可能会得到相当于其价值65%的资金。如果你无法尽快赎回这块手表，就会永远失去它。当铺老板看人的眼光很准，如果他们觉得你很有可能无法按时还钱，就会开出慷慨的条件。这是一个公平的交换：你在需要用钱的时候拿到了钱，而当铺老板或是从你赎回手表时的利息中获利，或是靠以全价出售你的手表获利。

如果无法在足够短的时间内提供价值，即使是高确定性、高影响力的实验也是不明智的。公司经常会犯这样的错误：投资那些可能会有大回报，但没有机会及时获得回报的项目。即把自己的未来押在一个可知的失败上。

埃德温·兰德被誉为"即时相机之父"。这种相机在20世纪60年代和70年代风靡一时。但鲜为人知的是，他的公司宝丽来也曾试图进军8毫米电影胶片市场，但最终铩羽而归。萨菲·巴赫尔在《相变》中写道："我记得很清楚，因为我许多朋友的父母都在宝丽来工作。"

这并不是说宝丽来缺乏制造好胶片的能力，而是它所选择的时机错得离谱。手持式电影摄像机在20世纪70年代风靡一时，但1977年宝丽来8毫米胶片问世时，磁带已经成了新的宠儿。先是卷盘磁带，随后是录音带，接着是 VHS 和 Betamax。兰德比任何人都清楚这一点，但是在傲慢和沉没成本的共同驱使下，他还是推出了这款产品。结果，宝丽来开始走下坡路，亏损使其从行业的领先地位陷入濒临破产的境地，而它本应专注于早期的摄像机市场。

按照正确的顺序进行实验

实验顺序取决于你所处理的随机类型。正如我在本书的导言中所言，"摆出一张扑克脸并不能提高你在轮盘赌中获胜的概率"。

说到实验顺序，最经典的一则例子当属二战期间对于恩尼格玛[①]密码的破译。当时，德国人发明的这款密码系统看似不可破译，因为它可以采用 15354393600 种加密方式对信息进行编码。恩尼格玛机的保密性能十分强大。例如，wetterbericht（德语"天气报告"）这类词加密之后完全成了一堆毫无意义的符号。即便是单词中紧挨着的两个字母"t"在编码后也不会呈现为同一个字母，可能一个是 q，而另一个则成了 b。更不可能通过暴力破解的平行实验来破解密码。

然而，由于循规蹈矩的德国人认为有必要在每天早晨发送一条天气预报，而且他们在发送密文时还喜欢采用固定的格式，英国和波兰的密码学家便获得了破解密文的机会。虽然密码本身似乎是随机的，但下面的两条规则却限制了系统在其他方面的随机性。于是，突然之间，密文便具备了可破解性。

- 有些词经常以特定的顺序出现；
- 某些字母组合，如"tt"，不会在密文的某些部分出现。

[①] 恩尼格玛一词源自古希腊，意为"谜"，因此德国人的恩尼格玛机也被称作"谜式密码机"。——译者注

其结果就是看似不可破译且不断变化的密码最终能被密码学家破解。他们究竟是如何做到的呢?

第一步就是按顺序进行实验。由于若干"wetterbericht"这样的词必然存在于密文的某个部分,破译人员可以根据系统规则确定密码中"双 t"等编码模式必然存在之处。

"炸弹"破译机在此基础上平行搜索所有可能出现的组合。只要单词已知,这些组合就能与密码的其余部分相匹配。一旦确定了小部分密码——例如,第一个"t"对应密码中的"q",第二个"t"则对应"b"——系统就会缩小其搜索范围(本书第 3 章讨论了这个问题),剔除不符合条件的选项。恩尼格玛密文不再是令人毫无头绪的谜团,而成了一道容易解开的谜题。

充分结合顺序实验与平行实验是最为有效的发现模式的方法,而且往往屡试不爽。想要了解你所研究的系统类型,不妨先从尝试尽可能多的序列入手,看看是否能够找到某种模式。"tt"是否永远不会以"qq"的形式出现呢?了解了这一点,你就可以通过缩小搜索范围来获得优势。[12] 是否还有机会限制系统在其他方面的随机性?如果像恩尼格玛机那样,某一层面的随机性受到另一层面的一致性的限制,那么你可以通过选择在何处进行平行实验,在何处进行顺序实验来更有效地解决这个问题?如果某一事件是确定的,比如需要发送天气预报,是否会令其他事件成为可能?

何时用实验来对冲?

史蒂夫·乔布斯有句名言,苹果公司不做市场研究,成千上万的首席执行官都注意到了这一点。这种说法很有吸引力,因为市场研究既昂贵又耗时,而且往往还带有政治包袱,因此大多数人宁愿不进行。然而，虽然苹果公司没有做传统意义上的市场研究，但它却进行了大量实验和不同类型的测试。2000年，也就是第一家苹果商店在弗吉尼亚州泰森角开业的前一年[13]，我正与纽约的精品零售设计师庞贝合作，为另一家电子公司开发一个零售概念。

我们的总部设在曼哈顿的SoHo社区，那里是当时西方世界的潮流之都。我会在午餐时间沿着鹅卵石铺成的道路散步，在空荡荡的艺术馆和专卖店里寻找灵感。有几次，我路过了一家橱窗里陈列着精巧物品的小型电子用品商店。这家商店之所以引人注目，不仅仅是因为它看起来格格不入，还因为在2000年，在互联网泡沫破裂的阴影下，它出现的时机完全错误。

到了周末，橱窗里的陈列和不协调的感觉已经深深吸引了我。这家（前面没有招牌）商店就像是一个梦。商店中央摆着一箱箱的Macromedia Flash软件和炫酷的外围设备，每一件都像博物馆里闪闪发亮的雕塑。迷人的电脑，包括当时最热门的科技产品Mac Cub静静地等待你的探索。这与以凹陷的油毡地板、单调的金属货架和监狱式的荧光灯为特色的电路城以及其他电子商店形成了鲜明对比。

踏进商店之后，迎接我的是一位头发花白、戴着昂贵的钛合金眼镜、穿着华达呢休闲裤的优雅男性。他绝对不是那种典型的电脑店员工。他对我表示欢迎，并询问我是否愿意坐在吧台前享用一份三明治或一杯咖啡，然后他让满脸皱纹、身穿高领毛衣的同事去隔壁的面包店购买。我们就技术和购买方式等问题相谈甚欢。我觉得，他们根本不知道应该怎么销售产品，因为店里没有任何收银设备。

回到办公室后，我询问老板是否知道这家商店的事情，他以乔布斯特有的方式结束了这个话题。这显然是对后来的苹果商店的

第二部分：行为转变

测试——现在，它是世界上每平方英尺利润最高的零售连锁店。[14] 据我所知，在弗吉尼亚州的店面开业之前，他们正在试验新的服务概念，并试图确定产品的分类方式。他们甚至还测试了顾客是否愿意在"天才吧"①吃东西。而成本仅仅是一些货架和店面租金。

苹果商店的原型值得公司耗费时间与金钱进行实验，因为它符合一个优秀实验的所有标准：

- 目标明确；
- 新知识将大大增加项目成功的可能性，即使实验最终失败；
- 实验的成本和规模与获得知识的价值成正比；
- 失败的风险已知且可以接受；
- 实验结果可以被有利地整合到组织中。

平衡投资组合

有传言说，乔布斯认为苹果商店的实验物有所值，尽管这使苹果公司的上市时间推迟了六个月。[15]

经营 NeXT 时，他希望工厂的参观活动令人难忘，于是犯了一个错误，即投资建设了一家博物馆级的炫酷工厂，并为其配备定制喷漆的机器人和重新设计的取放机。兰德尔·E. 斯特劳斯（Randall E. Stross）在《史蒂夫·乔布斯和 NeXT 大事记》（*Steve Jobs and the NeXT Big Thing*）一书中，将其描述为"乔布斯做出的最昂贵也是最不明智的承诺"。

---

① 苹果商店推出的服务，每家店都有驻守的人员，他们根据客户的需求或问题当面提供支持。——编者注

通过零售店，乔布斯拒绝了在过短的时间内提供简单条款的承诺。他做了一次仔细的计算：SoHo 实验延长了他开设弗吉尼亚门店的时间，但确保了他将在其中陈列的所有产品会有更确定的结果。观察一项实验并判断它是否成功很容易，但真正的问题是它在更大的投资组合中究竟能否成功。

以下是平衡投资组合时值得考虑的一些挑战。（图 7.4）

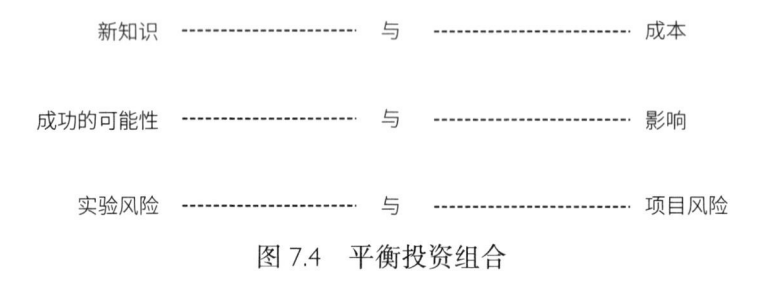

新知识 ---------------------- 与 ---------------------- 成本

成功的可能性 ---------------------- 与 ---------------------- 影响

实验风险 ---------------------- 与 ---------------------- 项目风险

图 7.4　平衡投资组合

它能产生足够的新知识吗？

因为有可能进行实验，所以人们很容易动手做实验。但实验并非炫耀个人能力的机会，也不是放纵个人好奇心的地方，而是获得可操作信息的一种方式。15 世纪末，葡萄牙拥有世界上最大的一批舰队之一，并派船进行多次长途旅行。船队绕过好望角，一直到达印度。他们无意资助哥伦布的西行之旅，因为哥伦布发现的信息对他们来说并没有多大用处。如果成功，反而会使他们的未来暗淡无光。

另一方面，发现一条通往亚洲的新路线可以令西班牙人获益良多。而且，派遣舰队探索的成本相对较小，即使失败的可能性很高。25 年后，他们还资助了葡萄牙航海家麦哲伦，并利用船员带回的信息将势力范围拓展到了东亚。

也许两国对各自的情况做出了正确的判断，但领导者经常会做出三种错误判断：

• 在本该投资学习以了解更多的风险时，却回避了无法衡量的风险；

• 对不会影响决策的相互矛盾的知识进行投资；

• 对无法缩小搜索范围的知识进行投资。

我曾与一家公司合作。该公司花了 7 年时间和 1700 万英镑来探索一种新型运动装备的市场。由于项目负责人被派去发展类似的初创企业，公司三次重建研发团队。产品最终推出时，市场早已不复存在。他们本可以进行一次相当简单的实验，而不是建模和研究。他们已经知道如何制造产品，因此可以简单地建立一个网站，看看人们是否具备购买意愿。

风险与回报是否匹配？

1939 年 6 月，德国物理学家齐格弗里德·费吕盖（Siegfried Flugge）发表了描述如何利用核裂变来制造原子弹的第一篇论文。[16] 8 月，爱因斯坦警告罗斯福总统说这是一种真实的可能性。[17] 10 月，美国政府开始资助"曼哈顿计划"的研究。[18] 到第一枚原子弹测试时，13 万余人参与其中，研究耗资超过 20 亿美元（相当于今天的 230 亿美元）。[19]

掌握核弹的制造技术极其重要，以至于新知识的成本根本无足轻重。由于铜是制造核弹外壳的原料，制造工业磁铁所需的铜一度十分稀缺。因此，研究小组从美国财政部征用了 2800 万磅白银，作为铜的替代品用于武器的制造。人们很容易忽视那些天马行空的想法，但是如果德国的类似努力获得了成功，无视这个想法的代价将不可估量。

商业领域也有类似现象，但商人们往往并不了解其成本。美国制作黄页电话簿的公司 YP 看到谷歌 AdWords 这样的在线广告产品正在走下坡路，于是决定进行一场豪赌：打算创建谷歌搜索的竞争对手，专注于本地搜索，而且其现有的销售队伍可以推动广告业务的发展。YP 只有背水一战才能生存下去，然而击败谷歌和 Yelp 等本地广告竞争对手的概率显然微乎其微。不久，YP 的母公司被博龙资产以 15 亿美元的价格收购。今天，YP 剩下的业务部门被重组成一家叫作 Thryv 的企业。

这个故事告诉我们：只有在企业能够等到获得回报的那一天，才值得进行创新。

如果实验失败，项目会有什么风险？

美国疾控中心一直自行研发针对美国公民的检疫测试，而不是依赖现成的或外国的解决方案。新冠肺炎疫情出现之后，美国原有的测试失效，这导致在长达数月的时间里，美国医疗机构对新冠肺炎疫情在美国的传播情况一无所知。虽然疾控中心遵循了长期以来的既定程序，但其领导者并未充分考虑该方法的风险。[20]

这种情况在企业中也经常发生。有时，经理试图保护自己的部门，即使这降低了大集团的竞争力。还有一些时候，发明家会向那些在特定时间内没有机会获得回报的实验投入大量资金。

如果追求创新反而更有可能先让你破产，那么放弃获胜的机会总归是一个更好的选择。这就是领导者必须做出艰难抉择之处：何时要避免良莠不分、一同摒弃？何时需要扔掉重要的东西？

做出具有道德挑战的决定可能是高管必须面临的最大难题。就创建实验组合而言，我们需要问一些困难的问题。最根本的问题就是：该实验能否提高更大的投资组合的地位？

设计投资组合以获得抗风险能力与性能

特瑞·吉列姆（Terry Gilliam）是世界上广受好评的电影导演之一，《时光大盗》《妙想天开》和《12只猴子》等富有创造力的影片都是他的作品。1999年，吉列姆开始制作改编自西班牙经典小说《堂吉诃德》的电影。从男主角让·罗什福尔（Jean Rochefort）受伤，到遭遇一场真正的雪崩，这个耗资3200万美元的项目厄运连连。2000年，拍摄取消，制片方损失了1500万美元的保险索赔。在接下来的16年中，几次重拍此片的尝试都遭遇了失败。最终，影片更名为《谁杀死了堂吉诃德》重新开机，并于2018年上映。然而，无论是评论还是票房都令人失望。[21]

当然，电影是一种艺术形式，所以像吉列姆这样的导演自然想要完全控制拍摄过程。他把电影当作一种实现自己独特愿景的追求。这种方法在许多电影中都很奏效，但电影也是一个高风险的行业。《堂吉诃德》完全依赖于一个人，这赋予了它巨大的艺术焦点，也使它变得相当脆弱。一旦出错，除了重新开始，别无他法。

如前所述，《玩具总动员》也受到了一系列疯狗浪的冲击，但由于制作组在前期做了大量的准备工作，它因此得以幸存。这种对比每天都在各行业的创新过程中上演。如果把它们分解开来，就能找到一些设计抗风险能力方案的关键方法。

• 为实验安排时间，使其强势期和弱势期不同步，并且能够受到限制。几年前，我曾和一家高端零售商合作。它对一个新概念很感兴趣，想在时代广场的一家商店里推出这个概念。我们建议它先尝试快闪体验，然后在一座小城市开设一家门店，最后再进行难以撤销的更大投资。就像苹果公司在SoHo的低成本实验一样，这个概念全面推出之后，公司的销售额得到了提升，客户保留率也得到了提高。

- 对于何时启动实验和何时停止实验要有明确的衡量标准。当《玩具总动员》的制片人对剧本感到不满时，果断停止了拍摄。在许多方面，这部电影是幸运的。在商业领域，"僵尸"项目经常继续进行，而优质项目则会被砍掉，因为收入最高的人的意见比客观现实更受重视。我曾经受命为一家正寻求进入硬件领域的《财富》世界500强软件公司改进产品。多年来，该计划一直在创始人的支持下缓慢推进，然而，没有任何审查来评估它是否实现了目标。没过多久，我们就意识到，这款产品并没有市场。虽然我们能够为它的第二代产品制定战略，但我们坚持认为，公司应该有更好的管理，以保持项目能够正常运行。

- 设计模块化内容，这样就可以在掌握更多信息之后重新调整组合。皮克斯的模块化生产方法使其有可能重新调整电影内容，而不必从头开始拍摄。

前文讨论过的《财富》世界500强包装食品公司也采用了同样的策略，开发了大量能够填充其产品组合的替换项目。我称其为产品开发的"塔可钟理论"[①]：你可以用豆子、奶酪、玉米饼、西红柿和碎牛肉创造出似乎无穷无尽的菜肴。

始终留有待办事项

里士满角的 Hidden City 咖啡馆还在营业时，我喜欢把客户带到那里进行创新会议。除了环境舒适、咖啡香醇，Hidden City 咖啡馆

---

① 塔可钟（Taco Bell），全球大型墨西哥风味快餐厅。——编者注

还有一段颇为有趣的历史。皮克斯非常成功的四部电影——《虫虫危机》《海底总动员》《怪物公司》和《机器人总动员》——都是某一次在该咖啡馆的餐桌上,确切地说是在餐巾纸的背面勾勒出来的。[22] 在《怪物公司》的一个场景中有一辆车挂着写有"HIDNCTY"字样的加利福尼亚州车牌;在另一个场景中,这家咖啡馆甚至出现在了电影的背景之中。

那次会议的目的是为项目拟定待办事项,显然它非常成功。这绝非偶然,而是得益于从早期开始就指导着皮克斯的一项原则。动画电影不同于真人表演,因为你可以在电影中描绘任何东西。这是想象力和艺术自由的福音,却也给电影的创意带来了很大压力——这些创意必须足够强大,否则整部影片会毫无重点、混乱不堪。拥有大量可以尝试、完善和发展的可靠想法是至关重要的,即使这意味着需要借助好莱坞大腕乔斯·韦登和乔尔·科恩等人的帮助,他们在《玩具总动员》制作到四分之三的时候被皮克斯请来担任剧本指导[23]。

导演的眼光和品位也许很重要,但真正将图像呈现在大银幕上的还是数学。每个像素都是一种计算,而创造它们所需的层层技术是任何个人都无法跟踪的,因此皮克斯在每个层面上都对实验进行了投资。我的一位同事花了一年多的时间指导电影《赛车总动员》中的一个镜头,并随着剧情的其他部分的发展对其进行调整。但与此同时,他的任务是创造实验性动画,有些是导演约翰·拉塞特指派的,有些则是他自己的构思。

这些实验是待办事项原则的另一个例子。皮克斯的每位员工都在某种程度上颇具创造力。公司期望他们将创造力应用于未来以及当前的项目。可能是关于角色的想法、新的照明技术、为特定动物或车辆制作动画的方法，或者是一个短片的概念。开发足够多的此类资产，当你开始拍摄下一部电影时，就有很多可以响应和使用的东西。

选对创新层面

20 世纪 90 年代初，有一家旨在发明智能手机的公司，通用魔术公司。它的员工后来改变了世界：安迪·鲁宾后来发明了安卓系统，托尼·法德尔成了 iPhone 和 iPod 背后的设计师，凯文·林奇成为苹果公司的技术主管，约翰·詹南德雷亚则是谷歌的搜索和人工智能主管。

这也许是有史以来最具创造力的创业团队。凭着他们的愿景，他们通过首次公开募股（IPO）筹集了 9000 万美元，并得到了苹果公司、AT&T 和索尼等行业巨头的支持。他们大张旗鼓地推出了以其技术为基础的第一款设备索尼 Magic Link，然而这款产品最终只卖了约 3000 台。[24]

为何 Magic Link 的销售会如此惨淡？答案与人才、远见以及资金无关。通用魔术公司在这三方面拥有丰富的资源，但这些只是"风险洋葱"的外皮。如果把"风险洋葱"切开，而不是剥开，他们就会意识到，项目推出的时机存在致命的缺陷。当时是 1994 年，大多数人甚至还没有听说过互联网或是使用过电子邮件。通用魔术公司推出的这款产品绝对具有革命性，但市场尚未做好接受它的准备。

更根本的是，通用魔术公司选错了创新的层面。他们创造了一系列的创新功能、一个创新产品，以及一个创新开发流程，但他们真正需要的却是在生态系统和监管层面的创新（图 7.5）。

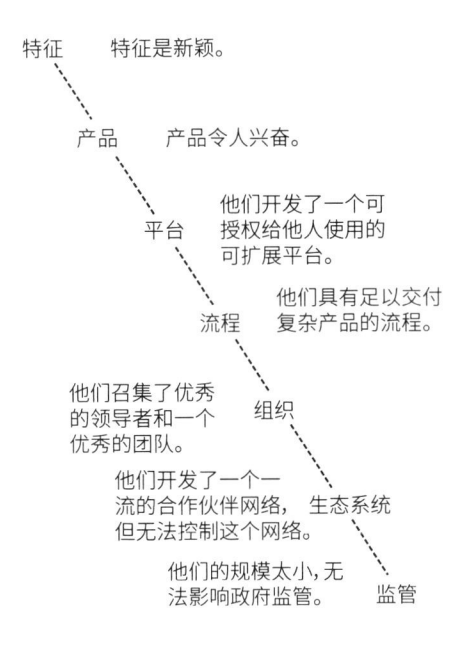

```
特征      特征是新颖。

    产品     产品令人兴奋。

                他们开发了一个可
                授权给他人使用的
        平台    可扩展平台。

                    他们具有足以交付
            流程    复杂产品的流程。

他们召集了优秀
的领导者和一个     组织
优秀的团队。

    他们开发了一个一
    流的合作伙伴网络，    生态系统
    但无法控制这个网络。

        他们的规模太小，无
        法影响政府监管。   监管
```

图 7.5　创新的层次

通用魔术公司的团队认为自己就是疯狗浪，真正需要做的是踏浪而行。因此，他们没有围绕业务面临的真正威胁进行创新。

• 财务风险：一旦产品失败，他们没有可以维持流动资金与商誉的计划。

• 运营风险：组织的研发预算与其收回成本的能力不符。

• 外部风险：他们没有考虑到将行业和标准远远甩在身后会使自己边缘化。

• 战略风险：需求预测没有基于客户的使用案例。

这个故事告诉我们，要想提高成功的概率，就要确保在恰当的时间和正确的顺序进行实验组合。再尖端的技术也无法挽救通用魔术公司。

路过研究实验室时，我经常看到类似的情景。出色的科学家和工程师进行炫酷的演示，但是他们介绍的产品只有在当前不存在的生态系统中才能繁荣发展。也就是说，也许有必要与专家讨论一下生态系统的要求，因为他们可能会发现一些问题。毕竟，你之所以聘请他们不就是因为他们比你更聪明吗？

通用魔术公司的救命稻草就在地下室里，而他们却从未使用过。Magic Link 遭遇滑铁卢后，客户支持人员提出了从制造掌上电脑转为一个名为 AuctionWeb 的互联网跳蚤市场的建议。公司首席顾问迈克尔·斯特恩表示："这是我听过的最愚蠢的想法，我们不感兴趣。祝你玩得愉快！"这位聪明的商人错过了大好时机，但皮埃尔·奥米迪亚却没有。他离开通用魔术公司，创立了易贝，现在你可以在易贝上以大约 130 美元的价格买到全新的 Magic Link。

这个故事告诉我们，关注大局很重要，但你也需要记住，其他人可能有着更好的愿景。

定义实验

选择正确的实验类型来实现合适的目标。新知识的目标要么是改善影响力放大器，要么是提出一个能够改变业绩（更快、更好、更便宜）的助推策略。如果你对实验将对系统产生何种影响这个问题一无所知，就不可能进行正确的实验。

人们经常选择他们会做的实验，而不是能实现目标的实验。一旦手中握有锤子，一切看起来便都像钉子。

最常见的实验目标包括：

• 扫描：识别环境变化；

• 控制：测试独立变量的影响；

- 验证：在已知应用中试用新的解决方案；
- 灵活性：在新应用中测试现有的解决方案；
- 持久性：衡量可靠性随着时间所产生的变化。

哥伦布和维斯普奇都到过新大陆，但他们进行的是不同的实验。哥伦布要验证地球周长的计算值，维斯普奇则要考察南美洲是否存在通往亚洲的海上道路。

与生命科学和经济学一样，复杂系统的一个主要问题是将问题简化到足以分离原因和影响的程度。例如，食品开发的一个主要问题是耐久性，即商品的保质期有多长。气候工程的一个主要问题是灵活性，比如一种已知的技术，如植物杂交能否用来提高植物从大气中吸走二氧化碳的能力？

解决这些问题的方法大致可分为四类：

- 系统观察：检查可量化的行为；
- 建立模型：以捕捉其因果关系的方式来呈现一个现象；
- 模拟：在测试条件下再现事件和流程；
- 实地调研：收集实验室外的原始数据。

确保方法与正确的目标相匹配十分重要（见表7.2）。

通常，公司迷恋于它们已经拥有的"锤子"。金融机构喜欢建模和模拟，工程组织要求进行完全受控的实验，营销团队需要实地调研。但正如费曼向美国国家航空航天局所展示的那样，有时一杯冰水、一个夹子和一个10美分的O型圈就足够了。

一位酒精饮料生产商曾要求我做一次全国性的调研，以了解21~25岁的女性对其品牌的看法。我们没有四处奔波，进行他要求的需要耗资百万美元的人种学研究，而是上网查看世界各地的社交媒体，然后通过脸书与消费者联系。这种做法更便宜、更快捷，而且更重要的是，它使我们能够找准问题以及找准需要回答这些问题的人群。

表 7.2　实验目标和方法

目标	方法			
	系统观察	建立模型	模　拟	实地调研
扫　描				
控　制				
验　证				
灵活性				
持久性				

你并不总是需要更多或更好的数据，你所需要的是有用的数据——选择最能帮助你在所需的时间范围内改进系统的实验。

有效评估结果

人们很容易在不经意间优化可计算信息而非重要信息。

——丹尼尔·戴维斯（Daniel Davis）

也许实验时要记住的最重要的事情就是，失败能够教给你的东西与成功一样多。新流程的原型设计如果成功，就可以产生巨大的变化，但如果失败，也许你可以收获更多：了解为何有些东西不起作用，可能会给你带来新的见解，为下一个原型设计提供参考。

如果实验成功，不要以为这一切都归功于你的聪明才智，但也不要因为实验失败就觉得某人十分愚蠢。通常情况下，未经实验的想法不可能成功——尝试之前，你永远无法得到确定的答案。

一个失败的实验并不意味着这个想法不可行，两者之间的区别是你是否掌握有效实验组合的关键技能。也许想法不错，但测试方式却存在缺陷。

是人都会犯错。如果想要抵制这种倾向，就要了解这些错误的本质及其背后的原因。

黑暗 12 法则测试

有 12 条经验法则可以从根本上降低你误读数据含义的概率。（这份法则列表就放在我的桌子旁边）

1. 可能并不意味着不可避免。不可思议并不意味着不可能发生。这被称作"抛硬币问题"，因为如果连抛1000次硬币，正面、反面出现的次数不可能一半一半。如果真的出现了这种情况，那几乎可以肯定，你一定不是在随机抛硬币。因此，要警惕与预期概率过于接近的数据。

2. 群体的真实情况未必是子群体的真实情况。这似乎显而易见，但人们经常在这个问题上犯错。因为我们接受的教育就是，样本量越大越可靠。请记住，汇总结果是多个单一结果的平均值，而群体内的变化可能不是随机的。查看数据的时候，有必要根据直觉判断其真伪：如果你看到的是样本的不同部分，有没有可能得到不同的结论？

3. 了解群体之前，不要对其做出推断。如果一家位于纽约的零售商收购了美国中西部的一系列连锁店，其团队成员可能会倾向于将现有的商店设计应用到这些连锁店上。但是，在曼哈顿行之有效的设计到了明尼苏达可能就行不通了。与其照搬现有的解决方案，不如花时间与客户一起确定哪些地方可以使用，哪些地方需要修改。

4. 专家不是算命大师。专家擅长解释过去发生的事情，却未必比你更善于预测未来，在面对他们所不熟悉的领域时尤其如此。他们因在某一领域拥有远见卓识而受人尊敬，这种光环往往会使你看不清这一事实。当你与他们在他们的专业领域打交道时，将你认为令人惊讶的信息转给他们，并询问他们这些信息是否与他们的经验相符的做法通常有所帮助。如果他们的答案是不一致，那就再问一问需要发生什么才会改变他们的想法。

5. 差异不会凭空产生。将数据分组可以显示出重要的信息。但如果你不了解是什么原因导致了这些不同，就很容易治标不治本。例如，如果参加忠诚度计划的客户更愿意掏钱，是因为忠诚度计划本身，还是因为他们一开始就是更为优质的客户？要找到产生差异的真正原因，往往需要进一步分解差异，看看它们究竟发生在何处。

6. 数据不能取代逻辑。数据可以阐明真相，也能有效地放大谎言。每次查看数据时，你都应该问两个重要问题：

1）为何这个特定变量是一个很好的预测因子？

2）这种关系是否足够可靠而有用？

我曾经与一家非常注重数据的信息技术服务公司合作，该公司的领导者不与任何不符合特定标准的客户交易。但在进行了实地调查与广泛访谈之后我们发现，很多"不可接受"的客户都具有潜在的利润价值。筛选客户本没有错，而这位领导者却没有通过常识性的措施来确保他们使用的是恰当的筛选标准。

7. 一个数据点并不是数据集。一张图片胜过千言万语，也能传达出一千个数字。图表、动画和互动媒体可以帮助你理解反常现象，而当争论集中在一个点上时，反常现象就会消失。注意到促销能够提高销量是一回事，但是在一条曲线上绘制出支出与销售之间的关系可以告诉你，需要在促销上投入多少资金才能获得最佳的投资回报。

8. 相关性往往看起来像因果关系。正如在上统计学入门课时所学到的那样，相关性（就其本身而言）并不是因果关系。例如，2008年，美国过劳死的人数与通用磨坊数十亿美元的麦片销售额之间呈现出几乎完美的相关性。[25] 如果你看到一个结果随着一个指标的上升而上升，那么在接受这种相关性之前，有必要先对其进行一番探究。例如，电话营销销售额出现增长，是因为你选对了潜在客户，还是因为你在客户更有可能在家的时候拨打了电话？

9. 过度简化的框架会让你找错需要解决的问题。以简短、精练的方式提出挑战和解决方案的压力很大；众所周知，高管普遍缺乏耐心。但是过度简化可能会导致你完全不知道真正的问题出在哪里。例如，一家玩具制造商的高管曾经来找我的团队。他认为自己的公司存在营销问题，因为产品的销量一直在下滑。但经过深入调查，我们发现，他们全年都在促销，而大部分销售业务集中在感恩节与新年之间。因此，我们与他们合作开发了一些玩具，这些玩具要么需要可以全年销售的较小配件，要么可以订购更多全年发货和结算的物品。

10. 过度关注会导致目标过高或过低。专注于自身而非客户的企业往往会低估或高估客户的需求。这通常表现为痴迷于改进客户并不真正关心的产品。决心改进其智能手机的键盘和安全性的黑莓公司就是一个典型的例子。由于没有看到触摸屏与应用程序商店的重要性，它将整个市场份额拱手让给了 iPhone 和安卓手机。

11. 在一种规模下可行的东西可能在另一种规模下不可行。最初设计 Koldlok 的原型时，我们以为自己找到了一个成功的解决方案。然而，制造工程师看了一眼我们手中过于精巧的紧固机制，就将我们赶回了设计桌前，因为这款原型无法大规模生产。无论什么时候，首先进行小规模测试都是一个好主意，但是你要确保自己没有遗漏任何会在扩大规模时引发巨大变化的关键因素。

12. 要解决这个问题，就需要跳出问题思考。"跳出盒子思考"是一个老生常谈的话题，以至于我们很容易忘记这是一条多么好的建议。纠结于问题的细节，就很难形成创新思维。迫使自己以新的方式思考问题，例如，请业余人士帮助你解决问题、站在竞争对手的角度考虑问题，或是从最终状态回溯整个流程。

这往往意味着将自己置于可以促使你从不同角度看问题的环境中。有些人在散步或蒸桑拿时最具创造力，有些人则能在打盹或喝酒时灵光乍现。我则是在洗澡的时候想到了最棒的想法，因此我经常在中午洗澡，尤其是想获得创新思维的时候。这些习惯可能看起来很奇怪，但是如果你想优先考虑创新，就需要做有效的事情。

然而，仅仅改变你的思维是不够的，你需要改变整个组织规划和解决问题的方式。我们将在下一章探讨如何在不改变企业 DNA 的情况下改变企业文化。

小结

实验使企业能够经得起未来的考验

1. 像规划投资组合一样规划实验。
   - 平衡你在追求增长、持续创新以及为最坏的结果做好预防措施等方面的努力。

- 考虑能够使每个实验最有效的时机和顺序，以及如何对冲其失败。

2. 构建投资组合，以实现回报最大化。
- 选择那些一旦成功就可以利用的实验。
- 先做风险最大的实验，提供最重要的信息。
- 预留一些实验待办事项，万一世界发生变化或是实验组合进展与预期不同，就可以快速执行准备好的事项。

3. 制定并遵守明确的实验投资规则。
- 注重管理整个项目的风险，而不是单个实验的风险。
- 设定预算时，考虑所有实验对整个项目组合的长期可选择性、短期影响、抗风险能力和性能的影响。
- 争取推广具有高、低影响与高、低成功率的实验。
- 比较每次实验获得的知识及其成本。

4. 制定设计和分析实验的流程。
- 考虑实验设计能否回答所提出的问题。
- 分析实验时，使用标准检查表，指出常见的认知陷阱。

5. 将实验投资组合的使用制度化。
- 在组织的各个层面上加以实施。
- 提供受保护的预算。

为了迎接明天的挑战，今天需要完成的任务

- **设计管理方法以获得想要的创新。**指定一个引领者，

以确定组织架构和激励措施在哪些方面阻碍了员工承担正确的风险。

- **使用清晰、一致的资助标准。** 在组织的各个级别建立实验组合，设置跟踪指标，并为取消或继续资助制定明确的决策标准。
- **将实验视为一个组合，并寻找协同作用。** 创建流程，以捕捉和整合实验中获得的经验，在此基础上，更有效地重新确定优先次序。
- **重新平衡创新组合。** 让团队评估——最好是在外部促进者的帮助下——每项创新举措推动增长与增加抗风险性的时限与确定性。
- **奖励承担风险的行为。** 为有可能失败的高回报实验性举措保留预算，对缺乏实验的行为进行惩罚。

第三部分

文化变革

你的流程和激励措施是否能推动组织形成
一种抗风险与增长的文化?

Part Three
CULTURE CHANGE

到目前为止，本书一直专注于组织所面临的挑战，以及提供能够用以提高组织的风险意识及其应对行为的工具。这些工具使用起来都没有那么容易，而且几乎总是需要进行文化上的转换。然而，制度文化出了名的难以改变。正如彼得·德鲁克所说："文化的影响力远胜于策略。"

在书籍、文章和讲座中，"文化"一词被赋予了无数模糊的定义，然而我却用它来指代一些极为具体且有形的东西。我将组织文化定义为管理层激励和劝阻人们去做的事情，以及支配其期望的道德框架。更重要的是，它是对谁能脱颖而出、谁无法出人头地以及原因的共识。组织中的所有人都关注这一点，组织文化比任何信息策略都更能影响他们的行为。

如果你作为一个领导者，想要改变自己所在组织的文化，也许应该首先审视自己的价值观。因为，如果你试图改变一个组织的行为而不改变其潜在的驱动因素，就会使得你的利益与群体利益不一致。这种不协调会导致组织瘫痪，即人们不太愿意承担风险或互相帮助。

并非所有在风平浪静时表现良好的文化都能让组织在疯狗浪中生存下来。如果所有人都专注于可重复的程序并对其进行优化，那么组织就能在可预测的环境中生存，甚至是发展壮大，每个人都变得越来越专业。这可以在短期内提高组织的业绩，但它会导致僵化，最终演变为系统硬化。要想长期维持业绩，并有足够的灵活性来应对突发事件，组织就必须具备抗风险能力。

虽然没有固定的突发事件处理流程，但我们有可能创建一种能够实时引入其反应的更为直观的文化。

组织文化以可知、可控、可跟踪的方式不断发展演变。本部分将告诉你如何做到这一点。

8

在波涛汹涌的海洋中领航

改变领导者对风险承担和风险管理的看法，
以确保你为变革所做的努力能够得到采纳与延续。

阿斯特罗·泰勒（Astro Teller）是谷歌母公司 Alphabet 高级研究实验室 X 的负责人。阿斯特罗的名字充满了科幻色彩，从某种程度上来说，他本人亦是如此。X 实验室正在研究的一些技术——增强现实、光通信、人工智能和可再生能源——听起来更像是科幻小说中的事物，而不是可扩展的商业提案。

Alphabet 是一家价值万亿美元的企业，而阿斯特罗的工作是使其估值翻倍。此前从未有人尝试过这件事，没有任何可以参考的最佳实践可以指导阿斯特罗如何才能在宇宙中留下如此之深的痕迹，他必须依靠自己摸索。虽然阿斯特罗并未按传统规则行事，但他所用的策略与所有成功完成不可能任务的组织所用的策略相同。他并未创建一个业务组合，而是建立了一个实验组合。

他借以成功实现这一目标的方法就是你在本书中所读到的那些。如果你也想采用类似的方法，就需要做下列几件事：

1. 鼓励失败：结果已知的实验不是好实验。优秀的领导者和企业会激励员工明智地尝试风险。他们会奖励优秀的实验，而非成功的实验。我们所说的优秀实验，是指可以帮助公司更多地了解未来的实验，即使它们最终还是失败了。

2. 先做风险最大的事情：如果想提高成功的可能性，就激励人们去做那些可以告诉你有多大可能失败的实验。

3. 鼓励紧密的反馈循环：如果一项实验需要六个月或一年的时间才能完成，就用损失的时间成本来衡量新知识的价值。

4. 管理风险投资组合，而不是单个风险：谷歌的母公司的名字Alphabet就充分体现了它所秉持的这一理念。[1] 他们既在人工智能等技术上进行了大量高于基准回报的投资（alpha bet），也在更遥远但却有可能产生更大影响的领域下了所谓的"其他赌注"（Other Bets）[2]。

5. 合理分配风险，提高对于风险参数的重视：不论你是在华尔街还是硅谷，如果不知道哪些东西不能碰，就无法快速行动并打破局面。

高管常将创新挂在嘴边，却往往会犯这样的错误：要么没有为实验投入足够的预算，要么完全放开现金管控，任由团队在毫无方向的研究上浪费大量资金。

阿斯特罗采用了两项解决方案来改变激励机制，推动建立智慧实验文化。

6. 事前激励：大多数激励措施都旨在为良好的实验结果提供奖励。如果无法预知未来，这项策略就很不理智。根据结果加以奖励

---

[1] Alphabet是一个双关语，它既是字母表，也就是企业的名称，也是alpha-bet，即"投资回报高于基准的赌注"。——译者注
[2] Other Bets也是一个双关语，既是指其他赌注，也是指Alphabet的子公司Other Bets。——编者注

会促使大多数管理者降低风险，而不是承担明智的风险。在情况未知时所采取的风险管理策略与平时迥然不同。如果你的目标是学习和提高敏捷度，就应该鼓励团队承担更多风险。这就是阿斯特罗·泰勒鼓励员工开展优秀的实验，无论其结果如何的原因。

7. 鼓励员工终止自己的项目：项目就像藩篱，发展项目的最好方法是规避风险。这往往会导致项目经理避开不愿面对的现实。X实验室反其道而行之——懂得止损的团队不仅能够获得奖金，而且能得到阿斯特罗的公开赞美。

如果你的目标是增添一项价值一万亿美元的新业务，就需要下大赌注。但在一个充满未知的世界里，不减少未知因素就不可能战胜庄家。最好的对冲方法是采取投资组合策略，分散风险与成功的机会。只对取得最佳结果的实验予以嘉奖的做法极不明智，明智的做法是奖励旨在以适当的风险水平提供有用信息且运行良好的实验。

播下实验思维的种子

建立实验组合需要时间，但是随着组织面对的可选项目逐渐增多，其尝试新事物的意愿也在不断增强。培养团队实验思维的第一步无须投资，但却需要团队成员转变个人观点，一旦组织中的其他人看到了这种转变，就会开始效仿。这种转变主要包含两个方面。

一是为实验腾出空间。这意味着你要顶住迅速给出（或要求迅速给出）答案的压力，意识到最初的反应往往是错误的。如果想要得到更客观、更可靠的答案，你往往需要安排时间来完成建模和实验。

二是敦促他人在做决定之前探索更广泛的选择。这可能会令人不悦,因为这往往需要承认我们尚未完全理解某种情况。没有人喜欢在别人面前显得很蠢。

一旦采取了这些思维方式,你就可以开始在组织内部鼓励员工开展实验,取消阻碍人们参与的激励措施。本章探讨的是这些步骤以及旨在构建问题解决流程的更广泛的活动。

如何让文化能够经得起未来的考验

案例研究也许是理解领导者必须完成哪些工作才能培养实验文化的最佳方式。这个案例所面对的是实实在在的惊涛骇浪。

象岛是南极洲以北约150英里处一片被冰雪覆盖的狭长陆地。1916年4月24日,为了拯救自己的船员,欧内斯特·沙克尔顿爵士(Sir Ernest Shackleton)进行了最后一搏。在"坚韧号"探索船被浮冰压毁之后,整个冬天,他们都被困在岛上。欧内斯特带领船长与几名船员起航前往南乔治亚岛,附近只有那里才有人烟。他们需要驾驶22英尺长的"詹姆斯·凯德号"——"坚韧号"上最后一艘可用的救生艇——航行800英里,完成"万福玛丽"之旅。[1]

南纬50度的南大洋洋面上,没有任何陆地。狂风卷起海浪,力量环绕地球——海浪畅通无阻,只等另一场风暴为它提供更强的动

---

[1] 万福玛丽(Hail Mary)指美式橄榄球比赛中,在极难成功的情况下由四分卫扔出的长传球。只有被外接手成功接住并达阵,才能称为"万福玛丽"。通常,万福玛丽都是在比赛接近结束的状态下,进攻方做出的赌博性尝试,所以一旦完成就会反败为胜。——译者注

力。以下是沙克尔顿的描述：

>　　午夜时分，我正站在舵柄旁。突然间，我发现南方与西南方之间出现了一线晴朗的天空。我大声告诉其他人，天要晴了。然而，过了一会儿，我意识到我所看到的并不是云层的裂缝，而是巨浪的白色波峰。
>
>　　我与大海打了26年交道，还从未见过如此巨大的海浪……
>
>　　……白色的浪花在我们周围翻腾。船犹如碎浪中的软木塞，被海浪抬起、抛出。
>
>　　我们处在翻腾、混乱的水域；但不知何故，我们挺过了这一劫，船里积了半船水。船已达最大载重，在海浪的拍击下颤抖不已。我们充满了人类为生命而战的能量，用手中的所有容器将水舀出船舱。提心吊胆地过了十分钟之后，我们才感觉到脚下的探险船又活了过来。[1]

这也是一个有关团队合作的故事。沃斯利船长描述了船员们是如何团结一心、共度这场劫难的：

>　　航海是一门艺术，我却无法用语言描述我所做出的努力。航位推算（DR）——海员对航线和距离的计算——已经成为满是猜测的玩笑……
>
>　　……整个流程是这样的：我将珍贵的六分仪搂在胸前，以防海水落在上面，然后探头向舷窗外望去。欧内斯特爵士拿着航海计时仪、铅笔和书站在船帆下。我高喊一声"前进"，然后跪在船舷上，两边各有一个人扶着我。我调转船头，确保太阳出现

在地平线的位置。当船在波峰剧烈颠簸的时候，我合理地猜测了一下船所处的高度，然后大声喊"停"。欧内斯特爵士负责计时，我负责计算结果……我不得不一页一页地翻找导航书，直到找到正确的那一页，然后小心翼翼地翻开，以免它遭遇灭顶之灾。[2]

在寒冷的海上航行了16天后，他们终于登上了南乔治亚岛——大约在400年前，维斯普奇发现了这块与世隔绝的"岩石"。如果"詹姆斯·凯德号"的航线偏离了十分之一，他们就会在海上迷失方向。随后，他们驾船返回象岛，接回了留在岛上的22人，在没有任何人员伤亡的情况下驶回了英国。

这些人在航行中通过不断地实验活了下来。他们对抢救下来的救生艇进行了升级，在其周围安放了压舱物以使其更加稳定，并一起努力保持沃斯利船长的平衡，以便他能够操作六分仪。每一位船员都进行了必要的创新，以获得最大的抗风险能力。

培养更具抗风险能力的船员

"詹姆斯·凯德号"的故事向我们展示了几个关于团队如何成功应对混乱的有用观点。

首先是领导力。沙克尔顿知道如何让别人接受自己的意见，但在这种情况下，更重要的是他知道如何为自己的船员们营造实验空间。大多数帮助他们活下来的创新均非出自沙克尔顿之手，而且也不可能出自沙克尔顿之手。他既不是航海家，也不是造船工，他很清楚这一点。因此，他既没有将大事小事全抓在手中，也没有当甩手掌柜，而是促使船员们努力自救。

他用自己的行动确保了船上的权力结构遵循"任人唯贤"的原则。最了解某一特定情况的人有权做出判断。在某些情况下，比如领航员读数时，沙克尔顿甘当下手，承担起助手和抄写员的工作，以便沃斯利能够更好地完成他的工作。

全体船员能够根据新信息，而非权术之争做出调整。他们所做的很多事情此前从未尝试过，因此他们一直处于实验的状态，并根据实验的成败调整自己的策略。如果他们按照许多现代组织的模式行事，根据建议的提出者及其手中握有的权力来确定航线，那么他们将无一生还。

这一切都均得益于他们强大的凝聚力，这种凝聚力是在他们被困冰雪覆盖的岛屿上的那几个月中逐渐形成的。如果你读过"坚韧号"船员的回忆录，就会发现他们的团队文化已从僵化的传统等级制度演变为一个由不断实验的同事组成的圈子。

在现代企业中，这种凝聚力更难实现。外部承包商需要加入成为团队成员，新员工需要从第一天起就开始进行有效的创新。一旦失去了一起活下去的动因，人们就会因深陷会议和权术而裹足不前。厌倦这一切的人随时可以离开——事实上，他们也经常这样做。

你不可能强制员工参加"南极团建会"，让他们一边烤企鹅，一边增进团队凝聚力，但你可以帮助他们更有效地合作。具体来说，你需要：

- 创建共同的思维模型；
- 鼓励各级人员以人人都能理解的方式报告变化所造成的影响；
- 赋予个人在不受上层过度干涉的情况下协调实验的权力。

这些都要求你增加自下而上与自上而下的沟通。新信息既能迅速上达上级指挥系统，也能快速实现平级分享。你们不仅需要成为一支协调良好的团队，而且行动起来必须犹如一人。

知道何时指挥，何时指导

在如今这个瞬息万变的世界中，成功日益成为或然性事件，而非确定性事件。这意味着你不能假设未来会沿着过去的轨迹发展，或是与你最谨慎的预测一致。过去一百年间，管理理论推崇因循守旧、以效率为导向的方法，然而这些方法已经不再适合日益成为常态的易变性、不确定性、复杂性和模糊性（美国军方称之为VUCA）。想象一下，如果沙克尔顿坚持严格按照书本来管理"坚韧号"会发生什么。他不仅会疏远惊恐不安的船员，还会错过他们开发的所有创新和巧妙的变通之法。

为了能在波涛汹涌的海洋中生存下来，你需要一支能够根据最新信息迅速做出决定并执行决定的团队。只有当组织中的所有人都理解并接受这个系统，尤其是权力如何分配和决策如何协调时，这种情况才会发生。决策者必须是最接近问题、有权处理信息和执行行动，同时对结果负责的人。

从指挥船员到沃斯利的计时助手，沙克尔顿的转变就体现出了这一点。之所以能够做到这一点，是因为沙克尔顿确定沃斯利：

- 了解团队的总体目标；
- 希望实现这一目标；
- 了解他们工作的环境；
- 与船员建立了快速反馈回路。

与传统的指挥权力结构相比较（图8.1），沙克尔顿没有隐藏和控制信息，也没有在不告知船员背景的情况下分配任务，他表现得更像是一位教练。根据指导思维，领导者应为团队成员提供信息，

第三部分：文化变革

协调和激励团队成员，支持他们提高自己的判断力。

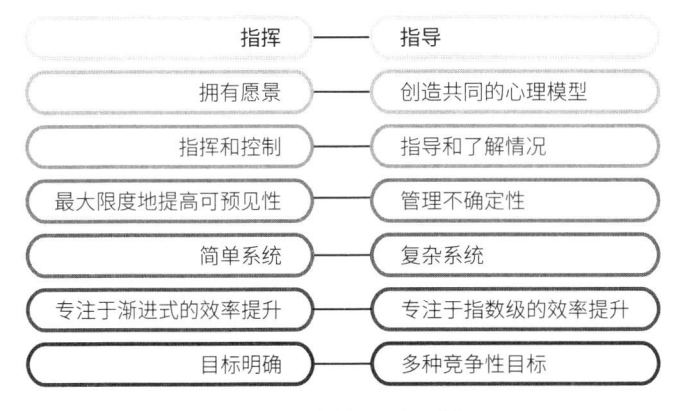

指挥	指导
拥有愿景	创造共同的心理模型
指挥和控制	指导和了解情况
最大限度地提高可预见性	管理不确定性
简单系统	复杂系统
专注于渐进式的效率提升	专注于指数级的效率提升
目标明确	多种竞争性目标

图 8.1　何时指挥，何时指导

做章鱼而非旅鼠

如果你游进闪闪发光的鱼群，会发现鱼群会自动分开。它们会巧妙地避开你，不会有任何一条鱼碰到你的身体。没有一条鱼知道其他鱼在做什么。然而，它们却能够即时协调，追随洋流或是躲避危险。

这种行为是通过简单的蜂拥算法实现的，每条鱼都试图与其最近的鱼保持恒定的距离，并向着大致相同的方向游动。当一条鱼为躲避潜水员而移动时，整个鱼群就会一起移动。当出现一个威胁点或单个目标时，简单的规则十分有效，比如避开潜水员或鲨鱼。我称之为集中威胁。

不幸的是，如果你面临的是系统性威胁，这种方式使用处不大了。在一种情况下看似明智的做法，在另一种情况下也许是自杀。

挪威旅鼠在迁徙时也使用了一种蜂拥逻辑。与常见的描述相反，它们不会集体自杀，[3] 但是它们应对威胁的方式确实会产生同样的效果。例如，一旦出现食物短缺这样的系统性威胁，它们就会选择迁徙。迁徙时，它们采用的是预定的简单策略，这种策略与鱼群使用的策略并无不同。每只旅鼠都盲目地跟从前面的同伴，根本不了解接下来会发生什么。这是快速移动大群动物的有效方法，但它有一个缺点：可能会导致成千上万只健康动物相继从岩石上跃入水中，完全不知道自己是将要游过峡湾，还是在没有任何保护措施的情况下渡过北海。

系统性威胁正变得越来越频繁，这意味着疯狗浪会更频繁地发起袭击。一旦浪头袭来，许多企业会像鱼或旅鼠一样，通过算法做出反应。死记硬背的策略在一个年复一年变化不大的世界里很管用，它创造了复合增长的缓慢节奏。然而，一旦巨变改变了系统本身，那些屡试不爽的策略很可能会失败。当浪潮袭来时，你需要对方法进行动态调整，团队也需要以协调和明智的方式做出回应。

也许章鱼是一个更为优秀的榜样。它的智慧与解决问题的能力可与狗以及海豚相提并论。与脊椎动物不同，章鱼拥有一种分布式大脑，它的每只腕足都有一个大脑，通过一个完全绕过中央大脑的神经环连接在一起。[4] 每只"腕足脑"都可以绕过"中央脑"向其他"腕足脑"发送信息。因此，它们既能独立工作，又能在追求共同目标的过程中相互协调。

要完成在海底捕猎螃蟹之类的任务，所有神经大脑都必须对目标有着共同的理解，同时对不断变化的环境做出反应。这就是为何章鱼高效的、芭蕾式的运动看起来既随机又精确。

能够有效应对新危机的团队也采取了同样的方法。他们不断分享关于环境和背景的信息，并在必要时纠正团队的方向。虽然每位成员都是独立的，但沟通和共同理解使他们能够进行有效的协调。

如果你领导的团队正处于一个不确定且不断变化的环境之中，你就是团队的关键点。你可以选择通过自己来传递所有信息和决定。事实上，许多领导者就选择这样做。这是导致"泰坦尼克号"式悲剧的主要原因。如果你想围绕变革进行创新，团队就需要从概率的角度进行思考。所有成员都必须知道背景和高层次的目标。

除此之外，还有一个模仿章鱼的理由。它具有独特的抗风险能力和适应性。作为一个物种，章鱼的基因组变化得非常缓慢。矛盾的是，这使它们作为个体，可以非常迅速地进化。哺乳动物一生中可能会修改其 1% 的核糖核酸（RNA），这种化学物质负责告诉身体如何生长并管理生物过程。章鱼属于头足纲，它们可以改变自身 60% 的 RNA。[5] 许多海洋物种，如鳕鱼，会因为环境的微小变化而大量死亡，但章鱼却可以通过改变自己的 RNA，而在热带浅水湾或南极水下一英里深处生存。这使它们能够经受住持续的系统性环境变化。[6]

在这里，RNA 和 DNA 之间的区别十分重要。我们在谈论一个组织的 DNA 时，实际上是在做一个很好的类比：DNA 不可改变，它是使公司（或物种）具有其特定属性的已经存在的东西。但是 RNA 赋予了章鱼巨大的适应性。它更像是组织中的激励结构。我经常听到高管们抱怨说，他们无法提高企业的创新性，因为他们无法改变公司的 DNA。但这就像是在说章鱼无法适应北极的气候，因为它无法变成一只北极熊。

创新型公司通过政策来激励和关注创新，而政策恰恰是高管可以改变的东西。改变激励措施，就可以改变员工的工作。你可以通过这种方式提高组织的适应性。

现代高管是非常具有适应性的人类。如果你想鼓励员工提高抗风险能力，就应从建立促进适应性行为的硬性和软性激励入手：哪些类型的合作、冒险和管理可以让他们得到褒奖？哪些会让他们被抛入海中或是让他们忘却自己的雄心壮志？

消除不必要的风险

这听起来可能有悖常理，但如果你想提高抗风险能力，就需要创建一套可靠的固定流程。在军事和一些企业环境中，这体现为标准操作流程（SOP）。设计不良的标准操作流程会搞砸工作，但如果使用得当，就能通过减少个人花在自我定位与相互介绍上的时间，使团队能够更快地进行创新。

我最近给荷兰皇家壳牌公司做了一次简报。该公司每天处理超过400万桶的石油，[7]是世界大型能源公司之一。壳牌公司也是情景规划的传奇倡导者。它利用情景规划为你所能想到的一切情景以及超出你想象的情景创建了应急计划。

我们的团队进行展示之前，我们被告知在壳牌公司的领导者进入房间时应该如何发言。我们要做的第一件事不是自我介绍，而是指出消防通道和卫生间的位置，并解释在紧急情况下应该怎么做。

高管们鱼贯入场的时候，其中一人随手拿起了放在桌子上的激光笔。他以为那是一支普通的笔，而且不小心碰到了开关，随后立即关闭了开关。接下来发生的事让我目瞪口呆。他小心翼翼地将激光笔放回桌子上，然后用平稳的声音告诉在座的人，他已经释放了一个低功率相干光源，虽然该设备现已关闭，但仍然很灵敏。

当时，我觉得他们有些小题大做，但后来我想到了壳牌公司的业务。开采、运输和提炼石油和天然气从头到尾都很危险。这是（字面上的）爆炸性业务。炼油厂、船只和石油资源丰富的发展中国家可能会发生无数种事故，而这些国家随时有可能发生动乱。壳牌公司做出了难以想象的巨大投资，这些投资在 25 年内都无法得到回报。发生灾难的机会如此之多，即使是一次小小的通信故障也可能导致公海上的灾难，或是长达 10 年的拉锯战，最终导致投资失败。

这就是为何他们有一套标准的操作流程，也是为何所有人——确确实实是所有人——都会遵守这些流程。无论是高管、钻井工人，还是守卫，都需要遵守同样的规则。这种做法十分有效。虽然这看起来有些过于谨慎，但这些标准操作流程使那些互不相识的员工在地球上一些最具挑战性的情况下能够安全有效地协同工作。壳牌公司经常需要承担风险，这些风险会让大多数管理人员崩溃、缩在角落瑟瑟发抖。

从那次经历之后，我就开始留意其他组织采用的类似的心灵融合法。一般来说，绩效越高、业务越模糊的组织，其流程就越明确。亚马逊所有员工都进行过 STAR 报告法 [情况（situation）、任务（task）、行动（actions）、结果（results）]、领导原则以及六页备忘录格式的学习。美国军方注重作战命令，这明确地定义了指挥官的意图，同时给予下级创新的自由。[8]

显然，军方不同于石油公司或电子商务巨头，但他们的标准操作流程却有几个共同点。总有一些流程负责确保所有人目标一致：任务是什么，他们正在解决什么问题，如何判断自己是否成功，以及问题是否已经发生了改变。还有一些流程对执行进行了定义：他们可以承担多大的风险，与谁协调，由谁负责，如果出了问题该怎么办。

定义明确、适当的标准操作流程也让团队知道为何首先需要制定这样的流程。目的是：

- 让队长或团队的工作更加轻松？
- 消除非受迫性失误？

- 提高组织的敏捷度？

了解目标可以让团队在合理的情况下自由忽略标准操作流程。最后一部分至关重要：如果领导过度关注执行（下达命令并要求它们被遵守），但却没有阐明自己的意图，大型组织就会浪费大量精力。

当然，执行是创新的关键。涉及日常运营时，团队中的顶级六西格玛策略或敏捷专家[①]是一项资产。但是，如果前方是一堵砖墙，优化只会让你更快地撞上它。更好的执行会产生更优的工作成果，但这并不意味着这项成果是有用的。

在创建能够持续产生有价值的创新的标准操作流程这一点上，俄亥俄州的农场"厨师花园"就是一个范例。作为一家农场，它一直走在行业前沿。它为世界各地的顶级餐厅提供高质量、受欢迎的蔬菜，在全美国享有盛誉。

如果你参观过这家农场就会知道，农场中的许多人不仅独立完成自己的工作，而且会开展实验。温室管理人员开发了一个系统，仅需一人便能维护占地一英亩的温室；一位电工探索了光色对草药味道的影响；一位客户经理将游客中心变成了俄亥俄州的一家非常好的餐厅，并且实现了盈利。当新冠疫情一下带走了所有的客户时，他们又推出了全球送货上门服务和包装食品产品线。包装食品业务是养蜂人的主意。于是，在许多竞争对手被巨浪拍入海底的时候，厨师花园农场运送的蔬菜量却创下了纪录，只不过如今他们的客户变成了消费者。随着餐厅顾客的回归，该农场无疑将迎来又一波增长。

---

① 即Scrum Master，熟悉敏捷开发模式及敏捷实施流程的人员。——译者注

他们之所以能够取得如此多配合默契的成功创新，是因为经营农场的琼斯家族非常清楚自己的目标是什么。在那里工作的每一个人都了解生产和财务目标、面临的系统性威胁，以及企业的长期愿景。农场所有者的要求非常高——不是要求自己的命令得到完美的执行，而是要求员工不断开展实验。众所周知，史蒂夫·乔布斯曾要求员工为每个新概念提出10种可用的原型，而这些农场所有者则想要得到100种。大多数公司都会审核产品线并在年底进行一次小规模调整，厨师花园农场则会削减产品线排名最末的三分之一。

完善的标准操作流程不仅对大型组织来说十分重要，对那些经不起折腾的小型组织而言，甚至更为重要。

考虑到这一切，有三种通用的标准操作流程值得了解。每个组织都不相同，没有放之四海而皆准的标准，但如果你想提高组织文化中的抗风险能力，让它更接近章鱼，这些流程就是一个很好的起点。

标准操作流程 1：积极听取所有团队成员的意见

> 对历史和人类做出最大贡献的领导者通常不是我们所认为的"强势领导"……相反，他们往往是那些懂得合作、授权和谈判，并且认识到没有人能够或应该拥有所有答案的人。
>
> ——比尔·盖茨

面对不确定性，我们会选择避免威胁，但也会因此错失良机。我相信我们都有机会成为亿万富翁，唯一的问题就在于，我们通常没有认识到这一点，或者说将它误读为一个坏主意。我的祖父拒绝了成为快闪汉堡早期投资者的机会，后来它成了加利福尼亚州非常成功的快餐连锁店。我的朋友兼导师泰德·塞尔克（Ted Selker）拒绝了出任谷歌早期雇员兼首席技术官的机会。

在每个案例中，如果能够了解更多信息，他们也许会做出一个完全不同的决定。创业加速器 Y Combinator 的总裁萨姆·阿尔特曼（Sam Altman）解释说：

> 在伟大想法诞生的过程中，最难的就是一开始，最优秀的想法一开始往往看起来糟糕透顶……难点就在于，两者之间有一条细微的分界线。一边是创意，另一边则是疯狂。大多数人认为缺少门户网站所有功能的第 13 种搜索引擎毫无意义，仅仅面向穷学生的第 10 种社交网络也糟糕透顶。然而，Myspace 大获全胜。或者说是一种待在陌生人沙发上的方式大获全胜，这听起来就很可怕。这些听起来都很糟糕，但是事实证明，它们都是绝妙的点子。如果它们听起来就十分美妙，就会有一大堆人涌入这个领域。[9]

关注正确的问题和正确的想法是团队需要培养的一项重要技能。组织内部可能已经有了你所需要的信息，问题在于，它们可能分散在各个角落。没有人能够预知未来，但我们都窥到了其中的一部分，就像为了感知更多的环境信息而伸展出去的章鱼腕足。我们只需要作为一个团队更有效地倾听和沟通。

为了使这种"前景扫描"产生效果，组织需要的不仅仅是对环境的感知，还需要一个能够汇报所得的信息并将洞察力转化为行动的流程。对领导者来说，这意味着要尽可能多地倾听。

根据我的经验，好的想法往往恰好来自那些有可能被忽视的人。例如，我在惠普工作期间的一个很有用的见解，就来自与班加罗尔一家呼叫中心操作员的谈话。这些建议可能没有经过提炼，但是这些想法却最值得倾听。好的见解可能有违直觉，可能来自那些不知道如何向高管阐述其价值的人。

如果想要提高团队的创新商数，就需要教员工做到以下几点：

- 在组织目标的大背景下解释他们的想法；
- 阐明组织拥有哪些信息或系统优势（以及能够持续多久）；
- 展示他们的想法能够如何平衡威胁与机遇。

采取这种方式，团队就能在不付出更多努力的情况下，进行更多创新。团队中常见的一种脱节现象就是，两位不同领域的专家发现了相同的威胁或机遇，却没有意识到它们之间的联系。给他们提供共同的背景和目的，就可以帮助他们看到这些联系。

标准操作流程 2：在构建系统模型时让整个团队参与进来

本书介绍的许多工具可以帮助你更多地从概率角度思考问题并提高判断力。这些工具包括可能性之树、因果循环图等系统建模工具，以及情景规划和 5D 等模拟工具。

高层领导者常犯的一个错误是只在执行层面采用这些工具。事实上，这类映射和规划练习在使整个团队在高层目标上保持一致的方面非常有效。他们能够因此进行自己的实验，放飞自己的想象，最终使团队变得更加敏捷和有凝聚力。

对个人而言，这些规划工具，尤其是系统映射工具，是人脑物理极限的补充。我们在做决策时都会依赖经验法则与捷径，而这往往会导致偏见。一旦我们把记忆用映射图展示出来，就能更好地看清系统的逻辑和因果关系。

可视化图表可以帮助团队成员理解森林和树木之间的关系，也就是说，帮助他们理解未必会直接遇到的特定元素与连接这些元素的整体系统。通过展示自己的行为将对他人产生怎样的影响，可以使每个人都能对未来做出更好的决定。

共享的映射图、树、模型或文件都来自整个团队的经验。这就是这些资源总是更为丰富，也能带来更多选择的原因。这有助于满足标准操作流程 I 的要求，也为你提供了一个讨论系统级决策和指标的工具，因此没有人会措手不及。一个共同建模、共同规划的团队，在共同规划时，他们可以更有信心地独立实验，并横向协调彼此之间的努力，而不是强迫领导者来做裁判。因此，一个章鱼般的结构逐渐成形，在这个结构中，各只腕足紧密相连，使领导者能够专注于设定目标而不是协调沟通。

在实践中，可以采用多种形式进行建模。例如，在白板上绘制因果循环图是展示裁员对利润影响的一个简单方法（图 8.2）。

裁员也许可以节省开支，但一定会影响士气，从而降低生产效率。这告诉我们，在做出裁员的决定时，可能还需要考虑另外两个因素：

1. 是否因为生产的货物减少而影响收入？
2. 是否由于工人的效率降低，每件商品的生产成本增加？

系统图是沟通工具，而非说服工具。它们可能看起来很复杂，甚至在不进行逐步解释的情况下根本无法理解。虽然制作一个复杂的图表花费的时间远超制作一份演示文稿（PPT），但是它能够提供更丰富的领域地图。

第三部分：文化变革

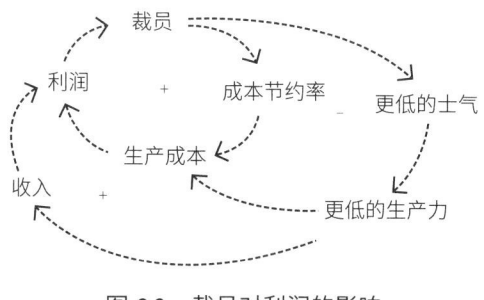

图 8.2　裁员对利润的影响

这样做可以加速思维的融合。两个小时的建模练习可以帮助新员工或高管了解更大的图景——所有的链接、节点、输入和输出都在哪里。而且，在了解公司的过程中，这种做法的效率远远高于让他们盲目地遇到阻碍。然后，你可以使用 VEGAS 法（可见性、效果、酝酿、可及性、安全性）等技巧来识别威胁与机遇，利用 REAL 框架（侦查方法、证据收集、替代现实、可能分析）来发现仍然未知的关键信息。

借助情景场景来解决"大象问题"

一旦管理系统节点的人不了解全局，就会出现非受迫性失误。

1982 年情人节，一个名为"海洋游侠"的浮动石油钻井平台正在纽芬兰海岸的大浅滩上钻探。那里距离电影《完美风暴》中的沉船地点不远。高如摩天大楼、宽比橄榄球赛场的"海洋游侠"犹如耸立在海面上的一座山峰。设计之初，人们希望这座耗资 1.25 亿美元的技术奇迹能够常立于全世界最汹涌的水域。它立在两个通过复杂的压载系统所稳定的浮筒上，任由身旁的海面掀起高达 50 英尺的巨浪。然而，有一天，它突然在一场中等强度的风暴中沉入海底。附近的另一个钻井平台也报告说海上出现了疯狗浪，但是绝对没有出现超出"海洋游侠"承受能力的 110 英尺以上的巨浪。

那么，到底是哪里出了问题？经过几个蓝带小组的调查并且支付了 2000 万美元的赔偿，人们发现导致钻井平台沉没的罪魁祸首是一些设计缺陷与人为失误：

- 压载控制室中一个位于水线以上 28 英尺处的舷窗发生了故障；
- 巨浪袭来时，海水涌进了控制室；
- 一块防水性能欠佳的配电板短路了；
- 从而导致将空气压入压载舱的强力泵的控制器失灵；
- 结果，大量海水灌满压载舱，导致钻井平台沉入海底。[10]

如果有专家在，也许还能拯救"海洋游侠"，但是事故发生时，知道如何控制压载舱的人员均不在现场。虽然船员们有足够的时间自救，但他们均未接受正确的培训，也找不到合适的设备来逃离钻井平台。[11]

控制室里一个没有经验的年轻人很快成了替罪羊，但这并不是问题的真正所在。这是我们在本书第 2 章提过的"大象问题"。从设计到调试再到培训，钻井平台的生命周期中有很多时刻原本可以阻止灾难的发生，但没有人考虑过整个系统。没有人知道总体目标是什么，所以每个人都完成了自己的工作，但没有人完成团队的工作。

与"泰坦尼克号"一样，如果有人思考过万一船体遭到破坏会发生什么，而不是试图设计一艘永不沉没的巨轮，结果就会有所不同。他们以为未来会沿着他们所设计的路线前行，但事实从来都不是这样。

处理"大象问题"（以及本书第 2 章中所讨论的其他可避免的失败原因），需要努力使团队围绕共同背景进行调整。此时，"谁击沉了我的战舰"之类的团队练习也许有用。概括而言，像 VEGAS 法、因果循环图、可能性之树以及威胁与机遇表这样的练习有助于团队将细节与大局联系起来（反之亦然），并了解环境是如何改变模型的。

在本书第 5 章，我们讨论了一家增强现实硬件初创公司为制定正确的长期产品战略而奋斗的例子。"大象问题"是他们最大的挑战：每个人都专注于推出产品而不是发展业务。

制定正确战略所需的所有信息都在手边，但几乎没有人对大局有清晰的认识——电气工程师知道未来的原件，营销人员了解购买行为，首席财务官明白他们必须实现怎样的长期增长预期。

只要花 20 分钟在白板上画出产品的生态系统和竞争环境，团队就能获得这些信息，并以一种易懂的方式分享这些信息。光看增长指标，他们可能会继续向一个永远收不回投资的平台投钱。然而，考虑到新出现的现实，他们可能会转投一个更好的平台。

标准操作流程 3：将有力的横向沟通纳入公司政策

要使团队在创新目标上保持一致，需要的不仅仅是共同背景，还有经常使用的高容量的开放沟通渠道。

蒂姆·温克勒（Tim Winkler）在我居住的湾区附近养猪，这不是普通的猪，而是重达 400 磅的毛茸茸的怪物，叫作曼加利察猪。这是一种非常有价值，也很受追捧的传统品种，每一头价值数千美元。由于它们散养在数英亩的森林中，如何保护它们免受小偷和土狼的侵害就成了一个严峻的问题。

蒂姆采用了一种疯狂而又聪明的解决办法：利用一群驯化的狼来守护这些猪。这些狼在猪群周围长大，会不知疲倦地保护猪，它们非常擅长这份工作。这也让我们有机会观察动物王国中一些最有效的团队合作。

一天，我发现在一个小时的时间里，每只狼会轮流扮演不同的角色：一只哨兵坐在猪群后面几百英尺远的地方，另一只在森林周边巡逻，还有两只假装毫不在意地在草地上摔跤或是休息。

狼群通过协作来了解和监测作业环境的变化，通过打斗来缓和压力和解决冲突。它们会根据其他同伴的行动改变自己的行为，并且不断地进行着微妙的交流。最重要的是，它们在没有任何指导委员会或组织结构图的情况下做到了这一点。

学习如何共同思考可以增强我们的力量。人类通过开会来实现这一点，但很少有人类团队能够达到狼群的协调水平，无论他们开了多少次会。与其说这是团队的失败，不如说是会议方式的失败。

会议之所以失败，是因为领导者往往把注意力放在了议程的内容上，而不是协调团队共同思考的方式。狼群也许没有书面议程，但它们始终知道团队的共同目标是什么、谁是负责人，以及每只狼在任何时候都在扮演什么角色。

人类领导者可以通过实施正确的流程来实现这种协调水平。首先要明确会议的目标和每位参与者的角色。

目标

大多数会议都属于以下六种类型中的一种，主要取决于它们想要实现的目标：

1. 联系：通过非正式互动建立信任；
2. 信息：分享指挥官的意图并协调活动；
3. 探讨：确定基线现实和选择；
4. 调整：综合不同的观点和数据，以便做出决策；
5. 选择：选择前进的道路；
6. 执行：完成实验任务。

角色

大多数团队需要完成七种类型的任务。每种任务都要求团队成员承担和履行不同的职责：

1. 构思：提供新的输入；
2. 协调：协助各方走到一起；
3. 防御：保护一个立场；
4. 进攻：攻击一个立场；
5. 判断：决定做什么；
6. 学习：初级队员需要自己学会学习；
7. 执行：落实决定。

会议流程

阐明会议目的很有必要，但仅仅这样还不够。你还需要为团队的共同思考方式制定标准。关于这个主题的书有很多，本书在此列出几条有助于保持会议有效性的基本建议：

• 安排多位记录员。否则，你只能了解记录员感兴趣的内容，而不是会议的全貌。

• 控制外向型成员。确保所有人（无论是线上会议还是线下会议）都有机会发言。理想情况下，保持全员在线或全员发言，这样就不会有人处于劣势。会议结束时，在会场内走一圈，问问每个人是否还有没有表达的想法或信息。

• 确认决定，分配下一步行动，并安排确定的后续行动。情况越不明朗，就越要确保团队能够真正保持一致，而不仅仅是一团和气。

明确目标以及你本人在创新过程中的位置，就可以给团队更多的自由去寻找恰当的解决方案。

在橄榄球场上打篮球

一旦开始从执行预定战略转变为动态制定战略，你就必须改变组织活动的方式。打个比方，你需要从打橄榄球转为打篮球。

乍一看，橄榄球就像是一群大个子在大草坪上互相冲撞。事实上，橄榄球是现代体育中一种结构十分严谨的战略游戏。四分卫发出战术指令，所有球员都要执行其预定任务。替补席上坐着承担不同任务的球员，如踢球手和弃踢手（两者职责不同），每场比赛他们只上场一两分钟。许多情况下，比赛结束时的分差可以达到30%~50%。有的队伍大获全胜，而胜利往往得益于战略。

如果说橄榄球像是19世纪的步兵战，那么篮球则更接近于混战。篮球以闪电般的速度在球场上移动，球员没有明确的分工。在一瞬间，前锋突然打起了防守，后卫突然开始投三分球。比赛是动态、敏捷的，就像今天的商业一样。一场典型的篮球比赛结束时，两队的分差只有2%或3%。灌篮和远射是吸引观众的噱头，而决定胜利的往往是一些小事。向左或向右的假动作、传球快一点或慢一点，都可以改变比赛的进程。通常，电子屏的统计数字并不能反映出最重要的比赛因素。

篮球至少和橄榄球一样具有战略性，但采用的方式却截然不同。篮球团队本质上讲究敏捷性，而且通过既合作又独立得到发展壮大。

通过统计数据赢得比赛

不论从哪个指标来看，肖恩·巴蒂尔（Shane Battier）都是一位资质平平的篮球运动员，然而他用自己的职业生涯重新定义了这项运动。球迷们很少注意到他，因为他看起来好像无足轻重。巴蒂尔不会扣篮，也不是一个特别有效的后卫。休斯敦火箭队的老板莱斯利·亚历山大（Leslie Alexander）曾表示，巴蒂尔的数据"并不出色"。

然而，当他加入孟菲斯灰熊队之后，灰熊队的胜率翻了一番。他加入火箭队之后，火箭队的胜率上升了60%。而在他加入迈阿密热火队后，热火队成了NBA历史上的最佳球队之一，比赛质量也得到了改善——即使场上还有勒布朗·詹姆斯和德怀恩·韦德这样的巨星。

那么，巴蒂尔究竟做了什么与众不同的事情呢？他在退役之后的工作给了我们一条线索：他现在是休斯敦火箭队的统计专家。

球员时代，赛前的每晚他都会仔细研究对方球员的统计数据。只要在场上，他就会根据自己掌握的信息来判断科比·布莱恩特做出向左或向右假动作的概率，抢先一步做出反应。然后他会迫使科比从他在场上最弱的位置投篮。巴蒂尔的制胜法宝不是他的运动能力，而是他的头脑。[12]他利用赛场上的动态迫使对方时刻处于弱势，而己方则处于强势。

每当巴蒂尔的球队对阵湖人队时，就会发生一些有趣的事情：只要科比不上场，湖人队的表现就会更好。

与其说巴蒂尔是打篮球，不如说他是在玩概率。他用某个版本的VEGAS法发现对手的弱点，然后利用5D制定战术。自从教会了队友如何玩转概率，他们在赛场上的表现也有了进步。

留意冰山，而不是星星

像沙克尔顿这样大胆的领导者很容易就能发现，他们就像地平线上的黎明一样明显。

然而，让沙克尔顿的领导如此有效的不是他的个人魅力，而是他对团队动态的理解。充满挑战的时代自然需要一位大胆、高调的领导者。通常，你真正需要的是如肖恩·巴蒂尔这般能够解决问题的人。就像撞上"泰坦尼克号"的冰山一样，巴蒂尔的大部分天赋并未示于人前。但是如果对他的方法进行拆解，就会发现这包括几个关键部分：

• 数据驱动的决策：巴蒂尔专注于可能性，并利用这些可能性使形势向着有利于他的方向倾斜。

• 自我意识：他做到了扬长避短。

• 视角：他发现了其他球队的习惯并对这些习惯予以利用，目的是削弱他们在球场上的地位。

• 背景：针对不同球员和球队，他的打法各不相同。

• 沟通：他会教队友如何在赛场上开展集体行动。

在商业领域，像巴蒂尔这样极具团队合作精神的队员在很多时候得不到认可，然而他们是成就伟大球员与伟大团队的秘密武器。你往往可以通过他们提出的问题，而不是他们回答的问题发现他们。他们不断鼓励队友像他们一样思考并分享他们的见解，并会提出下列问题：

• 你对我们正在做的事情有什么看法？

• 我们错过了什么？

• 为何你会这样想？

• 在这个问题上，你有什么忧虑？

• 你能告诉我更多关于这个问题的信息吗？

• 关于这个问题，还有什么是我不知道的？

第三部分：文化变革

- 我们如何为之后的事情做好准备？

很多时候，我们需要积极寻找此类领导者，因为他们看起来与以前的巨星很不相同。这类领导者经常被误认为是勤杂工或是外行。然而，他们之所以会给别人留下这样的印象，就是因为他们正在执行一项非常有价值的任务：确保各部门都能获得他们需要协调的所有信息，而不是告诉别人要如何完成工作。

许多组织都会被动地或主动地阻止管理人员的这种行为。如果你的目标是管理旅鼠，那么这种做法很有道理。但是，如果你想把组织发展成一只章鱼，创造出一种能够应对未来挑战的文化，就应该反其道而行之。你应该：

- 实现组织扁平化；
- 确保组织内的"巴蒂尔们"有足够的空间来玩转概率；
- 让团队管理彼此之间的日常协调，而不是通过你这个中间人；
- 激励组织在提高学习速度和理解指挥官意图等方面的集体表现，而不是在执行指令上的个人表现。

如何让腕足作为一个团队工作

在我看来，金州勇士队的斯蒂芬·库里（Stephen Curry）是NBA最优秀的团队领袖。他极具魅力，是一位伟大的射手，一位近乎完美的运动员。然而，他的教练和队友却并不像你想象的那样，认为库里是一位超级巨星。他们都很关注库里为别人而非自己所做的事情。

助理教练布鲁斯·弗雷泽（Bruce Fraser）说："他尽力让别人参与进来，哪怕这会牺牲他自己的统计数据。"这很可能会使他失去数百万美元的绩效奖金。

队友德马库斯·考辛斯（DeMarcus Cousins）说："他帮助我打开了比赛。他带走了所有关注，这样，我只要做好自己就行。"

另一名球员达米恩·李（Damion Lee）在谈到库里的强烈的同理心时说："即使他没有真正处于你的境地，也能设身处地为你着想。这很伟大。"

队友德雷蒙德·格林（Draymond Green）说："他一直在关注所有情况，而不是等出了问题才介入。"[13]

还有许多关于库里的逸事。例如，事情进展不顺利的时候，库里会突然跑到某人的家里去打圆场，或者带着妻子餐馆的烤肉去新队员家中，欢迎他加入球队。

虽然库里是赛场上伟大的射手之一，但是帮助勇士队获胜的却是信任和分享的团队文化，库里为此付出了很多。他没有借助关键绩效指标（KPI）或是简单粗暴的行政命令，而是选择了以身作则。毕竟，谁不想长大后成为斯蒂芬·库里那样的人呢？

我们在他的领导中看到的是对价值观的关注，不是他的球技，而是如何分享球技。他不会因为觉得自己愚蠢而放弃网前投篮的机会。他知道给予是团队的基石。他知道球队能赢得冠军，这才是创造真正财富的原因。

无法与章鱼争辩

兰博是新西兰家喻户晓的明星。这位兰博不是史泰龙于20世纪80年代在电影《第一滴血》中所塑造的角色，而是一只章鱼。它也是奥克兰备受欢迎的人物摄影师之一。海洋生命水族馆的工作人员在兰博的鱼缸里放了一部相机，想看看会发生什么。结果，它学会了如何给游客拍照。[14]

这很耐人寻味，因为训练章鱼并不是一件容易的事。你可能已经注意到，从来没有人像训练海豚和狗等类似的智慧生物那样，训练章鱼表演杂技或按指令做动作。相反，水族馆的工作人员只是给了兰博一个工具——一部照相机——让它自己去想办法。领导者可以从中学到十分有益的一课：最具创造力的团队更是像章鱼，而非海豚。

成功领导章鱼的方法，就是阐明驯兽师的意图，然后让它自己寻找解决办法。如果环境不断发生变化，最接近问题的人需要有见机行事的自由。这种方法的挑战就在于，随着环境变得越来越复杂，团队内部的协调也需要越来越紧密。

矛盾的是，你无法通过规划来实现这一点，而是需要为此营造出合适的环境。最佳的战术或是最优秀的球员都无法确保比赛的胜利。然而，最好的团队却能所向披靡。

启人心智

就像篮球比赛一样，希望提高灵活性与速度的公司都具备信任、分享和自主等特点。可以说，日本重工业企业自上而下的企业文化几乎无人能及。然而，与马自达前首席设计师汤姆·马塔诺（Tom Matano）的合作却让我感受到了这些品质，实在令我惊喜。

汤姆推出了马自达米亚塔和RX-7等标志性产品，使马自达从一家区域性汽车制造商摇身变为全球性汽车行业巨头。他的工作室连续为公司推出了六款畅销产品。他的成功绝非侥幸。

我很好奇他是如何在这样一种以运营为导向的庞大文化中持续创造突破的。他告诉我，因为他很幸运能有一位像斯蒂芬·库里这样的老板——允许汤姆像斯蒂芬·库里那样管理公司。这位老板安排汤姆在远离日本上司的钩心斗角与窥视的洛杉矶上班，让汤姆可以自由发挥。在工业设计还不够炫酷的时候，汤姆的老板就改用了扁平化指挥体系，作为他与首席执行官和董事会的直接联系渠道。

我认识的汤姆的所有下属都叫他尤达大师。[①]他是一位喜欢启人心智的睿智的老人。他从不会直接告诉你该怎么做，而是通过传达一个明确的意图来向你指引前进的道路。这种经历既令人沮丧，也让人感到自由。

我认识汤姆时，他已经处于职业生涯的后期。当时，我们正在努力将旧金山艺术大学刚刚起步的汽车设计专业打造成行业领头羊。在这个缺少员工例会这种沟通方式的世界里，他成功地让400名狂热的学生与教师（包括我在内）朝着正确的方向前进。没有人完全清楚他究竟是如何做到这一点的。

最后，我发现，他每周都会与几乎所有人进行一对一谈话，在谈话中描述自己的意图是如何改变的，并建议谁应该找谁谈一谈。虽然他没有公开，但是后来我了解到，每次他都会细心地记下笔记。没有一次谈话是随意的，他之所以想要了解你与大卫或卡罗尔的谈话情况，也不是毫无理由的。

为他工作时，我曾问他如何才能成为一位更好的管理者。他回答说："如果你想打磨一块美丽的石头，就不要对其刀刻斧凿，而应该改变水流的方向。"我用了15年时间才理解这句话的意思。从年轻的教员到行政领导，一路走来，他的话一直留在我的脑海之中。

[①] 电影《星球大战》中的角色，是一位具有强大原力与高洁品德的绝地大师。——译者注

这也是章鱼的管理之道。不能告诉创作者应该怎么做，但却可以展现纪律性，并传达高层次的目标与不确定因素。可以讨论你所面临的类似挑战，也可以管理信息流。最重要的是，你可以通过以身作则来营造一种奉献和信任的文化。这样，你就可以创造能够自主行动的高效文化。

LEAD：你的章鱼需要聆听的四类信息

斯蒂芬·库里和汤姆·马塔诺以身作则，并在此过程中避免了那些容易导致团队分裂的行为。他们通过明确的信息传递机制，尤其是各自的方法在团队内部达成了一致。这种方法所具备的几个关键特性可以概括为 LEAD（图 8.3）。

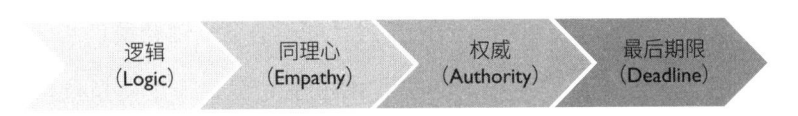

逻辑（Logic） → 同理心（Empathy） → 权威（Authority） → 最后期限（Deadline）

图 8.3　LEAD：四类重要信息

逻辑：诚实地反映事实与情况背后的逻辑。库里和汤姆向团队中的所有人阐明：

- 他们能够控制什么，不能控制什么；
- 为何他们的选择是可行的以及为何能够奏效。

如果你听过斯蒂芬·库里在赛后新闻发布会上的采访，就会发现他总是十分清楚自己的弱点、球队在比赛中的弱点，以及接下来的调整步骤，不论当晚球队的表现是否达到了预期。耐人寻味的未必是他的措辞，而是他所表现出的冷静。他遵循情势的逻辑，从未失了冷静。

同理心：他们表明理解团队成员所持的价值观和信念，也理解团队成员的担忧，随后展示为何他们的价值观是一致的。

这类领导者常常通过言语和行动告诉团队成员，"我听见了你的心声，因此你可以放心地跟着我"。他们展现出并讨论了能够引起广泛共鸣的价值观，如关心、公平和忠诚［如果你想深入了解这一主题，可以阅读乔纳森·海特（Jonathan Haidt）的道德基础理论[15]］。斯蒂芬·库里为自己的电影制片公司所选的名字"全票媒体"（Unanimous Media）就是绝佳的例子：《体育商业日报》（Sports Business Daily）将其称为"基于信仰的工作室"。[16]

权威：许多领导者往往会选择跳过逻辑性与同理心，直接从这里开始。然而，持久、灵活的权威恰恰建立在这些品质之上，它们是团队成员更愿意接受你是他们最佳领导人选的理由。一旦证明你的决定十分明智、价值观与团队一致，就更容易让团队成员相信你的目的十分纯粹，你提出的解决方案虽不完美，却往往是最佳的选择。

最后期限：不论是比赛的最后三分钟，还是向汽车公司设计主管提交方案前的最后一刻，没有什么是比最后期限更能将团队凝聚在一起的东西了。在汤姆的案例中，你知道他会在下周某一时刻来访，所以你必须准备好图纸，告诉他你与卡罗尔的谈话进展。得力的领导者会清楚地说明为何现在需要关注这个问题、什么时候会出现新的信息，以及他们下次见到你时想了解什么。

变革时期，人们不可避免地会有一些不安、惊慌、担心、愤怒，以及困惑，逻辑、同理心、权威与最后期限是获得成功的关键。消除分裂，为爱让路，将团队凝聚在一起的力量是团队成员对彼此的爱，而这也是你引领"章鱼"前进的方式。

小结

营造实验文化

1. 激励聪明的失败。
- 鼓励创新实验,而非稳妥的成功。
- 奖励进行高质量实验,而非得到预设结果的实验的员工(事前激励)。
- 鼓励团队终止自己的项目。

2. 创建实验思维。
- 为实验腾出空间。
- 敦促他人在做决定之前探索更广泛的选择。
- 在组织内部构建问题解决流程。
- 激励员工进行实验,提高员工的实验参与度。

3. 下放沟通和决策权。
- 创建共同的思维模型。
- 鼓励各级人员以人人都能理解的方式报告变化所造成的影响。
- 赋予个人在不受上层过度干涉的情况下协调实验的权力。

4. 如果条件允许,提供指导,而非进行指挥。
- 确保所有人都了解他们工作的环境和团队的总体目标。
- 通过亲自沟通或经济奖励,促使所有团队成员看到目标实现后的景象。

- 在你和团队成员之间建立快速反馈回路。
- 合理承担风险,并明确风险参数。

5. 消除不必要的风险。

- 标准操作流程1:积极听取所有团队成员的意见。
- 标准操作流程2:在构建系统模型时让整个团队参与进来。
- 标准操作流程3:将有力的横向沟通纳入公司政策。

6. 通过LEAD模式传递信息。

- 逻辑:解释可控与不可控的内容,以及可行的选择范围。
- 同理心:阐明你对团队需求和关注的理解。
- 权威:解释为何你虽然算不上完美的信使,却能带领团队踏上最好的前进之路。
- 最后期限:解释为何现在必须加以重视。

为了迎接明天的挑战,今天需要完成的任务

- **为组织的所有层面界定风险等级。** 设定明确的风险承担参数,并保护在其上限和下限范围内工作的员工。
- **请初级员工寻找降低灵活性的障碍。** 询问团队中层级最低的成员,你的哪些控制措施降低了他们的效率,哪些制约了他们的灵活性。确保在一个中立的环境下做这件事(不要在你的办公室,也许可以选择午餐区)。
- **消除障碍。** 指派并有偿安排一名资深引领人,帮助员工解决效率低下的问题,尽可能跟随员工的脚步。

- **确定阻碍创新与交流的 KPI。** 指定一名引领人来评估哪些错误评估导致了短期和长期收益之间以及可靠性和风险承担之间的错误平衡。
- **创建更频繁的正式和非正式协调流程。** 专注于建立能够使人们保持沟通、了解环境变化并与目标的转变保持一致的程序与激励机制。
- **通过激励措施和跟踪来驱动期望的行为。** 指定一名引领人来确定哪些更好的激励、培训和跟踪工具可以使员工既能毫无顾虑地承担风险,又不失可靠性。
- **教会你的领导者如何指导与倾听。** 投资能够鼓励改善整个组织的信息传递、指导和横向沟通的领导力培训。

结语

推动组织的抗风险与增长

从一个被动应对彻底变革的组织转型为一个能够为彻底变革做好准备并对其加以利用的组织需要时间。根据我的经验，整个转型过程可以分为四个阶段。

第一阶段：意识

在变革的第一阶段，你可能会看到大量新制作的精美的PPT，因为团队成员都试图证明自己正在积极地使用这种新方法。然而，这些PPT不过是新瓶装旧酒。

虽然未必有效，但这是对另一项旨在提高员工"创新性"的计划的合理回应。每个人有过许多这样的经历，虽然可能对其持有怀疑的态度，但仍然会配合。

好消息是，这些经历能帮助你开启沟通的大门——与员工公开讨论组织的共同背景、组织拒绝承认的事实，以及如何通过实验来改变组织，这是至关重要的第一步。不过，谈话并不一定能促使员工不断努力。

也许有人会加以抵制，例如，贬低与实验相关的人员及项目、刻意阻挠、蓄意破坏等。下列方法可以解决这些问题：

• 不论成败，对所有尝试均加以赞扬，尤其是在团队成员决定停止手头明显不可能成功的项目时；

• 对机遇进行分析时，与团队一起大声讨论你的想法，并如实地就这个机遇的成功概率与团队达成一致；

• 利用"要么游起来，要么沉下去"的道理营造紧迫感："如果你不处理这个问题，整个团队都会受到影响。"

组织如果能够实现下列目标，那么这一阶段就取得了成功：

• 使团队成员相信确实存在问题；

• 创建用以讨论实验的共同语言；

• 促使人们思考如何讲好实验故事，以及如何将实验可能的结果变为现实；

• 扩大可能性的范围。

第二阶段：行为改变

第二阶段，组织开始进行尝试。一旦组织内部的一些人不再偷偷摸摸地挪用资金进行实验，并且开始申请实验预算，转型就已进入第二阶段。这一阶段至关重要，因为团队成员是在试探你是否动了真格。

这一阶段会出现一些有用的创新，不过由于缺乏更多的实践以及来自整个组织的更广泛的支持，这些创新实践大多无法推广至整个组织。

这一阶段遭遇的抵制与第一阶段相似：贬低、阻挠、破坏。不过，你应该做出一些不同的回应：

- 指派高层管理人员为这些举措提供支持和保护；
- 持续为少数人提供适度的资源；
- 不要一遭遇失败就终止项目；
- 提供既能保持小团队的灵活性，又能使小团队与大组织成功对接的系统。

组织如果能够实现下列目标，那么这一阶段就取得了成功：

- 处于组织边缘的小团队制订出解决方案并被核心团队采用；
- 开始开发旨在普及解决方案的系统。

第三阶段：文化变革

到了这一阶段，实验已经十分频繁，你可以开始筛选哪些实验值得继续。你可以根据事先共同商定的指标，定期削减内部项目。这些指标可能包括市场反馈或原型的性能。

一旦有了可在日常操作之外运行的可靠且清晰的流程，组织就可以开始开发能够推广成功实验的系统。为此，你需要安排专业人士来监督这一过程，需要预算来实现这一过程，也需要构建一个管理系统来维持这一过程的进行。此时，你的实验部门尚未成熟，但是你将拥有稳定的新想法来源，并看到它对组织业绩的显著影响。

这并不意味着抵制情绪就会消散。反对者依然存在，但他们会更关注实验是否被采用。一种应对措施是制定政策，规定组织必须采用一定比例的内部创新。这就将话题从是否采用任何创新转移到哪些创新最能平衡现在与未来的需求。

这有助于你找到那些身处企业边缘，却具有实验思维的潜力比较大的员工，并将他们调至核心部门，从而使他们有机会了解权力杠杆，也让其他人更容易接受这种方法。

并非所有的创新都是为了帮助你在彻底变革中生存并获利。你还需要推行渐进式流程并实现功能改进。顾此失彼是一种典型的管理陷阱。如果你能够证明组织在业绩与可选性方面的创新能力有所提高，就表明这一阶段取得了成功。

第四阶段：抗风险能力增长

到了变革的最后阶段，最高管理层开始主动给你提供广泛的支持。这意味着实验将得到积极的支持与可靠的资源。有了这些，整个组织——不是每位成员，而是由组织的所有成员组成的人脉网——往往就能参与进来。

如果你能够列出一系列影响而不仅仅是一连串实验，就代表这一阶段取得了成功。这意味着在业绩与抗风险方面取得的显著改善，可以直接归功于组织内部所开发的创新。抗风险能力的增长源自对这种平衡的认识。

后记

　　人生种种，犹如潮起潮落。
　　乘风破浪，定将功成名就；
　　错失良机，此生的航程将
　　　困于浅滩与悲苦之中。
　　此时此刻，行于这片汪洋，
　　浪潮涌来，必须顺势而为，
　　如若不然，结局只有失败。
——布鲁图斯，《恺撒大帝》（第四幕，第三场）

　　能够坚持读到这里，多半是因为你正在为不确定性而忧虑，并且怀疑传统的战略和管理工具会令公司在彻底变革的面前不堪一击。也许你已因一场意外遭受了重大挫折；也许你交了好运，于是想了解如何才能尽快地再次拥抱幸运；抑或你只是开始留意并意识到，一成不变不可能带来持久的成功。

无论原因究竟如何，希望这些原则与案例能够让你明白，想要在不确定性中生存并获利，并不需要借助水晶球，而且，黑天鹅事件极少发生。尽管无法为所有可能的变化做好准备，但你可以为各类彻底变革做好准备，而且适时、恰当的轻轻助推可以将系统性威胁转化为巨大的机遇。书中反复出现的海浪、冲浪与探险等类比是我有意为之：在波涛汹涌的大海中，船只、皮划艇或是冲浪者的命运在很大程度上取决于它们在海浪迎面扑来时所处的位置，以及落水后它们的自浮能力。

本书探讨了各种能够提高组织抗风险能力的方法和工具，但是你应从何处入手呢？如果非要我提出一条建议，那就是你要先了解游戏规则，再选择应对策略：

• 如果了解游戏规则，并且看到了获胜的可能，那就像皮克斯一样，采取措施将威胁与机遇分开；

• 如果没有胜算，那就像比尔在考虑创业投资时所做的那样，放弃整个游戏；

• 如果无路可退，那就想办法掌控游戏；

• 如果能够像埃隆·马斯克在创办SpaceX时所做的那样应对竞争对手无法处理的情况，你就是赢家。

无论你是否做足了准备，也不管你的准备方式如何，更多的疯狗浪正翻涌而来。这些潜流以极快的速度交汇，力量极其强大，不容忽视。

突然之间，过去那些因为太远、太慢或太小而显得无关紧要的变化开始令人触目惊心。2019年，鲜有《财富》世界500强企业的首席执行官认为，一场疫情会迅速压垮他们在世界另一端开展的业务。过去遏制在经济领域、技术领域和社会领域不同层面的问题，正在更加频繁地在各个领域和层面移动。政府关注的问题影响了企业，而影响个人的问题突然对机构产生了影响。经济潜流、技术潜流和社会潜流在同一片波涛汹涌的海域中翻腾。

你无法逃避这一切，就像你无法驾驭桨板冲过迎面而来的海浪一样。但是，如果你能够选对时机，以合适的桨频朝着恰当的方向前进，也许能够踏浪而行。

考虑到日益增长的不确定性，聪明的投资者与经理越来越关注抗风险能力。新闻报道总会令你产生一种紧迫感，提醒你为下一次剧变做更为充分的准备。然而，有关抗风险的书籍与文章却往往掩盖了一个令人不安的重要事实：许多抗风险策略本质上效率低下。你可以为船身加装铁甲，却不能指望因此提高船只的灵活性。毕竟，这不是铁甲的设计功用。

不过，还有其他方法可以提高组织的抗风险能力。与其试图为组织安上一副铁甲以抵御每一种威胁，不如专注于组织的快速恢复或是将组织与损害分隔开，这样做往往效率更高。你需要比竞争对手更快地翻转皮划艇，而不是试图建造一艘永不沉没的轮船。

亚马逊在新冠疫情暴发后的头几个月就做到了这一点。与许多最终在疫情冲击下走向破产的实体竞争对手相比，它利用自身的结构优势，以更快的速度进行了重组与扩张。恐怖分子与叛乱分子经常利用类似的方法达到目的。他们会在受到威胁时分割资产，待到危险过后再对资产加以重新组合。在系统性剧变中幸存下来的老牌大企业也使用过这种方法，例如，IBM曾在20世纪90年代出售了旗下的许多硬件业务，随后在21世纪初将自己重新塑造为一家B2B服务公司。

这种抗风险能力源自组织各个层面的良好决策与适应性领导。如果你的任务仅仅是面对当前现实，那么你很难应对未来的不确定性，更不用说对其加以利用了。然而，如果能将抗风险与增长的行动及文化纳入意识层面，组织就能很好地应对未知的情况。

如何看清现状

观察是未来几十年最宝贵的技能。

在企业、政府与其他组织中，看清一切一向十分重要，但却从未如此困难。你需要关注的内容比以往任何时候要多，然而旨在强化偏见的结构与系统的数量也胜过往昔。无论你通过自身经历形成了怎样的观点，总能找到志同道合之人。定制内容、社交媒体和支离破碎的信息空间使别人能够轻而易举地将你包裹在他们的观点之中，直至你坚信这是唯一的真理。

真正的现代商业领袖看到了更完整的现实。他们放眼外部，也聚焦内在；广听意见，也广读史书。他们不断寻找推论，每当有人说这种情况前所未见时，他们都会表现出强烈的怀疑。他们通常都学习过某些专业领域的课程（如应用数学、物理学、计算机科学、经济学或法学），因此能够在进行抽象思维与探寻客观真理之间保持平衡（我的脑海中浮现出杰夫·贝佐斯、埃隆·马斯克、沃伦·巴菲特、查理·芒格与彼得·蒂尔的身影）。

他们通常能够坦然接受模糊性，并且能够根据累积的概率和确定性做出决策。本书谈了很多关于"概率决策"的内容，说到底，也就是即便你所掌握的信息不如期望中那样丰富，也能做出明智的决策。一旦知晓什么最有可能发生，什么不太可能发生但却也合理，就能为一系列可能的未来做出规划，通过投资让你期望的结果更有可能出现。

通过提高抗风险能力赢得胜利

那么，这些意识优于常人且具备概率思维的"明日之星"，是如何花费时间与金钱打造未来的呢？

本书第6、7、8章列举了许多成功应对不确定性的例子，但是很难对它们加以总结，因为每种应对之法都在很大程度上与其所处的背景密不可分。但有一点是相同的，即盲目坚持过去行之有效的做法会令我们陷入困境。

疯狗浪时代的赢家知道如何快速行动，因为他们已经拥有了合适的工具，助推策略与影响力放大器也已就位，而且他们在浪潮涌现之前就已对增长的四个因素进行了建模。他们已经将彻底变革带来的威胁扼杀在摇篮之中，并且建立了能够使组织的上升空间最大化的系统。他们为员工提供了既能提高自主权，又能增强协调行动的工具。他们知道如何在抗风险与增长之间取得平衡，并且驳斥了二者取其一便可维持企业发展的错误说法。

你所在的组织是这样做的吗？你是明日之星中的一员吗？如果不是，那么我劝你拨正航向。海浪越大，风险就越大，意想不到的威胁也就越多，不过它们蕴含着巨大的力量，这也给你带来了巨大的机会。一旦具备了正确的意识、行为与文化，你所能做的事情就不再局限于避免溺水。你将享受比以往任何时候都更刺激，也更有价值的冲浪之旅。

致谢

如果没有一个庞大且专注的团队的帮助，本书就不可能问世。非常感谢我的家人：丽贝卡、洛拉、玛戈、莎拉、库珀、李、凯西，以及我已故的父亲肯·布里尔。

感谢指导我走完这段旅程的优秀核心团队：Teleportec 的凯西·埃布罗、詹姆斯·莱文、戴维·拉文、迈克·纳尔杜洛、马克·福捷、史蒂夫·温克、夏洛特·德斯特拉普、莉莲·哈尔斯特罗姆与琳恩·安德森，TechnoQWAN 的拜伦·考夫曼与罗宾·哈里斯，THINK Book Works 的查尔斯·姚、多利·克拉克与史蒂夫·斯特劳斯，以及亚瑟·戈德瓦格——没有他们的智慧，本书也不可能与读者见面。特别感谢阿尔文·霍·扬，他带领我完成了本书的许多设计。

特别感谢卡尔·阿尔维亚尼，他花了两年的时间教导和指导我如何完成写作。

我也非常感谢惠普公司的领导者，他们提供了多年的研究结果，这些研究是本书的基础：首席技术官兼惠普实验室全球负责人谢恩·沃尔、惠普技术风险投资部负责人安德鲁·博尔韦尔、创新高级副总裁道格·华纳、首席工程师钱德拉坎特·帕特尔，以及前首席执行官迪翁·韦斯勒。

奇点大学社群也在本书的撰写过程中发挥了重要作用，尤其是克莉丝汀娜·塞拉诺、莫莉·派尔、詹姆斯·德尔和本·博德，他们从本书创作之初就向我伸出了援手。

一支优秀的审稿团队也为本书的撰写提供了支持。对于他们的无私贡献，我感激不尽，尤其是夏洛特·德斯普拉特、拜伦·考夫曼和莉莉安·哈尔斯特罗姆，他们反复阅读了书稿。

一个庞大的团队为书中涉及的广泛主题提供了建议。在地缘政治领域，我在很大程度上参考了惠普公司的尼古拉斯·布茨、Zoom的安斯加·鲍姆斯，以及美国国防威胁降低局的尼克·科斯马斯的见解。多年来，一个庞大的团队一直就中国的相关问题为我提供建议，包括 Light Engine 的泰迪·罗、惠普公司的奥拉西奥·米兰达和杰森·罗德里格斯、Vertiv 的罗伯特·格里菲斯和斯蒂芬·梁，《南华早报》的刘可瑞、洛伦佐·斯卡齐加、于黎明和张安琪。有关其他快速发展的市场的信息，感谢惠普公司的奥基·埃斯特惠森、安德烈·博德森、彼得·阿佩尔陶、戴维·罗齐奥、丹尼尔·梅森，以及马克·希伯特所提供的关于大亚洲区、非洲和中东的见解，感谢史蒂夫·达希尔和索拉博·查瓦法特纳库尔在泰国问题上的专业知识，感谢芭芭拉·席尔瓦所提供的有关南美的见解。

在与科学相关的话题上，哈佛大学的天才丹尼尔·罗森伯格功不可没。在与技术有关的话题上，我深深地感谢凯文·戈里、绰号"牛排炸薯条"的埃德·戴维斯、斯蒂芬妮·戴诺、布莱恩·里格尔、切特·钱伯斯、汤米·加德纳和"撼地者"卢克·托马斯。

致谢

纽约大学的迈克尔·戴蒙德为我提供了数据经济方面的见解，而弗若斯特沙利文公司的团队则为我提供了持续的支持。在生物技术方面，我要感谢 Neo.Life 的安德鲁·海塞尔与简·梅特卡夫。

在经济学和统计学方面，惠普首席经济学家王于渐可谓一位耐心的导师，牛津经济学的拉坎·莫斯利则慷慨地为我提供了数据。在战略问题上，我非常感谢新市场顾问公司（New Market Advisors）的史蒂夫·威姆克、毕马威会计师事务所的帕尔·艾登、TechnoQWAN 的道格·华纳与罗宾·哈里斯，以及弗若斯特沙利文公司的戴维·弗里格斯塔德。在决策和逻辑方面，感谢我的同事丹尼尔·金特、乔纳森·戴维斯、阿纳特·加尔格、卡梅隆·文、保罗·伯尔曼以及克里斯·克利尔菲尔德。在社会问题上，迈克尔·格雷斯蒂和黛博拉·卡特勒·库佩茨为本书的撰写做出了重要贡献。在金融方面，我要感谢 Apogee 的詹姆斯·克拉克、惠普公司的玛丽·迈尔斯、艾奕康（AECOM）的特里·珀塞尔、美西银行的辛西娅·洛克，以及在斯坦福大学曾经教我的彼得·德马尔佐。关于知识产权的见解，我要感谢惠普公司的彼得·延纳齐奥和杜安·莫里斯律师事务所（Duane Morris）的辛迪·扬。有关运营的基础研究则是建立在我与克里斯汀·霍金斯、何塞·利亚诺、伊莎贝尔·兰克、惠普公司的戴维·乔治，以及 Expeditors 的帕特里克·圣罗兰的合作之上。

关于创新过程，我要感谢惠普公司的人工智能和新兴计算实验室的托尼·路易斯。我的长期合作者 JD. 科尔和泰德·塞尔科协助我完成了本书的编辑工作，蒂普·塞姆普林纳、基思·摩尔、汤姆·乌杰克、史蒂夫·卡尼，以及惠普公司的钱德拉坎特·帕特尔、斯派克·黄和瓜延特·圣马丁，都在我理解这一主题的过程中发挥了重要作用。

领导力这一部分得到了我的同事多利·克拉克、Ask the Sherwins 的戴维和玛丽，以及在奇点大学开发领导力项目的罗伯特·埃利斯的大力支持。其中大部分内容来自与惠普公司的布列塔尼·科南特、尼基·里维拉和凯茜·布雷特，以及光辉国际（Korn Ferry）的梅丽莎·斯威夫特共同开发的高管培训项目；与惠普公司的康斯坦丁·穆德拉克、何塞·利亚诺、阮芬、阿曼达·雷根和格雷格·布莱思共同完成的全球劳动力技能分析；以及由莎拉·苏尔、尼帕·阿查里亚在斯坦福开发的课程。也许最重要的当属我所遇见的各位杰出的领袖，其中包括杰米·辛普森、安德鲁·博尔韦尔、汤姆·马塔诺、肯特·兰利以及鲍勃和李·琼斯。

感谢这一路走来的同行者：X 实验室的考特尼·霍纳，英特尔的玛丽·格伦和史蒂夫·布朗，Coursera 的马里奥·查莫罗，亚马逊的柯尔斯顿·安德曼和沙巴尼·罗伊、温斯洛·伯利森、托尼·科德罗、戴维·摩尔、约翰·吉拉德、吉尔·潘奇纳、亚伦和安娜·汉科夫斯基、米米·阿尔梅达，摩根大通的安妮·德夫林、吉姆·哈雷、阿瑟·克雷默、简·纽厄尔·刘易斯、阿里·瓦西尔、克里斯蒂安诺·阿布拉豪、路易莎·鲁格、阿里·瓦舒格、马特·康纳斯、科林·欧文斯、托马斯·詹森、诺姆·施瓦布、马特·沃德、卢卡斯·斯维茨、罗伊·黑格、斯科特·哈根、查尔斯·福克纳、格雷格·贝克和奥蒂利亚·巴布塔。

注释

导言

1. European Space Agency. "Ship-sinking Monster Waves Revealed By ESA Satellites." *ScienceDaily*, 21 July 2004. https://www.sciencedaily.com/releases/2004/07/040721084137.htm.
2. Michael Porter, *Competetive Strategy* (HBR Press, 1980).
3. Carl Icahn, "Open Letter to HP Inc. Shareholders," December 4, 2019, https://carlicahn.com/open-letter-to-hp-inc-shareholders/.
4. John Antioco, "How I Did It: Blockbuster's Former CEO on Sparring with an Activist Shareholder," *Harvard Business Review*, April, 2011 https://hbr.org/2011/04/how-i-did-it-blockbusters-former-ceo-on-sparring-with-an-activist-shareholder (accessed February 27, 2021).
5. Ari Levy, "Netflix was the best-performing stock of the decade, delivering a more than 4,000% return," CNBC, December 23, 2019, https://www.cnbc.com/2019/12/23/netflix-was-the-top-stock-of-the-decade-delivering-over-4000percent-return.html.
6. Carl Icahn, Open Letter to Shareholders, https://carlicahn.com/open-letter-to-hp-inc-shareholders/ (accessed March 1, 2021).
7. Xerox Releases Fourth-Quarter and Full-Year Results, February 10, 2020, https://s3.amazonaws.com/cms.ipressroom.com/84/files/20210/4Q2020-XRX-News-Release.pdf.
8. https://www.cdc.gov/polio/what-is-polio/polio-us.html; "Age and tenure in the C-Suite," Korn Ferry, https://www.kornferry.com/about-us/press/age-and-tenure-in-the-c-suite-korn-ferry-institute-study-reveals-trends-by-title-and-industry.
9. https://www.euro.who.int/en/health-topics/communicable-diseases/poliomyelitis.

10. Will Feuer, "Trump says everyone knew the coronavirus was airborne in February: It's 'no big thing,'" CNBC, September 10, 2020, https://www.cnbc.com/2020/09/10/trump-says-everyone-knew-the-coronavirus-was-airborne-in-february-its-no-big-thing.html.
11. Kristen Aiken, "How to make a coronavirus face mask out of a t-shirt," April 13, 2020, https://www.huffpost.com/entry/how-to-make-t-shirt-face-mask-coronavirus_1_5e8f2f06c5b6b371812d15af.
12. Claudio Aporta, "Inuit Orienting: Traveling Along Familiar Horizons", Sensory Studies, https://www.sensorystudies.org/inuit-orienting-traveling-along-familiar-horizons/ (accessed January 12, 2021).

I

1. Bjarne Røsjø, Kjell Hauge, Science Norway, "Proof: Monster Waves Are Real," Norwegian Geotechnical Institute, November 8, 2011, https://partner.sciencenorway.no/feature-forskningno-geography/proof-monster-waves-are-real/1435235.
2. Peter Janssen and Werner Alpers, "Why SAR Wave Mode Data of ERS and ENVISAT Are Inadequate for Giving the Probability of the Occurrence of Freak Waves," http://earth.esa.int/workshops/seasar2006/proceedings/papers/s1_5_jan.pdf (accessed January 12, 2021).
3. Mark A. Donelan and Anne-Karin Magnusson, "The Making of the Andrea Wave and Other Rogues," *Nature*, March 8, 2017, https://www.nature.com/articles/srep44124.
4. "Rogue Waves," Wikipedia, https://en.wikipedia.org/wiki/Rogue_wave#Modern_knowledge_since_1995 (accessed January 12, 2021).
5. M. Onorato, S. Residori, U. Bortolozzo, A. Montina, F. T. Arecchi, "Rogue Waves and Their Generating Mechanisms in Different Physical Contexts," *Physics Reports* 528, no. 2 (July 10, 2013), 47–89.
6. Nic Fleming, "Terrifying 20m-Tall 'Rogue Waves' Are Actually Real," Earth, May 12, 2017, http://www.bbc.com/earth/story/20170510terrifying-20m-tall-rogue-waves-are-actually-real.
7. Frank Tang, "China overtakes US as No 1 in buying power, but still clings to developing status," *South China Morning Post*, May 21, 2020, https://www.scmp.com/economy/china-economy/article/3085501/china-overtakes-us-no-1-buying-power-still-clings-developing.
8. HP analysis, based on Oxford Economics data.
9. Condoleezza Rice and Amy B. Zegart, *Political Risk: How Businesses and Organizations Can Anticipate Global Insecurity* (Twelve, 2018).
10. "Perceptrons," Wikipedia, https://en.wikipedia.org/wiki/Perceptron (accessed January 12, 2021).
11. HP and Deloitte Analysis based on sustained change in risk ratio of Fortune 1000.
12. A. J. P. Taylor, *War by Time-Table* (Macdonald & Co, 1969; Lume Books, 2019), Kindle.
13. Taylor, *War by Time-Table*.

2

1. "RIP CURRENTS", United States Lifesaving Association, https://www.usla.org/page/ripcurrents.
2. David E. Irvine, "Extreme Waves in the Agulhas: A Case Study in Wave-Current Interaction," *Johns Hopkins APL Technical Digest* 8, no. 1 (1987), https://www.jhuapl.edu/Content/techdigest/pdf/V08-N01/08-01-Irvine.pdf.
3. Michel Olagnon, *Rogue Waves: Anatomy of a Monster* (Bloomsbury, 2017), 49; "A List of Freaque Wave Encounters," *Freaque Waves* (web blog), July 20, 2006, http://freaquewaves.blogspot.com/2006/07/list-of-freaque-wave-encounters.html.
4. Echo Huang, "In China, a Robot Has Started Delivering Packages to People," Quartz, June 19, 2017, https://qz.com/1009155/chinas-second-largest-ecommerce-company-jd-jd-just-used-a-robot-to-deliver-packages/.
5. Institute for Energy Research (web blog), "India's Electricity Demand Expected to Explode as Air Conditioning Proliferates," January 2, 2019, https://www.instituteforenergyresearch.org/international-issues/indias-electricity-demand-expected-to-explode-as-air-conditioning-proliferates/.
6. Arjun Kharpal, "Amazon CEO Jeff Bezos Has a Pretty Good Idea of Quarterly Earnings 3 Years in Advance," CNBC, May 8, 2017, https://www.cnbc.com/2017/05/08/amazon-ceo-jeff-bezos-long-term-thinking.html.
7. Jenny Howard, "Plague Was One of History's Deadliest Diseases—Then We Found a Cure," *National Geographic*, July 6, 2020, https://www.nationalgeographic.com/science/health-and-human-body/human-diseases/the-plague/.
8. "The Great Bullion Famine," Wikipedia, https://en.wikipedia.org/wiki/Great_Bullion_Famine (accessed January 12, 2021).
9. "The Quickening," *McKinsey Quarterly*, https://www.mckinsey.com/business-functions/strategy-and-corporate-finance/our-insights/five-fifty-the-quickening (accessed January 12, 2021).
10. "Consumption as a Percentage of GDP Around the World," TheGlobalEconomy.com, https://www.theglobaleconomy.com/rankings/consumption_GDP/ (accessed January 12, 2021).
11. "World Population Prospects, Profiles of Aging 2019," United Nations, June 2019, https://www.un.org/en/development/desa/population/events/pdf/other/35/Key%20Findings_28JUNE19.pdf.
12. Sungki Hong and Hannah G. Shell, "Factors Behind the Decline in the U.S. Natural Rate of Interest," *Economic Synopses* 2019, no. 11 (April 19, 2019), St. Louis Federal Reserve, https://research.stlouisfed.org/publications/economic-synopses/2019/04/19/factors-behind-the-decline-in-the-u-s-natural-rate-of-interest.
13. David E. Bloom, David Canning, and Günther Fink, *Implications of Population Aging for Economic Growth*, NBER Working Paper No.

16705, January 2011, https://www.nber.org/system/files/working_papers/w16705/w16705.pdf.
14. Institute of Medicine (US) Committee on the Long-Run Macroeconomic Effects of the Aging U.S. Population, *Aging and the Macroeconomy: Long-Term Implications of an Older Population* (Washington, DC: National Academies Press, December 10, 2012), 9, "The Outlook for Fiscal Policy," https://www.ncbi.nlm.nih.gov/books/NBK148823/.
15. Thomas Piketty, *Capital in the Twenty-First Century* (Harvard University Press, 2014).
16. Sarah Bohn, *California's Need for Skilled Workers*, Public Policy Institute of California, September 2014, https://www.ppic.org/content/pubs/report/R_914SBR.pdf.
17. Yannick Binvel, Michael Franzino, Alan Guarino, Jean-Marc Laouchez, and Werner Penk, *Future of Work: The Global Talent Crunch*, Korn Ferry, 2018, https://www.kornferry.com/content/dam/kornferry/docs/article-migration/FOWTalentCrunchFinal_Spring2018.pdf.
18. Luís M. A. Bettencourt, José Lobo, Dirk Helbing, Christian Kühnert, and Geoffrey B. West, "Growth, Innovation, Scaling, and the Pace of Life in Cities," *Proceedings of the National Academy of Sciences* 104, no. 17 (April 2007): 7301–7306, doi: 10.1073/pnas.0610172104, https://www.pnas.org/content/104/17/7301; Luis Bettencourt and Geoffrey West, "A Unified Theory of Urban Living," *Nature* 467 (October 20, 2010), 912–913, https://doi.org/10.1038/467912a, https://www.nature.com/articles/467912a#ref-CR4.
19. Parag Khanna, *Connectography: Mapping the Global Network Revolution* (New York: Orion Publishing, 2016).
20. Mark Arax, "A Kingdom from Dust," *The California Sunday Magazine*, January 31, 2018, https://story.californiasunday.com/resnick-a-kingdom-from-dust.
21. Yuan Yang, "China's Big City Populations Shrink as Caps Take Effect," *Financial Times*, March 24, 2018, https://www.ft.com/content/be687eea-2790-11e8-b27e-cc62a39d57a0.
22. Bill Gates, "5 Questions to Ask About Any Climate Change Solution, from Bill Gates," ideas.ted.com, February 17, 2021, https://ideas.ted.com/5-questions-to-ask-about-any-climate-change-solution-from-bill-gates/.
23. Amy Hawkins, "The Grey Wall of China: Inside the World's Concrete Superpower," *The Guardian*, February 28, 2019, https://www.theguardian.com/cities/2019/feb/28/the-grey-wall-of-china-inside-the-worlds-concrete-superpower.
24. David Reinsel, John Rydning, and John F. Gantz, "Worldwide Global DataSphere Forecast, 2020–2024: The COVID-19 Data Bump and the Future of Data Growth," IDC, April 2020, https://www.idc.com/getdoc.jsp?containerId=US44797920.
25. Sarah Buhr, "George Church's Genetics on the Blockchain Startup Just Raised $4.3 Million from Khosla," TechCrunch, August 29, 2018,

https://techcrunch.com/2018/08/29/george-churchs-genetics-on-the-blockchain-startup-just-raised-4-3-million-from-khosla/.
26. John Hawksworth and Richard Berriman, "Will Robots Really Steal Our Jobs?: An International Analysis of the Potential Long Term Impact of Automation," PwC, 2018, https://www.pwc.com/hu/hu/kiadvanyok/assets/pdf/impact_of_automation_on_jobs.pdf.
27. Ben Frost, Alan Guarino, and Mark Thompson, *Future of Work: The Salary Surge, Putting a Price on the Global Talent Crunch*, Korn Ferry, 2018, https://www.kornferry.com/content/dam/kornferry/docs/pdfs/KF-Future-of-Work-Salary-Surge-Report.pdf.
28. N. Case, "How to Become A Centaur," *Journal of Design and Science*, January 8, 2018, https://jods.mitpress.mit.edu/pub/issue3-case.
29. Joseph Nye Jr., "After the Liberal International Order," ProjectSyndicate.org, July 6, 2020, https://www.project-syndicate.org/commentary/biden-must-replace-liberal-international-order-by-joseph-s-nye-2020-07.
30. Global Fortune 500 Rankings, https://fortune.com/global500/2019/search/ (accessed January 12, 2021).
31. HP analysis, based on Oxford Economics data.
32. Wolfgang Fengler and Homi Kharas, "A Golden Age for Business? Every Second Five People Are Entering the Global Middle Class," The Brooking Institution, July 27, 2017, https://www.brookings.edu/blog/future-development/2017/07/27/a-golden-age-for-business-every-second-five-people-are-entering-the-global-middle-class/.
33. Jared Diamond, "What's Your Consumption Factor?," *New York Times*, January 2, 2008, https://www.nytimes.com/2008/01/02/opinion/02diamond.html.
34. HP Annual Megatrends 2019, February 26, 2019, https://www.jonathanbrill.com/recent/hp-2019-megatrends-report.
35. Philip Citowicki, "China's Control of the Mekong," *The Diplomat*, May 8, 2020, https://thediplomat.com/2020/05/chinas-control-of-the-mekong/; Prashanth Parameswaran, "Southeast Asia and China's Belt and Road Initiative," *The Diplomat*, May 15, 2019, https://thediplomat.com/2019/05/southeast-asia-and-chinas-belt-and-road-initiative/.
36. Ronald O'Rourke, *China Naval Modernization: Implications for U.S. Navy Capabilities—Background and Issues for Congress*, Congressional Research Office, December 17, 2020, https://fas.org/sgp/crs/row/RL33153.pdf; Jeremy Page, Gordon Lubold, and Rob Taylor, "Deal for Naval Outpost in Cambodia Furthers China's Quest for Military Network," *Wall Street Journal*, July 22, 2019, https://www.wsj.com/articles/secret-deal-for-chinese-naval-outpost-in-cambodia-raises-u-s-fears-of-beijings-ambitions-11563732482.
37. 2011 Census of India, https://censusindia.gov.in/2011census/ (accessed January 12, 2021).
38. David I. Auerbach and Arthur L. Kellermann, "How Does Growth in Health Care Costs Affect the American Family?," Rand Corporation Research Briefs, 2011, https://www.rand.org/pubs/research_briefs/RB9

605.html.
39. Narrow money (M1), OECD Data, https://data.oecd.org/money/narrow-money-m1.htm (accessed January 12, 2021).
40. Sungki Hong and Hannah G. Shell, "Factors Behind the Decline in the U.S. Natural Rate of Interest," Economic Synopses, Economic Research, Federal Reserve Bank of St. Louis, 2019, No. 11, posted April 19, 2019, https://research.stlouisfed.org/publications/economic-synopses/2019/04/19/factors-behind-the-decline-in-the-u-s-natural-rate-of-interest; Carlos Carvalho, Andrea Ferrero, and Fernanda Nechio, "Demographic Transition and Low U.S. Interest Rates," Federal Reserve Bank of San Francisco FRBSF Economic Letter, 2017-17, September 2017, https://www.frbsf.org/economic-research/publications/economic-letter/2017/september/demographic-transition-and-low-us-interest-rates/.
41. "Deflation," Wikipedia, https://en.wikipedia.org/wiki/Deflation (accessed January 12, 2021).
42. Andrew McAfee, "Technology, Deflation and Economic Stagnation," *Financial Times*, April 30, 2015, https://www.ft.com/content/a2b78c71-b4a2-3888-8bea-9473fc1b75c2.
43. Tingyi Chen, "The Cross-Border Payment War of WeChat Pay and Alipay," WalktheChat, February 25, 2019, https://walkthechat.com/the-cross-border-payment-war-of-wechat-pay-and-alipay/.
44. Josh Spero and Nicole Bullock, "Can Air Miles Points Be Securitised?," *Financial Times*, June 10, 2019, https://www.ft.com/content/a0d46b95-5ac1-3663-844c-b93d61dc874c.
45. Eltjo Buringh and Jan Luiten van Zanden, "Charting the 'Rise of the West': Manuscripts and Printed Books in Europe, A Long-Term Perspective from the Sixth Through Eighteenth Centuries," *The Journal of Economic History* 69, no. 2 (2009): 409–445.
46. David Woodward, "Techniques of Map Engraving, Printing and Coloring in the European Renaissance," History of Cartography, Volume 3, pp. 591-610, https://press.uchicago.edu/books/HOC/HOC_V3_Pt1/HOC-VOLUME3_Part1_chapter22.pdf.
47. Heidi Vella, "5G vs 4G: What Is the Difference?," May 15, 2019, https://www.raconteur.net/technology/4g-vs-5g-mobile-technology.
48. Source: HP internal research.
49. Y. A. Chen, Q. Zhang, T. Y. Chen, et al., "An Integrated Space-to-Ground Quantum Communication Network over 4,600 Kilometres," *Nature* 589 (2021): 214–219.
50. Mike Mueller, "Nuclear Power Is the Most Reliable Energy Source and It's Not Even Close," U.S. Department of Energy, Office of Nuclear Energy, March 24, 2021, https://www.energy.gov/ne/articles/nuclear-power-most-reliable-energy-source-and-its-not-even-close.
51. Ray Kurzweil, *The Singularity Is Near* (Penguin Books, 2006).
52. Soumitra Dutta, Bruno Lanvin, and Sacha Wunsch-Vincent, eds., *Global Innovation Index 2020*, World Intellectual Property Organization, 2020, https://www.wipo.int/edocs/pubdocs/en/wipo_pub_gii_2020.pdf.

注释

53. OECD Triadic Patent Families Database, https://data.oecd.org/rd/triadic-patent-families.htm (accessed January 13, 2021).
54. Hepeng Jia, "China's Citations Catching Up," *Nature Index* 30 (November 2017), https://www.natureindex.com/news-blog/chinas-citations-catching-up (accessed January 13, 2021).
55. "Number of Master's and Doctor's Degree Students Enrolled at Public Universities in China from 2009 to 2019," Statista, https://www.statista.com/statistics/1101469/number-of-postgraduate-master-doctor-students-at-universities-in-china/ (accessed January 12, 2021).
56. Hepeng Jia, "China's Citations Catching Up," Nature Index, November 30, 2017, https://www.natureindex.com/news-blog/chinas-citations-catching-up.
57. "New Education Policy Recommends Multidisciplinary System, Single Regulator for Higher Education," *Indian Express*, July 29, 2020, https://indianexpress.com/article/education/new-education-policy-recommends-multiple-disciplines-system-single-regulator-in-higher-education-6529385/.
58. Robert J. Gordon, *The Rise and Fall of American Growth: The U.S. Standard of Living Since the Civil War* (Princeton University Press, 2016).
59. Andrew McAfee, *More from Less* (Scribner, 2019).
60. "New Additive to Enhance Surface Cleanability," Paint & Coatings Industry, June 5, 2003, https://www.pcimag.com/articles/84991-new-additive-to-enhance-surface-cleanability.
61. Kristen V Brown, "Covid-Sniffing Robots Offer Testing Alternative," October 1, 2020, https://www.bloomberg.com/news/articles/2020-10-01/covid-sniffing-robots-offer-a-testing-alternative-startup-bets?.
62. 4D Knit Flyknit™ Shoe Construction, The Sneaker Factory (Web Log), October 24, 2017, https://www.sneakerfactory.net/2017/10/4d-knitting-flyknit-shoe-construction/.
63. "FDA Approves Combination Insulin Pump, Continuous Glucose Monitor," Healthline, https://www.healthline.com/health-news/fda-approves-combination-insulin-pump-glucose-monitor-121214 (accessed January 12, 2021).
64. XXII Group, "VR EXPERIENCE with EEG + HTC VIVE," January 14, 2019, YouTube video, January 14, 2019, https://www.youtube.com/watch?v=A_MOaz_wVoE.
65. Ana Swanson, "U.S. Delivers Another Blow to Huawei with New Tech Restrictions," *New York Times*, May 15, 2020, https://www.nytimes.com/2020/05/15/business/economy/commerce-department-huawei.html; "GDPR Fines and Penalties," Nathan Trust (blog), April 6, 2020, https://www.nathantrust.com/gdpr-fines-penalties; Ryan Brooks, "United States Data Protection Laws: State-Level Approaches to Privacy Protection," Netwrix (blog), August 27, 2019, https://blog.netwrix.com/2019/08/27/data-privacy-laws-by-state-the-u-s-approach-to-privacy-protection/; Sarah Rippy, "US State Comprehensive Privacy Law Comparison," IAPP, The International Association of Privacy Professionals, March 22,

2021, https://iapp.org/resources/article/state-comparison-table/.

3

1. Peter Dizikes, "When the Butterfly Effect Took Flight," *MIT Technology Review*, February 22, 2011, https://www.technologyreview.com/2011/02/22/196987/when-the-butterfly-effect-took-flight/.
2. "Global Wine Manufacturing Industry—Market Research Report," IBIS, https://www.ibisworld.com/global/market-research-reports/global-wine-manufacturing-industry/.
3. Dina Fine Maron, "Many Prisoners on Death Row are Wrongfully Convicted," *Scientific American*, April 28, 2014, https://www.scientificamerican.com/article/many-prisoners-on-death-row-are-wrongfully-convicted/.
4. "Rumsfeld/Knowns," CNN, March 31, 2016, YouTube video, 0:26, https://www.youtube.com/watch?v=REWeBzGuzCc.
5. "I am Elon Musk, CEO/CTO of a Rocket Company, AMA!," Reddit, May 27, 2009, https://www.reddit.com/r/IAmA/comments/2rgsan/i_am_elon_musk_ceocto_of_a_rocket_company_ama/.
6. NBC Nightly News, February 1986, https://www.youtube.com/watch?v=raMmRKGkGD4.
7. "How to Taste Wine Like a Master Sommelier- Wine Oh TV," September 13, 2013, YouTube video, https://www.youtube.com/watch?v=A6tfug8PM2E.
8. C. Bushdid, M. O. Magnasco, L. B. Vosshall and A. Keller, "Humans Can Discriminate More Than 1 Trillion Olfactory Stimuli," *Science* 343, no. 6177 (March 21, 2014): 1370–1372.
9. Nola Taylor Redd, "What Is Dark Matter?," Space.com, July 19, 2019, https://www.space.com/20930-dark-matter.html.
10. Steven Lee Myers, Jin Wu, and Claire Fu, "China's Looming Crisis: A Shrinking Population," *New York Times*, updated January 17, 2020, https://www.nytimes.com/interactive/2019/01/17/world/asia/china-population-crisis.html.
11. "Does China Have an Aging Problem?," China Power, February 15, 2016, updated March 19, 2021, https://chinapower.csis.org/aging-problem/.
12. Nicholas Eberstadt, "China's Demographic Prospects to 2040: Opportunities, Constraints, Potential Policy Responses," Governance in an Emerging New World, Fall Series, Issue 218, Hoover Institution, https://www.hoover.org/research/chinas-demographic-prospects-2040-opportunities-constraints-potential-policy-responses.
13. Rick Merritt, "Moore's Law, China vs. Team USA," EE Times, July 27, 2018, https://www.eetimes.com/moores-law-china-vs-team-usa/; Justin Hodiak and Scott W. Harold, "Can China Become the World Leader in Semiconductors?," The Diplomat, September 25, 2020, https://thediplomat.com/2020/09/can-china-become-the-world-leader-in-semiconductors/.
14. Chip Heath and Dan Heath, *Decisive: How to Make Better Choices in Life*

and Work (Crown Business, 2013).
15. Gil Morrot, Fréderic Brochet, and Denis Dubourdieu, "The Color of Odors," *Brain and Language*, doi:10.1006/brin.2001.2493, http://www.daysyn.com/Morrot.pdf.
16. Gary Klein, "The Curious Case of Confirmation Bias," Seeing What Others Don't, *Psychology Today*, May 5, 2019, https://www.psychologytoday.com/us/blog/seeing-what-others-dont/201905/the-curious-case-confirmation-bias.
17. Elon Musk, transcript of interview at TED Conference, March 2013, https://www.ted.com/talks/elon_musk_the_mind_behind_tesla_spacex_solarcity/transcript?quote=2101.
18. Julian Zubek et al., "Performance of Language-Coordinated Collective Systems: A Study of Wine Recognition and Description," *Frontiers in Psychology* 7, no. 1321 (September 27, 2016), doi:10.3389/fpsyg.2016.01321.
19. Sherman Kent, "Words of Estimative Probability," *Studies in Intelligence*, Fall 1964, posted March 19, 2007, last updated July 7, 2008, Central Intelligence Agency, https://web.archive.org/web/20190428102759/https://www.cia.gov/library/center-for-the-study-of-intelligence/csi-publications/books-and-monographs/sherman-kent-and-the-board-of-national-estimates-collected-essays/6words.html.
20. *New York Times*, July 23, 1914, https://timesmachine.nytimes.com/timesmachine/1914/07/23/issue.html (accessed March 2013).
21. *British Army & Navy Gazette*, Saturday, July 25, 1914, https://www.britishnewspaperarchive.co.uk/viewer/BL/0001394/19140725/001/0001 (accessed March 2020).
22. Jean de Bloch, "The Future of War in Its Technical Economic and Political Relations," The World Peace Foundation, 1914, https://www.armyupress.army.mil/Portals/7/combat-studies-institute/csi-books/Future-of-War.pdf (accessed January 21, 2021).
23. Jonathan R. Treadwell, Scott Lucas, and Amy Y. Tsou, "Surgical Checklists: A Systematic Review of Impacts and Implementation," *BMJ Quality & Safety* 23, no. 4 (April 2014): 299–318, doi:10.1136/bmjqs-2012-001797, https://www.ncbi.nlm.nih.gov/pmc/articles/PMC3963558/.

4

1. Sharon Lerner, "Whistleblower details how Trump's bureaucrats refused to secure N95 masks as pandemic loomed", May 7 2020, The Intercept, https://theintercept.com/2020/05/07/coronavirus-whistleblower-hhs-n95-ppe/.
2. Peter Demarzo, "Financing Innovation: Common Mistakes Even Great Investors Make," Stanford University Online, August 13, 2013, YouTube video, 52:33, https://www.youtube.com/watch?v=I-JgtIiwX4M&t=782s.
3. "Ray Dalio Discusses How He Was Able to Foresee the 2008 Debt Crisis," Yahoo Finance, February 20, 2019, YouTube video, 7:10, https://www.youtube.com/watch?v=JhRBrLNXTsQ.

4. Cloe Pogoda, "Methods and Logic: Gregor Mendel Experiments in Plant Hybridization," February 19, 2014, http://dosequis.colorado.edu/Courses/MethodsLogic/Docs/Mendel.pdf.
5. Gregor Mendel, "Experiments in Plant Hybridization," *Proceedings of the Natural History Society of Brünn*,1865, 1–39.
6. Jim Cantrell, "How Did Elon Musk Learn Enough About Rockets to Create and Run SpaceX?," Quora, June 7, 2016, https://www.quora.com/How-did-Elon-Musk-learn-enough-about-rockets-to-create-and-run-SpaceX/answer/Jim-Cantrell?ref=forbes&rel_pos=1 (accessed January 12, 2021).
7. Ashlee Vance, *Elon Musk* (Ecco, 2015), 108, Kindle.
8. "Elon Musk - CEO of Tesla Motors and SpaceX | Entrepreneurship | Khan Academy," April 22, 2013, YouTube video, 48:41, https://www.youtube.com/watch?v=vDwzmJpI4io.
9. "Impaired Driving: Get the Facts," Centers for Disease Control and Prevention, https://www.cdc.gov/motorvehiclesafety/impaired_driving/impaired-drv_factsheet.html (accessed January 12, 2021); "2016 Data: Alcohol-Impaired Driving," NHTSA's National Center for Statistics and Analysis, October 2017, https://crashstats.nhtsa.dot.gov/Api/Public/ViewPublication/812450.
10. "Blockbuster LLC," Wikipedia, https://en.wikipedia.org/wiki/Blockbuster_LLC.
11. "Number of Netflix Paid Subscribers Worldwide for 1st Quarter 2013 to 4th Quarter 2020," Statista, https://www.statista.com/statistics/250934/quarterly-number-of-netflix-streaming-subscribers-worldwide/.

5

1. Shannon Forrest, "What Happened to Crew Resource Management?," Flight Safety Foundation, October 26, 2018, https://flightsafety.org/asw-article/what-happened-to-crew-resource-management/.
2. Chris Clearfield and Andras Tilcsik, *Meltdown* (McClelland & Stewart, 2019).
3. Jeremy Bogaisky, "Here's Who May Be Teaching Your Airline Pilot to Fly: In Air Travel Boom, CAE Soars," *Forbes*, February 27, 2019, https://www.forbes.com/sites/jeremybogaisky/2019/02/27/heres-who-teaches-your-airline-pilot-to-fly-cae-is-cashing-in-on-the-boom-in-air-travel/.
4. Dan Parsons,"Full Flight Simulators Incorporate VR for Next Generation of Pilots," *Aviation Today*, August 1, 2019, https://www.aviationtoday.com/2019/08/01/training-brain-mind/.
5. Interactive charts and tools, Blackrock Capital, https://www.blackrock.com/institutions/en-zz/insights/charts (accessed January 12, 2021).
6. "Our Team," B612 Foundation, https://b612foundation.org/our-team/ (accessed January 12, 2021).
7. Jonathan Abrams, "What were the key mistakes that Friendster made?", Quora, December 7, 2011, https://www.quora.com/What-were-the-key-mistakes-that-Friendster-made/answer/Jonathan-Abrams?ch=10&share=

注释

6641efb3&srid=5M5mg.
8. Gary Klein, "Performing a Project Premortem," *Harvard Business Review*, September 2007, https://hbr.org/2007/09/performing-a-project-premortem.
9. Matthew Shaer, "Is This the Future of Robotic Legs?, November 2014, "https://www.smithsonianmag.com/innovation/future-robotic-legs-180953040/.
10. https://vimeo.com/303534231.
11. Gideon Gil, Matthew Orr, "Pioneering surgery makes a prosthetic foot feel like the real thing", May 30, 2018, https://www.statnews.com/2018/05/30/pioneering-amputation-surgery-prosthetic-foot/.
12. Data from https://www.investing.com/equities/jd.com-inc-adr-ratios(accessed April, 21, 2021).
13. Harry Jones, "The Recent Large Reduction in Space Launch Cost," International Conference on Environmental Systems, July 8, 2018, https://ntrs.nasa.gov/archive/nasa/casi.ntrs.nasa.gov/20200001093.pdf.
14. Micah Zenko, "Millennium Challenge: The Real Story of a Corrupted Military Exercise and Its Legacy," War on the Rocks.com, November 5, 2015, https://warontherocks.com/2015/11/millennium-challenge-the-real-story-of-a-corrupted-military-exercise-and-its-legacy/.
15. Malcolm Gladwell, *Blink* (Little, Brown, 2005), 99–146.
16. Thom Shanker, "Iran Encounter Grimly Echoes '02 War Game," *New York Times*, January 12, 2008, https://www.nytimes.com/2008/01/12/washington/12navy.html.
17. D. Moriña, I. Serra, P. Puig, et al. "Probability Estimation of a Carrington-like Geomagnetic Storm, *Scientific Reports* 9, no. 2393 (2019), https://doi.org/10.1038/s41598-019-38918-8, https://www.nature.com/articles/s41598-019-38918-8.
18. Amazon staff, "Amazon Has Hired 175,000 Additional People," Amazon.com, April 13, 2020, https://www.aboutamazon.com/news/company-news/amazon-has-hired-175-000-additional-people.
19. "Maginot Line," Wikipedia, https://en.wikipedia.org/wiki/Maginot_Line (accessed January 12, 2021).
20. "Ardennes," Wikipedia, https://en.wikipedia.org/wiki/Ardennes. (accessed January 12, 2021).
21. "Battle of Dunkirk," Wikipedia, https://en.wikipedia.org/wiki/Battle_of_Dunkirk#Evacuation (accessed January 12, 2021).
22. "Commander's Handbook for Attack the Network," United States Joint Forces Command," May 20, 2011, https://www.jcs.mil/Portals/36/Documents/Doctrine/pams_hands/atn_hbk.pdf.
23. Francis Horton, "The Lost Lesson of Millennium Challenge 2002, the Pentagon's Embarrassing Post-9/11 War Game," Task and Purpose, November 6, 2019, https://taskandpurpose.com/opinion/millenium-challenge-2002-stacked-deck; Zenko, "Millennium Challenge: The Real Story of a Corrupted Military Exercise and Its Legacy," War on the Rocks.com, November 5, 2015, https://warontherocks.com/2015/11/

millennium-challenge-the-real-story-of-a-corrupted-military-exercise-and-its-legacy/.
24. Micah Zenko, *Red Team: How to Succeed by Thinking like the Enemy* (Basic Books, 2015).
25. Taylor Soper, "Amazon's Secrets of Invention: Jeff Bezos Explains How to Build an Innovative Team," Geekwire, May 17, 2016, https://www.geekwire.com/2016/amazons-secrets-invention-jeff-bezos-explains-build-innovative-team/.

6

1. Amerigo Vespucci, *Letter to Piero Soderini, Gonfaloniere: The Year 1504*, trans. George Tyler Northup (Princeton University Press, 1916), https://books.google.com/books?id=boQKAQAAIAAJ.
2. https://news.microsoft.com/innovation-stories/project-natick-underwater-datacenter/.
3. Emelia J. Benjamin et al., "Heart Disease and Stroke Statistics—2018 Update: A Report from the American Heart Association," *Circulation*, January 31, 2018, https://www.ahajournals.org/doi/full/10.1161/CIR.0000000000000558.
4. Mark Landler, Germany Debates Subsidies for Solar Industry, *New York Times*, May 16, 2008, https://www.nytimes.com/2008/05/16/business/worldbusiness/16solar.html; Erik Kirschbaum and Christoph Steitz, "Germany to Cut Solar Subsidies Faster Than Expected," Reuters, February 23, 2012, https://www.reuters.com/article/us-germany-solar-incentives/germany-to-cut-solar-subsidies-faster-than-expected-idUSTRE81M1EG20120223.
5. Caroline Donnelly, "Zoom Signs Multi-year Preferred Cloud Provider Deal with AWS," December 1, 2020, https://www.computerweekly.com/news/252492929/Zoom-signs-multi-year-preferred-cloud-provider-deal-with-AWS.
6. Tanner Callais, "How Much Money Carnival Corporation Lost in 2020," January 28, 2021, https://cruzely.com/how-much-money-carnival-corporation-lost-in-2020/.
7. "The 20 Reasons Startups Fail," CB Insights, 2019, https://www.cbinsights.com/reports/The-20-Reasons-Startups-Fail.pdf.
8. Katie Roof, "RIP Juicero, the $400 Venture-Backed Juice Machine," September 1, 2017, https://techcrunch.com/2017/09/01/rip-juicero-the-400-venture-backed-juice-machine/; David Gelles, "A $700 Juicer for the Kitchen That Caught Silicon Valley's Eye," *New York Times*, March 31, 2016, https://www.nytimes.com/2016/04/03/business/juicero-juice-system-silicon-valley-interest.html?mcubz=0&_r=0.
9. "Why Do So Many Hardware Startups Fail?," CB Insights, https://www.cbinsights.com/research/report/hardware-startups-failure-success/ (accessed January 12, 2021).
10. https://www.nytimes.com/2016/04/03/business/juicero-juice-system-silicon-valley-interest.html.

注释

11. "Here's Why Juicero's Press Is So Expensive," April 24, 2017, https://blog.bolt.io/juicero/.
12. https://www.nytimes.com/2016/04/03/business/juicero-juice-system-silicon-valley-interest.html.
13. Juicero Investors, https://www.crunchbase.com/organization/juicero/company_financials (accessed January 12, 2021).
14. "Analysis of Titanic's Safety Features and Failures," Ultimate Titanic, https://www.ultimatetitanic.com/titanics-safety-features (accessed January 12, 2021).
15. Bill Sanderson, "More Than $100M in Art Lost in 9/11 Attacks," *New York Post*, September 15, 2011, https://nypost.com/2011/09/15/more-than-100m-in-art-lost-in-911-attacks/.
16. Source: Interview with parent.
17. Michael Lewis, "How the Eggheads Cracked," *New York Times Magazine*, January 24, 1999, https://www.nytimes.com/1999/01/24/magazine/how-the-eggheads-cracked.html.
18. Maria Konnikova, "Poker and the Psychology of Uncertainty," *Wired*, June 23, 2020, https://www.wired.com/story/poker-psychology-uncertainty/.
19. Peter Coy, "Ray Dalio's Seven Bubble Indicators Are 'Flickering But Not Flashing,'" *Bloomberg Businessweek*, September 12, 2018, https://www.bloomberg.com/news/articles/2018-09-12/ray-dalio-s-seven-bubble-indicators-are-flickering-but-not-flashing.

7

1. "Bay Model," Wikipedia, https://en.wikipedia.org/wiki/U.S._Army_Corps_of_Engineers_Bay_Model (accessed January 14, 2021).
2. CC BY-SA 2.0 License: https://creativecommons.org/licenses/by-sa/2.0/; https://www.flickr.com/photos/bastique/3024070104/in/photostream/.
3. Mark Arax, "A Kingdom from Dust," *The California Sunday Magazine*, January 31, 2018, https://story.californiasunday.com/resnick-a-kingdom-from-dust.
4. John King, "Let's Dam the Bay! How Daydream Got Sold as Grand Solution," November 28, 2016, https://www.sfchronicle.com/bayarea/place/article/Let-s-dam-the-bay-How-daydream-got-sold-as-10636884.php; L. H. Nishkian, "Report on the Reber Plan and Bay Land Crossing to Joint Army-Navy Board," San Francisco, August 12–15, 1946.
5. Geoffrey A. Vanderpal, "Impact of R&D Expenses and Corporate Financial Performance," *Journal of Accounting and Finance* 15 (2015): 135–149, https://www.researchgate.net/publication/321242843_Impact_of_RD_Expenses_and_Corporate_Financial_Performance.
6. Clyde Winters, "Did the Portuguese Have Secret Knowledge About Brazil Before the Treaty of Tordesillas?," Ancient Origins, updated October 27, 2016; J. H. Parry, *The Age of Reconnaissance: Discovery, Exploration, and Settlement 1450 to 1650* (University of California Press, 1981), 155, https://books.google.com/books?id=6l5rXRkpkFgC&pg.
7. D. Satava, "Columbus's First Voyage: Profit or Loss from a Historical

Accountant's Perspective," *Journal of Applied Business Research* (*JABR*) 23, no. 4 (2007), https://clutejournals.com/index.php/JABR/article/view/1375/1357.
8. "Gregor Mendel," Wikipedia, https://en.wikipedia.org/wiki/Gregor_Mendel (accessed January 14, 2021).
9. "Iridium Satellite Constellation," Wikipedia, https://en.wikipedia.org/wiki/Iridium_satellite_constellation (accessed January 14, 2021).
10. Rolfe Winkler and Andy Pasztor, "Exclusive Peek at SpaceX Data Shows Loss in 2015, Heavy Expectations for Nascent Internet Service," *Wall Street Journal*, January 13, 2017, https://www.wsj.com/articles/exclusive-peek-at-spacex-data-shows-loss-in-2015-heavy-expectations-for-nascent-internet-service-1484316455.
11. Meghan Bartels, "SpaceX Launches 10 Iridium Satellites Into Orbit, Then Sticks Rocket Landing," Space.com, January 11, 2019, https://www.space.com/42977-spacex-rocket-launches-final-iridium-satellites-then-lands.html.
12. Dr. James Grime, "The Inner Workings of an Enigma Machine," Perimeter Institute for Theoretical Physics, June 23, 2014, YouTube video, 14:03, https://www.youtube.com/watch?v=mcX7iO_XCFA.
13. "Apple Store," Wikipedia, https://en.wikipedia.org/wiki/Apple_Store (accessed January 14, 2021).
14. Marianne Wilson, "The Most Profitable Retailers in Sales Per Square Foot Are . . . ," *Chain Store Age*, July 31, 2017, https://chainstoreage.com/news/most-profitable-retailers-sales-square-foot-are.
15. Steve Chazin, "The Secrets of Apple's Retail Success," https://www.marketingapple.com/Apple_Retail_Success.pdf (accessed January 14, 2021).
16. Siegfried Flügge, "Kann der Energieinhalt der Atomkerne technisch nutzbar gemacht werden?," *Die Naturwissenschaften* 27, no. 23/24, 402–410 (June 9, 1939).
17. https://www.osti.gov/opennet/manhattan-project-history/Events/1939-1942/einstein_letter.htm#:~:text=Roosevelt%20(right)%20wrote%20Einstein%20back,he%20had%20chosen%20a%20direction.
18. Jon Tate Self, "An Analysis of Success and Failure: The Manhattan Project and German Nuclear Research During the Third Reich," 1994, Honors Thesis, Ouachita Baptist University, https://scholarlycommons.obu.edu/cgi/viewcontent.cgi?article=1146&context=honors_theses.
19. Bruce Cameron Reed, "From Treasury Vault to the Manhattan Project," *American Scientist* 99, no. 1, January–February 2011, https://www.americanscientist.org/article/from-treasury-vault-to-the-manhattan-project.
20. Neel V. Patel, "Why the CDC Botched Its Coronavirus Testing," *MIT Technology Review*, March 5, 2020, https://www.technologyreview.com/2020/03/05/905484/why-the-cdc-botched-its-coronavirus-testing/.
21. *Lost in La Mancha*, 2002 documentary; "*The Man Who Killed Don Quixote*," Wikipedia, https://en.wikipedia.org/wiki/The_Man_Who_Killed_Don_

Quixote.
22. Frank Pallotta, "How Napkin Sketches During a Pixar Lunch Meeting Led to Four of the Studio's Greatest Movies," *Business Insider*, April 29, 2014, https://www.businessinsider.com/pixar-movies-thanks-to-napkin-sketches-at-lunch-meeting-2014-4.
23. "*Toy Story* (1995) Awards," IMDB, https://www.imdb.com/title/tt011-4709/awards (accessed January 14, 2021).
24. *General Magic*, 2018, documentary, https://www.generalmagicthemovie.com/ (accessed January 14, 2021).
25. "Spurious Correlations," https://tylervigen.com/view_correlation?id=29006.

8

1. Ernest Shackleton, *South: Endurance Expedition* (Signet Books, 1999).
2. F. A. Worsley, *Shackleton's Boat Journey* (Wakefield Press, 2000), 61, https://books.google.com/books?id=EgjJdLKFarEC.
3. Henry Nicholls, "The Truth About Norwegian Lemmings," BBC Earth, November 21, 2014, http://www.bbc.com/earth/story/20141122-the-truth-about-lemmings.
4. Dominic Sivitilli and David Gire, "Researchers Model How Octopus Arms Make Decisions," Astrobiology Science Conference, June 25, 2019, https://news.agu.org/press-release/researchers-model-how-octopus-arms-make-decisions/.
5. Signe Dean, "Octopus and Squid Evolution Is Officially Weirder Than We Could Have Ever Imagined," Science Alert, March 17, 2018, https://www.sciencealert.com/octopus-and-squid-evolution-is-officially-weirder-than-we-could-have-ever-imagined.
6. Katherine Harmon, "Octopuses Reveal First RNA Editing in Response to Environment," *Scientific American*, January 5, 2012, https://blogs.scientificamerican.com/octopus-chronicles/octopuses-reveals-first-rna-editing-in-response-to-environment/.
7. "The World's 25 Biggest Oil Companies," *Forbes*, January 2, 2013, forbes.com/pictures/em45gmmg/7-royal-dutch-shell-3-9-million-barrels-per-day/?sh=737a109d2f17.
8. "The Operation Order - OPORD," Army Study Guide, https://www.armystudyguide.com/content/army_board_study_guide_topics/training_the_force/the-operation-order-opord.shtml (accessed January 14, 2021).
9. https://www.youtube.com/watch?v=CBYhVcO4WgI.
10. https://www.dco.uscg.mil/Portals/9/OCSNCOE OCS%20Investigation%20Reports/NTSB%20Marine%20Accident%20Reports/Ocean%20Ranger%20NTSB%20Report.pdf?ver=2017-10-05-073744-570.
11. "Marine Accident Report, Capsizing and Sinking of U.S. Mobile Offshore Drilling Unit Ocean Ranger Off the East Coast of Canada 166 Nautical Miles East of St. John's, Newfoundland," National Transportation Safety Board, February 15, 1982, 73–77, https://www.dco.uscg.mil/Portals/

9/OCSNCOE/OCS%20Investigation%20Reports/NTSB%20Marine%20Accident%20Reports/Ocean%20Ranger%20NTSB%20Report.pdf.
12. Michael Lewis, "The No Stats All Star," *New York Times*, February 13, 2009, https://www.nytimes.com/2009/02/15/magazine/15Battier-t.html.
13. Mark Medina, "How Stephen Curry Helped the Warriors Keep Everything Together," *The Mercury News*, March 27, 2019, https://www.mercurynews.com/2019/03/27/how-stephen-curry-helped-the-warriors-keep-everything-together/.
14. "'Rambo' The Octopus Shoots Photos of Tourists at New Zealand Aquarium," *All Things Considered*, NPR, April 15, 2015, https://www.npr.org/2015/04/15/399937693/rambo-the-octopus-shoots-photos-of-tourists-at-new-zealand-aquarium.
15. https://moralfoundations.org/.
16. Tyler Everett, "Inside Look at Stephen Curry's Unanimous Media Projects, Vision," *Sports Business Journal*, November 13, 2019, https://www.sportsbusinessdaily.com/Daily/Issues/2019/11/13/SMT-Conference/Unanimous-Media.aspx.